日本殺人巡礼

八木澤高明

はじめに

日本で毎年起こる殺人事件の件数は一〇〇〇件ほどだという。

諸外国に比べれば極めて低い数字である。

ちなみにアメリカでは年間一万件以上の殺人事件が起きている。

それでも、日に平均すると三人が日本のどこかでさまざまな理由によって殺され、同時に新たな殺人者が生まれている。

ひとたびテレビや新聞、ネットなどで取り上げられた殺人者は、尋常ならざる者として一般社会から隔離され、娑婆（しゃば）に戻っても社会の日陰をこっそりと歩くことになるか、獄舎で一生を終えることになる。

戦前よりこのかた、見聞するに堪えない数多（あまた）のおぞましい事件が世を賑（にぎ）わせてきた。

津山三〇人殺し、小平義雄（おだいらよしお）連続婦女暴行殺人事件、永山則夫（ながやまのりお）連続射殺事件、吉展（よしのぶ）ちゃん誘拐殺人事件、足立（あだち）区綾瀬（あやせ）女子高生コンクリート詰め殺人事件、埼玉愛犬家殺人事件、本庄（ほんじょう）保険金殺人事件、周南（しゅうなん）市現代の八（や）つ墓村（はかむら）事件……。いずれも日本の時代状況を象徴する事件といっていい。逐一殺人者の名前まではわからなくとも、事件の概要ぐらいは記憶している人も少なくないだろう。

そして、誰もが思うはずである。

人を殺めた者たちと自分はまったくちがうんだと。

かく言う私もはじめはそのように思っていた。

今から二〇年ほど前、写真週刊誌のカメラマンだった私は、毎週、編集部からの指示で何らかの事件現場に飛ぶ生活を送っていた。殺人現場にずかずかと無遠慮に踏み込み、各社のカメラマンと陣取り合戦をしながら容疑者にカメラを向ける。ときには、近所のことなどお構いなしに、容疑者宅のまわりでひと晩中張り込んだ。それが私の仕事だった。殺人者の存在は私の生活を支える糧にすぎなかった。

五年ほど経って、写真週刊誌の仕事を辞めた。事件取材にはおおいに興味があったが、ときには意に沿わない仕事もしなければならず、それがストレスになってきた。要は、上から言われた仕事に飽きてしまったのである。企画さえ通せば、あとは自分の裁量で取材対象を選べるフリーの身になりたかった。

そうはいっても、当初仕事の当てはまったくなかった。手元にあるのは写真週刊誌時代に貯めたわずかばかりの金と、有り余る時間だけだった。それでも、不思議と何の不安もなかった。なんとかなるだろうという能天気さが私を支えていた。

三〇代前半だった私は、まずは海外の紛争地に眼(め)を向けた。ネパールの山中で武装闘争を続けていたネパール共産党毛沢東(もうたくとう)主義派を取材対象に選んだ。彼らの主義主張に惹(ひ)かれたわけではない。どちらかというと左翼組織というものは好きではない。ではなぜ取材したのかというと、毛沢東思想という、今から半世紀以上前にアジアを席巻(せっけん)した思想にいまごろ熱を上げている集団に対して、興味が湧いたのである。変わり者の集団に取材意欲をそそられたのだ。

それと同時進行で進めていたのが、横浜・黄金町(こがねちょう)にいたタイ人やコロンビア人の娼婦(しょうふ)たちの取材だった。また、本書のテーマである殺人者たちの故郷や殺人現場を巡る取材も続けていた。

ゲリラの兵士、娼婦、殺人者。この三つのテーマに、フリーになってからの主な時間を捧(ささ)げてきたわけだが、テーマ選びに当たっては熟考を重ねたわけではなく、どれも自分の興味の赴くまま、どちらかというと面白いと思って反射的に選んだテーマであった。一〇年以上の年月を経て、取材者として歩いてきた道のりを振り返ってみると、三者はいずれも決して社会の表舞台に登場することなく、常に日陰を歩いている人間たちという点で共通していることに気づく。

そうしたテーマを選んでしまうのはなぜだろうとあらためて考えてみると、どうも私自身が歩んできた人生と無縁ではなさそうだ。

右に倣えで人と同じことをするのが幼い頃から苦手で、学校の空気というものが苦痛でしかなかった。それでも高校には紛れ込んだ。自由な空気を吸えそうだからと大学にも入ったが、卒業することなく中退した。常に学校というものへの違和感が拭い去れなかった。

今でもはっきりと覚えているのは、高校の入学式の日のことだ。初めての電車通学で、通勤ラッシュの時間に駅に行った。スーツ姿のサラリーマンの群れといっしょに寿司(すし)詰めの電車に乗ったとき、吐き気と目眩(めまい)を覚えて、「通勤電車に乗る仕事はすまい」と心に誓った。

あれから三〇年近くの時が過ぎ、傍(はた)から見れば今の私は、素性不明で、昼間からふらふらと歩きまわり、得体の知れないことを生業(なりわい)としているような男に映るだろう。

私にとって一般社会は決して居心地のよい場所ではない。ゆえに、日常から見えない場所にいるゲリラ兵士、娼婦、殺人者といった人間たちに勝手にシンパシーを感じていたのだろう。

それが、この旅にあらためて着手した内在的な動機のひとつといっていい。

単身、殺人者の取材をはじめるに当たって、まず足を向けたのは、マスコミでごった返し、煮えたぎった事件発生直後の現場ではなく、マスコミが去って、静けさを取り戻しつつある現場だった。あるいは写真週刊誌時代にはしっかりと踏みしめることがなかった殺人者の生まれ育った土地だった。いってみれば、事件の傷跡の上にできた瘡蓋（かさぶた）を剝がすようなことをしてきた。土地の人からしてみれば、招かれざる客だっただろう。

実際、取材対象者から怒鳴られるようなことは何度もあった。そればかりか大阪で起きたある事件の取材では、殺人者が暮らしていたアパートの大家の男性を訪ねた際、突然の取材に激高した相手から「こらっ、カメラを渡せ」とストラップを摑（つか）まれ、カメラを壊されそうにもなった。その手を振りほどき慌てて逃げ出すと、大家はどこまでも追いかけてくる。捕まるわけにはいかないと大阪の繁華街を全力疾走した。とにかく、スマートに取材が進んだことは一度としてなかった。

それでも懲りず、関西からはじまって九州、四国、山陰、山陽、そして東北、関東、北海道、さらにはフィリピン、ネパール、イギリスのロンドンにまで足を延ばすことになった。

ここまで読んでもらえればわかっていただけると思うが、私は殺人者を上から断罪するつもりで旅をはじめたわけではなく、もともとその資格もない。

なんで彼らが人を殺めたのか、その理由が知りたかった。

そして、真っ当に社会を歩んできたわけでもない私は、なぜ人を殺めなかったのか。

その眼に見えない境界線はどこにあるのか。

そもそも境界線など存在せず、殺めなかったのは、単なる偶然にすぎなかったのか。

その答えを導き出したかった。


この長い旅は、自分自身を見つめるための得がたい時間でもあったが、同時に私は、事件を通じて日本という国を見つめてみたいという気持ちに突き動かされてもいた。

というのは、現場を歩けば歩くほど、事件というものは殺人者の意思だけではなく、社会や時代状況というものが絡み合って起きるものだということを思い知らされたからだ。


この世に生を享けた者は、遺伝だけによって性格が規定されるわけではなく、否が応にも時代と社会の潮流に有形無形の影響を常に受けつづけ、一人の人間となっていく。日本という土地に生を享けた者は、この日本が積み重ねてきたものを、宿命として息絶えるまで背負って生きていかなければならない。

日本の歴史を振り返ってみれば、欧米との覇権争いから近代史がはじまった。

アメリカとの戦争に敗れると、戦後はエコノミックアニマルと揶揄されながらも経済大国へと突き進んだ。そして、今日の日本の姿ができあがり、今ある社会は、未来への礎石となっていく。

日本に生まれ、まがりなりにも四五年生きてきた一人の日本人として、私なりのやり方でこの国を描いてみたい。それには陽(ひ)の当たる場所からではなく、裏街道を歩まざるを得なかった人間たちの息づかいや足跡を追う必要があった。

この足で歩き、この目で見なくてはならない。そう思った。

私の巡礼行脚は、山口県周南市からはじまった。

現代の八つ墓村ともいわれる事件が起きた土地である――。

日本殺人巡礼　もくじ

本書は、二〇一七年九月、亜紀書房より刊行されました。

本文写真　八木澤高明
本文デザイン　斉藤啓（ブッダプロダクションズ）

日本殺人巡礼

第1章　現代の八つ墓村

山口県周南市金峰郷集落。連続殺人事件を起こした保見死刑囚が暮らした家
（事件から二カ月後に撮影）

山口・金峰五人殺しの集落へ

柔らかな春光を浴びた昼下がりの瀬戸内海は、微かに波だっていた。

車の窓を開けると、海から陸へと吹きつける海風が心地よい。

山口宇部空港から車を走らせ、穏やかな景色を眺めていると、これから向かおうとしている山口県の周南市金峰で起きた、忌まわしい連続放火殺人事件のことを一瞬ではあるが忘れてしまう。

山口市内を抜けると、中国自動車道は小高い山が連なる中国山地の間を縫うように延びていく。一時間ほど車を走らせて、周南市の鹿野に入った。事件現場の金峰とともに、かつては山代地方と呼ばれていた土地である。

江戸時代、鹿野には、長州藩の本拠地萩と瀬戸内の岩国を結ぶ山代街道が通っていて、行き交う旅人や藩士たち、物資の集積地として賑わいを見せたという。

山代地方は紙の産地としても有名だ。江戸時代、長州藩の「三白政策」によって生産を奨励された塩、紙、米のうち、この地方でつくられる紙は高品質で知られていた。それもあって、長州藩の紙は全国生産量の三割を占めた。長州藩は関ヶ原の戦いで西軍に属し、一二〇万石から四〇万石弱に領土を削られ深刻な財政危機に陥ったが、その後新田開発を進め、北前船（きたまえぶね）による交易や三白政策などで財政を安定させることに成功する。幕末には、その実質的な経済力は一〇〇万石を超えていた。長州藩が明治維新を成し遂げることができたのも、山代地方の紙に負うところは大きいだろう。

幹線道路を走っていると、シャッターが下りたままの商店など昨今の地方を象徴するような景色ばかりに目がいってしまうが、歴史を振り返れば、またちがった景色が心の中に浮かび上がってくる。

ゴーストビレッジと殺人者の家

鹿野の町から一路東へ、道は町を囲むように連なる小高い山々に分け入っていく。山襞（やまひだ）の中を走る道は、車一台が通れる程度の狭いものだ。車窓から谷に視線をやると、雑草が生えるにまかせたままの廃田、誰も住まなくなった年月の重さで茅葺（かやぶ）きの屋根が崩れている家など、無残という言葉でしか形容できない、荒れ果てた集落の姿が目に飛び込んできた。

進む過疎化で六五歳以上の住民が半分以上を占め、冠婚葬祭や年中行事などを行うことが困難になった集落を「限界集落」と呼ぶが、私が目にした集落の姿は、限界集落という言葉ももはや当てはまらない、ゴーストビレッジとでもいうような雰囲気を漂わせていた。

日本社会の厳しい現実を目にしながら三〇分ほど走っただろうか、途中一台の車とすれちがっただけで、郷という名の集落へと入った。

ここまで見てきた荒れた景色の延長線上に、やはりこの集落もある。山が迫り、その狭間を流れる川に沿ったわずかばかりの土地に、民家が軒を寄せ合っている。車のエンジンを切ると、せせらぎの音だけが耳に響く。視界には民家や寺、公民館などが入ってくるが、どこにも人の気配を感じない。春の斜光に照らされ、白く浮かび上がったアスファルトと虹色に輝く沢の水面を眺めていると、なんだか白昼夢を見ているような気分になってくる。

谷間に延びる集落の中間地点には、かつて瀬戸内の徳山と集落を結んでいたバスの停留所があった。長い車体が転回できるよう、獲物を呑み込んだ蛇の腹のように山道の幅が広くなっている。そこは、村社である金峰神社へつながる参道の起点にもなっていた。

土地の歴史を感じさせる古い日本家屋が多い集落のなかで、金峰神社への入り口のむかいに、集落の匂いとは相容れない、どこか異彩を放つ一軒の家が建っている。家のまわりには警察によって非常線が張られているが、異質さを醸し出している原因はそれだけではない。隠しようのない家自体のアンバランスな外見が、その匂いを発しているのだった。

家は時を経て増築されていた。道沿いの細長い敷地のなかに、ライトグレーのタイルで覆われた家屋とトタンで覆われた家屋が、壁に手の込んだ塗装が施された駐車場を挟み並んで建っている。無理やりふたつの時代をつなぎ合わせたようなぎこちなさがあった。

タイル壁の家の入り口には、胴体だけで首と手のない女のトルソーが置かれていて、両方の胸の前にはＣＤがふたつ、乳房を隠すように首からかけられていた。ここに置かれて長く経つのだろう、トルソーには全体的にうっすらと苔（こけ）のようなものがこびりついている。不完全な人体であるトルソーは、この家の主（あるじ）がこの場所で成し遂げたかったのに成しえなかった何かを表すものなのだろうか。私はしばし、もの言わぬトルソーと向き合った。

この家の主の名前は、保見光成（ほみこうせい）という。かつてこの集落には、八世帯一四人が暮らしていた。「いた」と過去形で書くのは、殺人事件によって五人が殺され、今では六世帯八人のみが住んでいるからだ。五人を殺した犯人が保見である。

撲殺と放火

事件が起きたのは、二〇一三（平成二五）年七月二一日、午後九時頃のことだった。電灯のない集落は深い闇に包まれていた。保見宅の目の前を走るかつての山代街道を西の方角へ五〇メートルほど行くと、道の右側に一軒の家がある。そこには、貞森誠さん（七一歳）と喜代子さん（七二歳）が暮らしていた。貞森さん宅へ侵入した保見は二人を撲殺し、火を放った。次に、自宅のほうへ引き返し、隣に住んでいた山本ミヤ子さん（七九歳）宅に侵入。撲殺後、同じように火を放った。

保見の殺人は続く。日をまたいで二二日の早朝、自宅前を流れる川の下流にある石村さん、河村さん宅へと向かい、石村文人さん（八〇歳）、河村聡子さん（七三歳）を続けて殺害。両名の家には火を放つことなく、保見は山の中へと姿を消した。

五人の被害者はみな木の棒で頭を殴られ、殺害されたのだった。

事件発生から五日後の七月二六日、保見は郷集落の人里離れた山中で上半身裸、下着だけの姿でいるところを警察に拘束された。

左官職人として東京へ

犯人の保見光成は一九四九（昭和二四）年、五人兄弟の末っ子としてこの地に生まれた。兄と三人の姉がいるが、兄はすでに亡くなっている。

保見は中学卒業後に故郷を離れ、山口県の岩国で就職した。

時は一九六〇年代、地方の若者たちは金の卵として貴重な労働力となり、この国の経済を支えた。その一群に永山則夫や保見もいた。一方で、若者たちが都市部へ流出したせいで、この頃から農村は過疎化の道をたどりはじめた。

一五歳の保見は、岩国で左官職人となった。数年の修業を経て、職人として食っていける自信を得た保見は東京へ向かい、品川区内で住み込みで働くようになる（後に川崎市内へ転居）。職人としての腕はたしかだったようで、仕事ぶりもよく、問題を起こすことはなかった。ただ金の支払いにはうるさく、「給料を上げろ」と要求するのは日常茶飯事で、給料の支払日をずらしただけで激高し、社長の体にタバコの火を押しつけることもあったという。すぐにカッとなる暴力的な一面もあったが、麻雀（マージャン）が好きで、ひと付き合いも悪くなく、気さくな性格でもあったそうだ。唯一の趣味は車で、愛車の装飾に金をかけ、時間があれば車体を磨いていた。

職人時代の保見の姿は、金への執着心など一風変わった点こそ見受けられるが、一匹狼の職人ということもあり周囲からは許容されていたようだ。仕事に困ることもなく、生活は安定していた。

Uターンと孤立

二〇年以上東京で職人生活を送った保見は、四四歳のとき鹿野へ帰ってきた。集団就職した岩国での時代を合わせれば、人生の大半はここ鹿野ではなく都会で過ごしてきたことになる。田舎暮らしやUターンが注目を集める昨今の先駆けともいうべき身の振り方にも思える。

Uターンの理由は、両親の介護だった。体調を崩していた父親のため、病院への送り迎えから日常の世話まで労を厭わず、その姿は孝行息子そのものだった。高齢者ばかりの村の集まりにも顔を出し、手が空いていれば彼らの農作業を手伝い、限界集落を何とかしようと村おこしも企画するなど、積極的に村人たちと関わったという。

ところが人間の心理とはひと筋縄ではいかないもので、Uターンをして村に溶け込もうとしていた保見のことを快く思わない者がいた。事件が起きる一〇年ほど前には、酒席で保見が被害者として斬りつけられるというトラブルが起きている。狭い地区ゆえに、すぐに誰の耳にも入ったが、保見は事を荒だてることなく、詳しい経緯については黙して語らなかった。

「この村で生まれ育ったとはいえ、長いあいだ都会にいた人間でしょう。やっぱり村の人から見たらよそ者なんですよ。そんな人が突然帰ってきて村のことにあれこれ口を出したら、気分よく思わない人もおったでしょう」

酒席でのトラブルについて、保見のことを知る男性が言う。保見としてはよかれと思いしていたことが、村人にとっては余計なお世話でしかなかった。二〇〇二年に母親が亡くなり、介護していた父親もその数年後に逝くと、保見と村人たちの軋轢（あつれき）は深まるばかり。保見は集落の中で孤立し、村八分の状態となってしまった。

それからというもの、家の前にトルソーなどのオブジェを置いたり、〝つけ火して煙よろこぶ田舎者〟などと書いた紙を窓に貼ったりするようになる。自分の理解者が誰一人いない村のなかで、これらは保見の心の叫び以外の何物でもなかった。

暴発への序曲が、静かな山間の村に響きはじめていた。

「八つ墓村」津山事件との相似

この事件の背景には、人間関係において逃げ場がない村社会ならではの閉鎖性がある。

まさにそれは、今から約八〇年前、一九三八（昭和一三）年に起きた津山事件を彷彿とさせる。横溝正史が『八つ墓村』を書く際モチーフにした連続大量殺人事件である。

犯行当時二一歳だった都井睦雄は、岡山県の北端、鳥取県の県境にある加茂村大字倉見（現津山市）という土地に生まれた。

私は二〇〇七年四月、彼の生家や事件の起きた貝尾集落を訪ねた。

生家のある倉見には、都井睦雄の墓があった。近くを流れる倉見川から拾ってきたと思われる漬け物石のような石がひとつ置かれているだけで、戒名も記されていない。誰が手向けたのか花が捧げられていた。その隣には、睦雄が幼いときに相次いで亡くなった両親の墓があった。

墓からほど近い都井睦雄の生家には立派な茅葺き屋根が残っていたが、住む人はいない。家の裏側に回ってみると、葺いた茅が崩れ、ビニールシートがかけてあった。

かつて日本の農村では、屋根の葺き替えや田植えなどの作業は、集落に暮らす人々が共同で助け合っていたというが、それも今や昔。村人たちはここでも都市へと吸収され、行けども見れども、集落に人影はない。茅に利用されたスキが、斜光を浴びてガラスのように透けて見えるばかりだ。

家の脇には、樹齢二〇〇年という大きな檜の樹が立っていた。おそらく都井睦雄もこの木のまわりで遊んだことだろう。しかし限界集落となった村では、子どもの声すら聞こえない。耳に届くのは、村を吹き抜ける風の音だけだ。

ひと気のない村で、頬かむりをした一人の老婆を畑に見つけた。腰を曲げ、鍬(くわ)を使って土を耕している。「こんにちは」と声をかけると、老婆は作業の手を休めて振り返った。私は、事件の取材で来たことを告げた。彼女はそうした訪問には馴(な)れているのだろう、特に拒絶する素振りを見せることもなく、話に応じてくれた。彼女は睦雄の親族だった。

「わたしゃあ、嫁いできたから、睦(むつ)ちゃんとは会ったことはのうて、話を聞いただけじゃけど、尋常小学校のときには、ずーっと級長をやって、優秀だったたって聞いておるよ。ここには小学校五年までおったんじゃ」

なぜか老婆は、会ったことのない都井のことを親しげに睦ちゃんと呼んだ。

睦雄は二歳のときに父親を、三歳のときに母親を相次いで亡くしている。死因は二人とも当時不治の病、結核だ。後に結核は睦雄自身を蝕(むしば)むことになるのだが、おそらく彼には両親から移ったのだろう。

もともと都井家はここ倉見で代々続く旧家で、経済的にも豊かだった。しかし、両親を失い、肉親は姉だけになってしまった睦雄は、祖母に引き取られる。町の学校で教育を受けさせてやりたい祖母の意向ともいわれるが、本家筋だった睦雄の父親が亡くなり、家は父親の弟が継いだことからも、相続を巡る問題が原因と考えたほうが腑(ふ)に落ちる。

「そこまでは、わたしゃあ知らんなぁ。睦ちゃんが出ていったのは、私が来る前のことだけぇ」

睦雄が出ていったわけまでは聞かされていないと老婆はかぶりを振った。

夜這いの風習

倉見を出た睦雄は、ひとまず加茂の中心地域だった塔中（たつちゅう）に移るが、その後祖母の郷里である貝尾へと引っ越した。祖母は睦雄を溺愛し、雨の日には学校を休ませるなど、目をかけて育てた。

小学校の成績が優秀だったため、彼自身も学校の先生も学力水準の高い街場の中学校に進学することを望んでいたが、祖母はそれを拒んだ。可愛（かわい）い孫を自分の目の見えるところに置いておきたかったのだ。可能性として、祖母の一方的な愛情が睦雄の自立心を奪い、彼の人格形成にも影響を及ぼしたことは想像に難くない。

町で暮らし、多くの級友と交わりながら勉学に励む機会を失った睦雄は、姉が結婚して家を出た頃から、引きこもるようになっていく。その後、親の遺産を相続して経済的に恵まれていたことも手伝ってか、いつしか夜這（よば）いに精を出すようになる。

日本の農村はかつて性には開放的で、夜這いが盛んだった。夫と血のつながりのない子を妻が産み、それを家族の一員として育てることもタブーではなかったという。

万葉集にもこのような歌がある。

他国（ひとくに）によばひに行きて大刀（たち）が緒（お）も
いまだ解かねばさ夜（よ）そ明けにける

夜這いで馴れぬ土地まで足を延ばしたことから疲れて寝てしまい、事を為（な）さずに夜が明けてしまったという意味の歌だ。庶民の笑いを誘う、おおらかさが感じられる。この歌からも、私たちの国では一〇〇〇年以上にわたり夜這いが人々の生活の一部だったことがうかがえる。

夜這いは、古代から世界各地で息づいていた母系社会の名残でもある。日本では平安時代くらいまで、結婚しても妻のもとに通う「妻問婚（つまどいこん）」が一般的だった。生まれた子どもは妻と妻方の家が育て、女が独自に財産を持つことも許されていた。そうした社会と対極にあったのが、家と血筋を重んじる武家社会である。江戸時代まで農村では家という意識は薄く、農村共同体が子どもたちに教育を施し、田畑の管理をした。血縁に重きを置いていた武士は人口比率で一〇パーセントに満たず、家父長制に基づく今日のような考え方は、むしろ一般的ではなかった。

それまで農村では、夜這いは日々の過酷な労働を忘れさせてくれる唯一といってもいい娯楽でもあったが、明治時代に入ると状況が一変する。近代化という旗印の下、西洋諸国にならい富国強兵の道を突き進んだことによって、夜這いは因習と断じられた。明治政府はすべての国民に姓を持たせることで、ひとつの家族を意識させようとした。その集合体が集落となり、都道府県となり、国となって延長線上に天皇を戴く、そうした中央集権的な国家像を描いたのだ。

戸籍制度をゆきわたらせて確実に税金を徴収し、兵役の義務を課す。そのためには、誰が親かもわからないような状態を生み出す農村の性風俗は、改める必要があった。

しかし、いくら時の国家がその存在をなくそうと願っても、睦雄が生まれ育った戦前の農村では一朝一夕に夜這いの風習が消えることはなかった。

丙種合格と結核で村八分に

元来色白な睦雄には相続した遺産金もあり、村の女たちにはたいそうもてたという。何人もの女たちと関係を持ち、夫がいる女性のもとへ通い詰め、夫が激怒し、村の人間が仲裁に入って間を取り持つこともあった。

睦雄の人生に暗い影が差しはじめるのは一九三七年、徴兵検査で丙種合格とされたのがきっかけだった。当時、丙種合格とは一応兵士ではあるが戦場に送り込まれることはなく、不合格と同義であり、男としての価値を下げるものだった。さらに、睦雄の両親の死因が結核だったことが村人たちの知るところとなり、睦雄もまた結核を患っていたことから、ますます村での立場は弱くなった。女たちも離れていき、睦雄は精神的に追いつめられていった。

当時結核には効果のある薬もなく、転地療養か栄養をつけるぐらいしか取るべき策がなかった。それゆえ感染した患者の九割は、為す術もなく死んでいった。結核が空気感染することも知られておらず、遺伝病と誤解されていたため、親子で結核を患った家は労咳筋と呼ばれ、結婚を避けられるケースも珍しくなかった。

一九三八年五月二一日未明、睦雄はかねてから準備していた猟銃と日本刀を手に取った。

恨みを抱いていた夜這い相手の女の家など、村の家々を次々に襲い、あっという間に三〇人を殺害したのだった。激化する日中戦争に対応するため国家総動員法が制定されて一カ月ほどの出来事である。

両親の死によって倉見の地を離れるしかなかった睦雄は、以来、転げ落ちるように破滅への道をたどった。人生に「もし」と仮定をしても虚しさが募るばかりだが、もうあと数年、睦雄の両親が健在であったなら津山事件が起きることはなく、睦雄はここ倉見で墓標もない墓に葬られることもなかったにちがいない。

目の前にいる老婆がふっと洩（も）らした。

「睦ちゃんは可哀想（かわいそう）じゃったな」

殺された村人たちの遺族からすれば、睦雄は鬼畜以外の何者でもないだろう。ふらりとこの土地を訪ねた私のような者にとっても、睦雄が犯した事件にはおぞましさしか感じられない。

しかし、その人生を一歩引いて眺めてみると、彼ばかりに罪をなすりつけることはできないと心から思う。

「そう……可哀想ですね」

老婆の言に、私はつぶやいていた。

被害者の夫

その津山三〇人殺しから七五年後、同じ中国山地に抱かれた山口県の山村で、村人たちに恨みを持った男が起こした事件、それが保見光成による連続殺人だった。被害者の数にはちがいがあるが、ともに村落、人間関係の歪（ゆが）みから生まれた凶行という点で軌を一にしている。

津山事件と相通ずる山口県の現場にふたたび戻ろう。

事件を起こした保見の家の隣は、殺害された山本さんの家だった。今では更地となっている。道路標識のポールの根元に、誰が手向けたのか花が供えられていたが、年月の経過によって茶色く干涸(ひから)びていた。

さらに歩いていくと、貞森さん宅のあった場所に着いた。焼け焦げた材木が今も家のあった場所にそのままになっている。そこから保見の家の方角へ戻り、さらに五分ほど歩くと、川沿いに建つ石村さんの家に着く。川のせせらぎの音だけが響いている。

次に、河村さんの家へ向かって歩いていると、畑に一人の男の姿があった。集落に入って初めて見る人の姿だった。道路端にある幅三メートルほどの狭い畑に赤い唐辛子が植えられていた。

「こんにちは、唐辛子の収穫ですか?」

いきなり事件の話をするのもどうかと気を遣って声をかけたが、おそらくこの集落に現れるよそ者はあの事件の取材者だけだろうから、あまり意味はなかったかもしれない。

「最近は、イノシシや猿がようけ出てきて食ってしまうから、まともな野菜は植えておけんのよ。やつらもさすがにこればかりは食わんのじゃ」

男の声はか細く、沢の音に消え入りそうだ。人より獣のほうが多いこの地域では、まともな農業も成立しない。男は目の前の男が何者だかとっくに気づいていただろうが、私はあらためて取材に来たと告げ、保見についてどう思うか尋ねてみた。

「もうええじゃろ、何も話すことはないんだよ」

事件のことに触れると、ますます声は小さくなった。

「ご迷惑かと思いますが、ぜひともお話を聞きたいんです」

「あんたらに話しても何にもならん」

たしかにその通りで返す言葉もない。だが、個人的な興味と、事件の真相を知りたいがためだけに、しばし食い下がった。

「村八分だとかいわれてますが、本当はどうなんでしょう。村の方からぜひ伺いたいんです」

男は間を置いてから、ぽつりと洩らした。

「嫁さんが、殺されたんだよ」

男は、殺された河村聡子さんの夫だった。

「事件が起きたあと、加害者が村八分にされておって事件を起こしただとか、マスコミが来ては好き勝手なことを書いているだろう。事件を起こした人間の肩を持ちすぎなんだよぉ。村の仕事を人一倍手伝ったなんていうけど、誰ともそんな付き合いはしておらんよ。あそこは土地も持っておらんかったし、農作業なんてしとらん。そもそもあそこのオヤジというのが、少し離れた水上（みずかみ）というところから出てきて、まともに仕事をしない、のうてだった。子どもがようけおって食うに困って、人のところの米を盗んだりして、ろくなもんじゃなかったんじゃ」

「のうて」とはこの土地の方言で、怠け者を意味する。

保見の一家は、水上という集落から郷集落へやってきたものの、村人との間にトラブルが発生していたというのだ。一家は集落の新参者だった。ちなみに、亡くなった貞森さんや河村さんは、代々この集落で暮らしてきた。

「保見のオヤジはこのへんで竹細工を集めては、町に売りにいくような仕事をしておった。それもしばらく前にやめてしまったんじゃ」

竹細工という言葉が心に引っかかった。西日本から九州にかけて、賤業（せんぎょう）とされる竹細工を営む集落は差別の対象となってきた。竹細工を生業にしていたのなら、集落に田畑がないことも納得がいく。職業ゆえの何らかの差別はなかったか。そのことを河村さんに聞こうとすると、

「もうこのへんでよかろう」

白い軽トラックに乗り、去っていった。

彼は、保見の父親を怠け者だと罵った。被害者の遺族として、保見に対する尽きせぬ怒りは当然の感情だ。その思いがこの言葉を吐かせたという側面もあるだろう。

一族の出自である水上集落と竹細工

保見の父親は、何らかの理由で生まれ故郷の水上を離れ、この郷集落へとやってきた。生活環境が変わり、そのことが人生に少なからぬ波紋を起こした可能性はないか。

もともと保見の一族が暮らしていたという水上集落へ向かうことにした。河村さんによれば、川下の方向に五分ほど走ったところから山に入った場所だという。

言われた道を走ると、途中一軒の民家が見えただけで、隣の集落に入ってしまった。小さな谷に、三軒ほどの民家が身を寄せ合い建っていて、看板には「朴」と書かれていた。

一軒の家の縁側では、老婆と二人の男性が茶を飲みながら話をしていた。車を止めて、その小さな井戸端会議に近づいていくと、三人は会話をやめて私に視線を集めた。

「すいません。あの、事件の取材で歩いている者なんですが」

「ほう、何の事件でしょう」

頬かむりをした老婆が口を開いた。男たちは黙って見ている。鼻筋が通った色白の老婆は、おそらく若い頃は美人だったことだろう。

「保見さんの件です」

「ああ、そうか。郷とは、もとからそんなに付き合いはないんじゃよ」

保見の父親が暮らしていた水上集落について尋ねてみた。

「水上？　知らんなぁ、人の名前かぁ？」

老婆はそう答えたが、一人の男性は知っていると言った。

「途中に一軒の家があったじゃろ、そこからずーっと山奥に入ったところじゃ。道なんかもうないじゃろから、行けないんじゃないかのぉ。あそこは田んぼも畑もないところで、竹細工をやったり、紙を漉(す)いたりしてたんじゃ」

老人は水上集落について、河村さんと同じことを言った。

私はその言葉から、漂泊民のことを思い浮かべた。土地を持たず、山や河原で野宿をし、川魚の採集や竹細工を生業としたサンカだ。日本で最初にサンカの名前が公的な文書に登場するのは江戸時代の広島藩である。時は、幕府の権力が揺らぎはじめた一八五五年のことだ。その文書は『広島県史』近世資料編Ⅳに収められている。

〝サンカ唱無宿非人共近年所々数多罷存、食事用鍋釜等其外合羽・桐油之類渠等不相当之品所持、何所ニ而も竹木取合小屋掛いたし（以下略）〟

現代語訳をすればこうなろう。近頃サンカという無宿非人が数多くいて、鍋や釜、合(カッ)

羽などを携え、どこにでも竹や木などを使って小屋をつくり……。

この文書は、庄屋が村人にサンカを追い払うよう命じたものだ。江戸時代末期、漂泊民であるサンカの存在に広島藩は目を光らせていた。

さらに一〇年以上が過ぎ、明治になって戸籍制度が制定されると、漂泊民サンカをどうするべきか、広島県と島根県が政府に指示を仰いでいる。江戸時代から明治時代にかけてサンカが文書に登場するのは、中国山地を抱える広島県や島根県などであった。

ここ山口県にもサンカの存在はあってしかるべきだが、長州藩の資料では、サンカに関するものは今のところ見つかっていない。明治時代に入ると、それまで全国に二〇万人いたとされるサンカは都市の被差別部落などに吸収されたり、山間部で集落をつくり定住することを強いられていく。それでもサンカは一九五〇年代まで日本の山野に存在したという。

もしかしたら、竹細工をしながら水上集落に暮らしていたのは、このとき定住したサンカの末裔なのではないだろうか。私はその疑問を、目の前にいる老人にぶつけてみることにした。保見の一家がもしサンカだとしたら、その出自ゆえに何らかの差別を受けていたかもしれない。

「竹細工をしていたということは、サンカだったりした可能性はあるんですかね」

「サンカ？」

言葉の意味は知っているはずだが、なぜか老人は黙ったままだった。

「よそから来たから、差別を受けていたようなこともあったんじゃないかと」

「あそこに暮らしていたわけじゃないから、わからん」

短く吐き出された老人の言葉には、これ以上質問は受け付けないという態度が滲(にじ)み出ていた。もはや長居は無用だろう。私は彼らに礼を言って、その場を離れた。

来た道を引き返し、通り過ぎた家に寄ってみた。このあたりでは珍しく平坦(へいたん)な土地になっていて、畑が広がっている。家の屋根はトタン張りだが、かつて藁葺(わらぶ)き屋根であったことをうかがわせる古風な造りだ。「こんにちは」と声をかけると、家の中から、「はい」と老齢の女性の声がした。

戸を引くと、薄暗い土間になっている。土間の隣にある部屋では、背を丸めた老婆が座椅子に収まってテレビを見ていた。彼女であれば、水上のことについて何らかの知識がありそうだ。さっそく問いかけてみたが、

「わたしゃ、耳が遠くなったんで、よく聞こえないんです。もうしばらくしたら息子が帰ってくるから、息子に聞いてください。わざわざ来てもらったのに、すいませんね」

私は礼を言って、後日再訪することにした。

二日後、水上へ続く道の起点となる民家をふたたび訪れ、家の外から声をかけると、眼鏡をかけた色白な六〇代とおぼしき男性が現れた。陽に灼(や)け、赤茶けた肌をした村人

たちとは一風ちがった空気を感じる。

「先日、訪ねてきた人ですか。ご用件は何でしょう」

言葉に訛りがない。

「金峰で事件を起こした保見の一族が、この近くの水上というところに住んでいたと聞きましたもので、果たしてどこなのか気になって来てみたんです」

男性は、私の言葉にうなずくと、口を開いた。

「もうあそこには誰も住んでいませんし、道もないですよ」

今でこそ畑のむこう側は一面雑草に覆われた野原になっているが、かつては水上集落へ続く道があったことを認めて、言葉を継いだ。

「集落がなくなったのは、四〇年か五〇年くらい前のことじゃないですかね。昔はこちらで食料品を売っていたこともあって、水上の人とは付き合いがあったんです。集落は山の上にあったから、人も通わなくなった今では、当時の集落がどこにあったか、誰にもわからないんじゃないですかね」

男性はそう言うと、家の裏側にある濃い緑に覆われた山を指差した。

男性の父親は保見の父親と親しかったという。

「穏やかな人でしたけどね。よく訪ねてきては、うちの父親と酒を飲んでいました。悪い噂を聞いたことはなかったです。息子については、親しくしていなかったのでよくわからないんですよ」

父親については話してくれたが、保見については口をつぐんだ。父親同士の関係性かららいっても、おそらく少年時代からの知り合いにちがいない。しかしその口は重く、男性は話題を変えた。

「私も若い頃に関東に出たんですが、つい最近こちらに帰ってきたんですよ」

保見と同じUターン組である。

「母親が年老いたことがいちばんの理由です。ひと昔前なら陸の孤島だったでしょうが、今ではネットもありますから、まあ、以前よりは孤独感を味わうこともないですね。ただ、生活は大変です。まず仕事がありません。食糧を買うにも、車で町へ出なければならない。間違いなく、このままでは村は消えるでしょう。私は何度も役所に出向いて、村おこしなどの対策を練らないといけないと訴えているんですが、彼らはまったく無関心ですね」

村の状況に危機感を抱いている。彼の姿と保見の姿がだぶって見えた。

サンカと平家の落人伝説

保見は一九九四年に、ここ郷集落へ両親の介護のために戻ってきたが、彼の郷での暮

POLICE

保見死刑囚の家に置かれていたトルソー。
未完成の体は、彼の満たされない思いを代弁しているのだろうか

らしぶりを、二〇〇三年四月一九日付けの読売新聞西部版で読むことができる。

記事によると、中学卒業後に東京へ出たものの、「自分の生まれたところで死にたい」という思いをずっと抱いていたらしい。二〇〇二年に母親が亡くなるまで介護を続け、残された父親のため仏壇のまわりに手すりをつけるなど、保見の孝行ぶりを記事は取り上げている。

限界集落となるまでは、村の各家庭で普通に行われていた営みだったにちがいない。しかし、そうした光景はすでに昔日のものとなり、保見の存在は稀少なものだった。

記事の中で保見はこう言っている。

「親が子どもを育て、年を取る。そんな親をみるのは子どもの義務」

この記事が世に出てから一〇年後、保見は集落の老人たちに自ら刃を向けることになる。

当時六三歳の保見は、集落では最年少だった。自分より年上しかいない村で、畑の草刈りから買い出しまで、村人たちの雑用を引き受けていた。保見が東京で稼いできた金を分配せよと言った者までいたという。集落で孤立を深めることで蓄積された精神的なストレスもまた、暴発のひとつの要因であったろう。〝若くして〟村に戻ってきた保見の存在は、都会に出た我が子らが戻ってこない他の村人からしてみれば、妬みの元になっていたかもしれない。

さらに付け加えるならば、集落における序列も、この事件の背景にあったのではないか。

被害者遺族から聞いた「竹細工」という言葉が耳に残り、会う人会う人に、保見の一族がサンカでなかったかと聞いて回っている自分がいた。Uターン組の男性はこう言った。

「彼らがサンカだと聞いたことはないし、水上の人が差別を受けていたとも聞いていません」

今は周南市となっているが、かつては鹿野町に属していた金峰には、平家の落人伝説がある。一九七〇年編纂の『鹿野町誌』には、一一八五年に壇ノ浦で敗れた平家の残党がこのあたりに逃げ込んだと記されている。

「平家の落人も、金峰には多くやってきたんですかね」

男性は、雑草のむこうに望むこんもりとした小山をふたたび指差した。

「あれは亀石といって、逃れてきた平家の落人が休んだという伝承があるんです」

水上集落の人々が落人の末裔かどうかは知らないが、平家の落人がこの土地へと流れてきたことについては、先祖から伝わる話として聞いているという。

平家の落人伝説は、東北から奄美大島まで、日本の各地に存在する。特に山口県は平家が滅んだ壇ノ浦があり、中国山地は落人たちにとって、格好の隠れ家となったことであろう。さらに三〇〇年ほど経った室町時代から戦国時代にかけても、戦に敗れた落ち武者たちが、この地に身を隠したと町誌には記されている。

水田のない水上集落に暮らし、竹細工を生業とした保見の一族がサンカでないとしたら、平家の落人や落ち武者の子孫だった可能性もあるのではないか。それゆえ山上という不便な土地に住まざるを得なかった、とは考えられないだろうか。

金峰地区で取材を続けていると、奥畑という集落で八一歳の古老と出会った。集落には古老以外では隣家に女性が住んでいるだけ、二人しか人はいないのだという。

「昔は三〇〇人は住んでいて賑やかだったんだが、本当に寂しくなってしまったよ」

古老は、懐かしむように口を開いた。

「保見のお父さんというのは酒飲みで、うちがまだ商店をやっていた頃、よく酒を届けたんだよ。息子は、通りがかると、『おおっ』と挨拶をしてくれる気のいい男だった。村おこしも積極的にやりたいと言っていたが、ここに住んでいるのは老人ばかりだろ、今さら何かやろうという気にはならないんだよ。それに、よそから帰ってきていろいろ言われても、村の人からしてみれば、何を言ってんだ、となってしまう。それで反感を買ったことはあったかもしれんな」

保見の気さくな性格にもかかわらず、集落のなかに彼へ反感を持つ人間が少なくなかったことがうかがえる。

水上集落に関して尋ねてみると、古老は小さいときに一度訪ねたことがあるという。

「あそこは平家の落人の部落だったんだよ。うちの家は一二〇〇年前からここに住んでいるが、保見の一族は八〇〇年前ぐらいに水上に住み着いているはずだよ」

老人は、つい先日の出来事であるかのように言った。

平安時代、列島各地で貴族による地方の荘園開発が進み、古老の先祖もその時代に、この奥畑地区を切り開いたという。

プラスチック製品の普及で職を失った父親

かつて、四国や東北などに点在する平家落人の里を訪ねたことがある。どこも、記録があるわけではなく、人々は伝承によって、自らを平家の落人の子孫であると名乗っていた。

高知県と徳島県の県境、四国山地の奥深い土地にある平家の落人村では、拝み屋または太夫（たゆう）と呼ばれる者がいた。彼らは、病気を治すための祈禱（きとう）や、ときに呪いを解くことを生業としていた。

昔は各集落に二、三人の太夫がいたというが、今では九七歳の老人が一人いるのみだ。

「わしが最後じゃろうな、しっかりと修行したのは。昔は村の中に行場があって、真冬に滝に打たれたりして精神的な修行をしたもんじゃ。今じゃ誰もやらん。精神を磨かんで、ただやり方を形だけ真似るばかりじゃ。法を使っても効かないんじゃよ。昔の行者は、岩を割ったりそうしたことができたんじゃ」

この集落には、壇ノ浦の戦いに敗れ入水したとされる安徳天皇が逃れてきた伝承があった。老人の家には、安徳天皇からはじまる系図も残されていた。耕地も満足にない山深き里に逃れてきた一行は、加持祈禱などをすることによって生活を支え、生き抜いてきた。辺境のこの土地では、付近の村人たちもまた、太夫の存在を心の支えとしたはずだ。

「昔から『祈れ、くすれ（薬を飲ませろ）』と言って、まずは祈ってもらう、それでも治らんかったら医者へ連れていく、それがここでのやり方だったんじゃよ」

狐憑きや犬神憑きなどの呪いを解くのも、太夫の役目だった。

「犬神憑きだという人が来ると、ワンワン吠えるんじゃよ。狐の場合はコンコンいう。蛇の場合は蛇みたいに這うんじゃ。憑き物を落とすには祈禱でないと駄目なんじゃ。心の病気はいくら薬を飲んでも治らん。祈禱は言葉で心の問題を治す。医者に治せないものが祈禱で治るんじゃ」

かつて人々は闇を畏れ、目に見えないものを敬って生きてきた。それゆえに、太夫の言葉や祈りは人々の病を治すことができた。時代が移り、テクノロジーの進化とともに太夫の存在価値は薄れた。だが、といって人間の心の闇が消えることはない。

四国の集落では、平家の落人部落で営まれてきた生業がかろうじて残っていたが、保見が暮らしていた水上の集落では、戦後しばらくしてそれも消滅した。

「水上には保見という姓が多くてな。戦後、日用品にプラスチックが出回るようになって、誰も竹細工を使わんようになった。それで食えなくなって、みんな山を下りてきたんだよ。金峰に行った者や奥畑に来た者もいる。なかには村会議員を務めた立派な保見さんもいたんじゃ」

金峰の集落へと居を移した保見の一家は、金峰神社の目の前にある土地を借りて家を建てた。その土地は、東京に出てからほどなくして保見が買い取ったという。

保見の父親が郷集落の人間から怠け者だと見られたのは、生業を失い、新たな仕事をなかなか見つけることができなかったことも背景にあったのではないかと私は考えた。

保見の家は長らく、近隣の竹細工職人から竹細工を買い取っては、街場に卸す仕事をしていた。しかし、高度経済成長期に入り人々の生活様式が変わると、竹細工の需要は急速に落ち込んでいく。保見が中学卒業後に岩国へ、さらには東京へと働きに出たのは、一家の経済状態が厳しかったこともその大きな理由のひとつであろう。

出会った村人たちはおしなべて、水上集落と他の集落との間に差別はなかったと言ったが、差別とまでいかずとも、同じ地区でかつて賤業とされた生業で暮らしていた一家に対して、何の違和感も感じないというのも逆に不自然に思えた。

賤視された竹細工と土地の記憶

特に西日本において、竹細工を営む村は他の農民から差別されてきたという歴史がある。

沖浦和光（おきうらかずてる）の『竹の民俗誌』（岩波新書）にはこう記されている。

〝それらの部落では、一九五〇年代までは箕（み）・籠（かご）・笊（ざる）などを作っていた。花活（はない）けなどの工芸品ではなく、農具・生活用具であった。だが、六〇年代に入ると、化学製品に押されて需要が急速に減っていった。農耕の機械化が進むにつれて、竹製品の市場がしだいになくなっていった。そして、最大の痛手は、竹細工をやる後継者がいなくなったことだ。竹細工だけでは食べていけなくなったのである。

山裾、谷間、山地にある部落では、必死になっていくらかでも耕田を増やそうと努力したが、食べていくだけの耕地を確保することはとてもできなかった。しかも山崩れ・山津波・洪水がいつ起こるか分からない危険な場所だった。（中略）

近世に入って竹器製作を専業にしていたのは、やはり竹藪（たけやぶ）のまわりに住んでいる土地を持たぬ底辺の民衆であった。小作をやる水呑百姓（みずのみ）が兼業にやることはあっても、高持（たかもち）

百姓が竹細工をやることは全くなかった。もう一つの流れは、あとでみる山の民・サンカであった。彼らは、箕作りと川魚漁で生きる山の漂泊民であった”

奇しくもこの記述は、保見一家が歩んできた道を記しているようにも読める。

そもそも竹細工は、現在の鹿児島県周辺にいた隼人が営んだものだった。まつろわぬ民であった隼人が大和朝廷に屈服すると、彼らが培った竹細工の技術が伝えられ、主に農具の製作に利用された。室町時代に入って農業が発展し、さらには商品経済が盛んになると、さまざまな職人たちの需要も増えた。竹細工はこの時代に全国へと広がった。

徳川家康によって江戸幕府が開かれ身分制が確立すると、土地を持たない者たちが竹細工に関わっていたこともあり、皮革職人たちと同じように賤視されるようになる。

水上集落は耕地の少ない金峰のさらに山の上という立地条件にあり、そこに暮らした人々は差別の対象となったはずだが、そのことをはっきりと口にする者はいない。古老は平家の落人たちの部落だと言ったが、竹細工を生業とする部落の中には、平家の落人を主人公とする貴種流離譚も少なくない。

竹細工が全国的に広まったのが室町時代だとすると、平安時代末期に日本の山野に身を隠した平家の落人たちとの間には三〇〇年以上の溝がある。その間に彼らは何か別の生業を持っていたのだろうか。あるいは、世の中が乱れはじめた室町時代に主家が没落し、山へ逃れた武士たちの一団が竹細工の職人になった、と考えるほうが自然なのかもしれない。そうした者たちが、自分たちの出自を誇るために、平家の落人を名乗った。

横溝正史の『八つ墓村』は、毛利氏に滅ぼされた尼子氏の落ち武者が村人たちに殺され、その呪いによって事件が起きるというものだが、山口県を本拠とした大内氏も毛利氏によって滅ぼされている。金峰がある山代地方は、毛利氏の侵攻に対して激しく抵抗した土地でもあった。それゆえ毛利氏の領土となってからは、稲ばかりでなく、紙の原料となる楮にまで年貢をかけられた。農民たちの生活は窮乏し、江戸時代には幾度か一揆も起きている。

保見の起こした連続殺人事件は、マスメディアから「現代の八つ墓村」とも言われたが、山村という環境だけでなく歴史の流れにおいても、両地区には似たような背景があるのだ。

保見の一族が平家の落人だったか、尼子氏や大内氏の落ち武者だったか、それともサンカだったか、確証はない。ただはっきりしているのは、満足な農地もなく、金峰地区の中でもさらに農業に適さない山の上で、賤視の対象となる竹細工業を営んでいたということだ。田畑を耕し生きる農民たちから、差別という言葉は使わずとも区別はされる存在だったにちがいない。

先に引用した『竹の民俗誌』の中で沖浦和光は、鹿児島県で竹細工を営んでいた者たちは、鎌倉時代に島津氏が新たな領主として薩摩(さつま)にやってくるまで、この地を支配した阿多(あた)隼人と呼ばれる人たちで、島津氏から山間部に追われ竹細工を生業とするようになり、その差別は現在まで続いていると記している。

鹿児島で起きたことが、ここ山口の金峰でも起きたのではないか、と私には思える。保見姓の一族は好きこのんで山の上に集落を築いたわけではなく、そこに行かざるを得ない事情があった。やはりその理由は、戦乱だったのではないか。

職業に貴賤なしという言葉があるが、そんな言葉はまったくのまやかしである。実際に貴賤があるから「貴賤なし」と謳(うた)う必要があった。そして貴賤があるゆえに、差別は今日まで根強く残る。差別を受ける者はいつの時代も存在し、当たり前だが、その誰もが犯罪者になるわけではない。罪を犯す者は、個人の資質によるところが大だ。ただ留意しなければならないのは、個人の人格を形成するうえで、生まれ育った環境から受ける影響は小さくない、ということである。

戦後しばらくして竹細工で稼げなくなった保見の父親は、土地もなく、一部の村人から怠け者と蔑まれた。日々田畑に足を運ぶ農民たちからしたら、たしかに怠け者に映っただろう。一方で、父親自身には忸怩(じくじ)たる思いがあったにちがいない。

そのように父親が蔑まれる姿を見てきた保見の胸の内に、何らかの感情が生まれたとしてもおかしくはないだろう。

鉄パイプで囲まれた保見の墓

保見が暮らした家の前に入り口のある金峰神社の歴史は古く、奈良時代にまでさかのぼる。

もとは蔵王権現と呼ばれ、七二八年に田辺五郎という者によって奈良の吉野から勧請された。この事実は、畿内と密接なつながりがあった証だ。

蔵王権現で有名なものは、山形県の蔵王であろう。やはり、蔵王権現が地名の由来となっている。蔵王権現が勧請された背景には、奈良時代から平安時代にかけて盛んになった山岳修験の影響が見てとれる。全国の山岳地帯を歩いた修験道の行者たちは、鉱脈を見つけることにも通じていた。鉱山開発と関連が深い土地に勧請されたのが蔵王権現だったのである。

かつて長門国と呼ばれた山口県では、奈良時代、鋳銭司という官職の者たちが、銅山から産出される銅を使った銭貨の鋳造を管理していた。鋳銭司は埼玉県の秩父などにも置かれていて、これらの地方を大和朝廷は重要視していた。その象徴ともいうべき存在が金峰神社なのである。

吉野の蔵王権現は金峰山とも呼ばれる。別名「金の御岳」ともいう。同じ漢字を用いて読み方を変えたのが、ここ郷集落の金峰神社なのである。金峰の隣町である鹿野には、日花鉱山という金銀銅を産出する鉱山があった。金峰周辺には馬糞ヶ岳という山がある。馬糞の形に似ているとされただけでなく、馬糞石とは金を含んだ自然石を意味し、金鉱山とのつながりからその名前がついたといわれる。

金峰神社は、薄暗い参道を歩いて一〇分ほどの小高い丘の上にある。ゆっくり登っていくと、中腹に郷集落の墓地が現れた。鬱蒼とした樹々に囲まれ、満足に陽も差さないせいか、陰鬱な空気に包まれている。

その外れに、異様な雰囲気を漂わせた墓があり、もしやと思った。小さな墓石が四方を鉄パイプで囲まれていた。まるで墓に人を寄せつけまいと張られた結界のようだ。

湿った土を踏みしめながら墓の正面に回ると、そこには保見の父親の名前が彫られていた。墓石の配された位置からも、彼ら一族の集落における立ち位置が透けて見える。もともとは、この集落に住んでいなかった新参者である証だろう。

私は生まれて初めて、このような墓を目にした。荒れ果てた墓、刻まれた文字が風雨によって消えている墓、墓石すらない墓など、いろいろな墓を見てきたが、訪れる者を寄せつけない念を感じさせる墓の姿に、衝撃を受けずにはいられなかった。集落で孤立していた保見の姿が、この墓に写し出されている。まさに彼そのものの姿であった。

鉄パイプで遮られた墓石に向き合いながら、保見が事件を起こしたことが納得できた

郷集落の墓地の一角にある保見家の墓。鉄パイプの囲いが彼の孤独を物語っていた

ような気がした。

墓地を後にしてさらに五分ほど参道を歩くと金峰神社に着いた。当然だが人の気配はない。夜な夜なイノシシが現れるのだろう、彼らが虫などを食べるために土を掘り起こした跡だけが、生物の気配を感じさせた。廃墟といってもいい景観だった。

神社には能舞台があった。かつては、吉野地方から伝わった「吉野御能崩し踊り」と呼ばれる雨乞いの踊りが、この場所で二五年ごとに行われていたという。しかし、限界集落となった今では舞われることもない。

神社に寄進した村人たちの名を列記した銘板が目についた。ひとつずつ名前を確認してみると、そこには、事件の被害者や保見の父親の名前もあった。他にも数多くの名前が連なっているが、いずれこの銘板も朽ち果て、彼らの名前も消えてゆくはずだ。ゆっくりと死を迎えつつある集落においては、避けられない運命である。

村の賑わいを伝える人の手垢がついた銘板と、虫の音しか聞こえない空虚な境内とのギャップに、私はしばしその場で立ち尽くした。かつて濃密に漂っていたであろう人々の匂いを思うと、今ここに自分一人が居ることの空恐ろしさと孤独感で押しつぶされそうになる。

「おーーっ！」

恐れを取り払うために意味のない叫び声を腹の底から絞り出した。

樹々の間を抜け遠くの峰にぶつかって、とぼけたような「おーーっ！」という木霊（こだま）が返ってきた。その声を聞いて、ようやく少しほっとした。

都市と農村を巡る軋轢と警鐘

日本民俗学の偉人宮本常一（みやもとつねいち）の著書『宮本常一　旅の手帖（てちょう）〈ふるさとの栞（しおり）〉』（八坂書房）に、今から四〇年以上前のこのような一文が収められている。ちょっと長くなるが引用したい。

〝もとよりそこには多くの欠陥も内包していた。耕地には限りがあり、新しく開こうとするようなところによい土地はのこされていなかった。これは戦後の各地の開拓地のことを考えてみればわかることである。とにかく開いて効果をあげるようなところは昭和の初め頃まではひと通り開きつくしたといってよかった。そうした村の中で人がふえてゆけばどうしたらよいかということになる。工業でもおこして自分たちの生産したものを処理する道を見つけてゆけばよかったのだが、日本では農民はいつまでも農民のままでおく政策がとられた。工業のようなものは都市でおこなうものとして、村の中であふれた人たちは次第に都会へ集まってゆき、村はもとのままの古い姿を持ちつづけていった。農民にはいつまでも勤倹力行、質実剛健が要求せられた。農村の中でおこってきた問題は農村の中で解決するのではなくて、農村の外で解決しようとするような政策が明治・大正・昭和とつづけられてきた。（中略）

現金を手に入れるためには、出稼ぎもしなければならないし、女も土木工事などに出ていって働くようになった。（中略）

高校へゆけないものは中学校で集団就職の世話をする。このようにして若い人たちが一斉に都会へ向うようになったのは昭和三十年を境にしていたように思う。

都市を中心にして工業が発達していったことにもあるけれども、国の政策自体が農民を土地からひきはがしていくことに力をそそぐようになっていったことにあると思う〞

（「ふるさとの形成と崩壊」）

当時宮本が指摘した通りに、今私が見ている農村からは人の匂いが消えつつある。

農民たちの子弟を貴重な労働力として日本は高度経済成長を遂げ、走りつづけてきたわけだが、今日その経済の歯車は機能していない。この国のものづくりの現場で、ボルトのひとつとなって働く人々を長年大量に供給してきた農村に、人自体がいなくなったからだ。

東京などの都市を中心として人と人とのネットワークは、かつてこの国の隅々にまで毛細血管のように張り巡らされていた。その末端の血管である農村が壊死(えし)しつつあるのが、今の日本の姿ではないか。この集落に広がる光景は、いずれ日本中の村々で目にすることになるのだろう。

壊死しそうな村に、あるとき都会の洗礼を受けた一人の男が帰ってきた。

三〇年近く故郷を離れている間、人は減る一方で、村は往時の光を失っていった。だから彼なりの理想に燃えて、村おこしをこころみた。

かつてこの村にも、子どもたちの声があふれていた時代があった。しかし、子どもたちは都会へと出ていき、ほとんどが故郷に戻ることはなかった。なぜか。村に帰っても仕事はない。だから生活ができない。近隣との付き合いも面倒だ。間違いなく、都会のような便利な暮らしは望むべくもない。

だが、男は帰ってきた。

彼の心の中に宿っていた思いに、誰かが心を向けてあげなくてはいけないのではないか。

こうした人物が殺人を犯すまで追いつめられてしまう社会とは、いったい何なのか。

保見光成が犯した山口連続放火殺人事件は、知らず私たちに染みついている価値観や現代社会そのものに対する警鐘のように思えてならない。
ふたたび、誰もいない境内で、「おーーっ！」と声をあげた。
やはり返ってくるのは、間の抜けた私の木霊だけであった。

第2章　北関東犯罪黙示録

1993年に発生した埼玉県愛犬家殺人事件。
有名なブリーダーでもあった関根元死刑囚が犬の繁殖に使っていた建物

写真週刊誌での殺人事件初取材

「これから群馬の太田に行ってもらいたいんだけど、大丈夫？」

一九九九年一一月、写真週刊誌の専属カメラマンとなったばかりのある晩、編集部から一本の電話が掛かってきた。ホストが殺害される事件があったので、記者と一緒に急行し、容疑者と思われる同僚の男を見つけたら問答無用で写真を撮ってほしい、という指示だった。

今となっては懐かしい記憶だが、初めての事件取材ということで手を震わせながらフィルムをカメラバッグに詰め込み、あわてて車に乗り込んだ。

関越道をひた走り、都内から一時間半ほどで太田に着いた。東武伊勢崎線（いせさきせん）の太田駅から南に向かって延びる大通りの両側には、外国人パブや風俗店、居酒屋などの大小さまざまな店が並び、雑多なネオンの光が散乱していた。田園風景の中に突如現れた異景に、私は目を奪われた。

容疑者の働いているホストクラブは、表通りから一本入った車一台が通れるほどの路地の中にあった。店舗は雑居ビルの二階で、記者のあとから私が続く。店の扉には鍵が掛かっており、ホストクラブはその日、ついに営業することはなかった。

取材が空振りに終わると、現場からほど近い場所にあった豚モツを食べさせる店に入った。クセのあるモツをどんぶり飯でかきこむと、先ほどまで緊張で縮こまっていた胃袋が、モツの温かみで緩んでいくのがわかった。

北関東で取材した多くの事件

以来五年ほど、写真週刊誌の専属カメラマンとして数多の事件取材をしたが、印象に残った事件の多くは、なぜか北関東で起きたものだった。古びた取材ノートをめくれば、それを裏打ちするように、北関東で発生したさまざまな事件の記録が残っている。

マニラ保険金殺人事件。栃木県足利（あしかが）市に暮らしていた元郵便局員の和田恵一さんが二〇〇一年六月、マニラ湾で死体となって発見された。逮捕されたのは、和田さんにかけられていた総額三億五〇〇〇万円もの保険金の受取人である。和田さんをマニラへと連れ出すと、フィリピン人の男と共謀して殺害したのだった。その約一年前には、埼玉県本庄市で起きた本庄保険金詐欺事件で八木茂死刑囚が逮捕されていた。

二〇〇二年七月の群馬女子高生誘拐殺害事件。群馬県粕川（かすかわ）村込皆戸（こみがいと）に暮らしていた坂本正人が女子高生を誘拐し、赤城山麓（あかぎさんろく）の山林に連れ込んだうえ殺害。女子高生の家族に身代金を要求し、受け渡し場所に現れたところを逮捕された。坂本は高校中退後、親族の建設会社で働きはじめたが長続きせず、仕事を転々とする。一九九九年には妻と離婚。原因は坂本のたび重なる家庭内暴力であった。常に金に困っていて、消費者金融からの借金は二〇〇万円ほどになり、定職に就いていなかった坂本は、両親に無心していた。そんなとき、一学期の終業式を終えて、友人たちとの集まりに向かっていた女子高生を視界にとらえた。道を尋ねるふりをして車へ無理やり押し込むと、暴行をはたらくため林道へと連れ込み殺害、その後身代金を要求したのだった。何の計画性もない欲望の赴くままの犯行であった。事件後の裁判で坂本には死刑判決が下され、二〇〇八年に刑は執行された。

この事件には後日談があり、二〇一四年、坂本の父親が、食事をつくらなかった妻に腹を立て顔を踏みつけ殺害した。私は、坂本が誘拐殺人事件を起こした直後に父親に会っている。加害者の親族の中には、取材者に対して声を荒らげる者も少なくなかったが、この父親は終始冷静で、もの静かな印象を受けただけに殺人を犯したという一報には驚きを覚えずにはいられなかった。

写真週刊誌のカメラマンになったわけ

ここに記した事件以外にも、現場へと通った事件はたくさんある。最近では様子が変わったようだが、私が在籍していた当時の写真週刊誌は、テレビや新聞が大きく取り上げないような小さな事件でも、編集部が興味を持てば記者やカメラマンを送り込んだ。そのうち記憶に残る事件の多くが、どういうわけか北関東に集中していたのである。

私が写真週刊誌のカメラマンとなったのは二七歳のときだった。基本的に仕事は昼夜関係なく、編集部から呼び出しがかかれば、すぐにでも家を出て現場へ向かわなければならない。まさに常在戦場である。それゆえに、大学を出たての二〇代前半のうちにカメラマンとなる者が多かった。それに比べると、私は少しばかり年を食っていた。

寄り道をして写真週刊誌のカメラマンとなった背景には、大学中退後、ネパールに通いながら写真を撮りつづけていたことがあった。ひとつの村に通いながら人々の日常に目を向けていたのだが、カメラだけで食っていくことはできず、旅館などで住み込みのバイトを数カ月続けては撮影に出るようなことを続けていた。

住み込みのバイトで長野県内にある温泉に行ったときのこと、その温泉旅館で長年住み込みを続けている当時四〇代の男がいた。彼は、カメラマンを志していた。住み込みのバイトも二週間ほどが経った頃、その部屋に呼ばれた。私のような新参者のバイトは、旅館の外にあるプレハブ小屋で寝泊まりしていたが、古参の彼は旅館の部屋の一室を充てがわれている。和室の部屋に足を運ぶと、見せてくれたのは、カラーで撮られた朝霧ただよう池の写真だった。

雑誌に取り上げられたとか、なかったとか、普段は無口な男が声を少々上ずらせて語っている。たしかに、いい写真だった。しかし、当時二〇代そこそこだった私は、なぜ彼が温泉旅館でバイトを続けるばかりで、カメラマンとして身を立てようとしないのか不思議だった。写真の美しさより、世の中への処し方にどうも納得がいかなかった。

同時に、それは私自身にもいずれ跳ね返ってくることだった。結局、ネパールに通いながら撮りつづけた写真で、私は世の中に認められることはなかった。ネパールで撮った写真には自信を持っていたが、このままネパールにこだわりつづけたら、いつまでも一枚の写真を心の拠り所にして生きていかなければならなくなってしまうのではないか、と思った。そんな生き方を否定するわけではないが、自分にはできないと思った。世の中と関わり、仕事として写真を撮り、カネを稼ぎたいと、彼を見て心から思った。

そして、行き場のなかった私がたまたま入り込めたのが、写真週刊誌の編集部だった。一年ほど前から記者として働いている友人がいて、カメラマンを募集していると聞き、すがる思いで応募したのだ。

写真デスクとの面接では、ただただやる気のあることをアピールした。はっきりいえば、長所はそれしかなかった。果たして、私の熱意が通じたのか、人が足りないからとりあえずカメラを持って現場へ行ける人間は入れておこうとデスクが判断したのか、今となっては知るよしもないが、とにかく私は晴れて写真週刊誌のカメラマンとなったのだった。

写真週刊誌といえば、芸能人の張り込みというイメージが強いが、堪え性のない私はどうも張り込みの仕事に向かず、結果的に事件取材に回されつづけた。事件は毎週、全国各地で起き、その現場に飛ばなければならない。旅ばかりを続けてきた私には、さまざまな土地を訪ねることは何の苦にもならず、結果的に日本のさまざまな土地に触れる機会を与えてもらった。それが今日の仕事の糧となっている。

北関東への関心

ただ、週刊誌の宿命で、一週間に満たない期間でひとつの取材を終え、また次の土地に行かねばならず、じっくり腰を落ち着けてその土地と向かい合うことはなかなかできなかった。取材を続ければ続けるほど、それぞれの土地への未練が澱のように溜まっていった。その中でも、事件取材で訪れる機会が多かった北関東については、いつかゆっくり考察してみたいという思いがあった。

北関東で凶悪事件が頻発するだなんて恣意的な判断だ、失礼なことを言うな、という人もいるだろう。もしかすると私の思い込みなのかもしれない。だが、五年間この目と耳で触れた多くの事件とその土地から受けた印象が、私にこうささやくのだ。きっと何か理由があるはずだ、と。

事件を起こすのは人間であり、機械のトラブルなどではない。人間は否が応にも、育った土地の風土の影響を受けずにはいられない。私の中に沈殿した答えのないもやもやに、今あらためて向き合ってみたい。

それでは、北関東の歴史と風土に鑑みながら、事件を歩いていこう。

国定忠治と上州の歴史

上州と呼ばれた群馬は江戸時代、土地の言葉で「遊び人」といわれるヤクザの本場だった。その代表的な人物は国定忠治であろう。

国定忠治は群馬県佐位郡国定村で一八一〇（文化七）年に生を享けた。現在の伊勢崎市である。農家の長男だったが跡は継がず、無宿人となった。農業と養蚕で家は栄え、家督を継いだ弟が忠治を経済的に支えたほどだった。忠治は、関東一の大親分と呼ばれた大前田英五郎のもとに身を寄せ、大前田の縄張を譲り受ける。その後、当時大前田と並ぶ大親分島村伊三郎を殺害したことで名をあげ一躍知られた存在になるとともに、関東八洲の治安維持を受け持っていた幕府の勘定奉行配下、関東取締出役、俗にいう八洲廻りから追われる身となる。

当時、大きな賭場のあった赤城山を根城として各地に潜伏する忠治を、幕府はなかなか捕縛することができず、二〇年近くにわたって、忠治は幕府の追っ手から逃げつづけた。その当時、天保の飢饉などで農村は疲弊していたが、私財を投げうち窮民を助けた忠治を見ていた人々は、彼を匿ったのだった。しかし、一八五〇(嘉永三)年、中風(脳出血後の後遺症)を患い故郷で療養しているところを踏み込まれ、ついに忠治は捕まった。

忠治のような博徒が大手を振って歩くことができたのは、江戸時代を通じ、他の地域と比べて北関東に多くの人と金が流れつづけたことが理由の一端にある。現代でも、ヤクザの事務所があるのは、主に都会の繁華街である。どの時代も、この原理原則に変わりはない。

北関東の上州には、江戸と日光東照宮を結ぶ日光例幣使街道、江戸と新潟を結ぶ三国街道、さらには江戸と京都を結ぶ中山道などの街道が通い、交通の要衝となっていた。街道筋には宿場町ができ、自然と人や金が集まってくる。さらに、江戸時代の中期からは養蚕が盛んになり、農民たちが経済力をつけていった。すると、街道筋ばかりでなく、人が集まる寺社仏閣のまわりにも賭場ができた。そうした賭場を仕切っていたのが、忠治などの今でいうヤクザであった。

コメ本位制からカネ本位制へ

上州における養蚕の歴史は奈良時代にさかのぼる。日本において江戸時代まで重用された繊維は、品質のよい中国産の絹だった。江戸時代に入り日本が鎖国し、中国絹の輸入が減少すると、国内で良質の絹を調達する必要性が生じた。少しずつ養蚕が盛んになっていくなかで、群馬・桐生産の絹が中山道などの街道や利根川の水運を利用し、京都や江戸などに運ばれるようになっていく。江戸中期の正徳年間に入ると、養蚕に関する書物が著されたことなどにより、群馬でますます養蚕が広まっていった。それまで養蚕は農家の赤字を補塡する副次的な産業にすぎなかったが、正徳年間以降は、当地の農家の年収の半分を稼ぎ出すほどまでになった。

幕末になると生糸は横浜に運ばれ、主要な輸出品目のひとつとなったのは、よく知られるところである。江戸時代中期まで、米作にはあまり向かない上州の土地で厳しい生活を強いられてきた農民たちの暮らしは、養蚕によって変貌した。どういうことかというと、米本位であった江戸時代の農村において、コメではなくカネによって社会が回りはじめたのである。後の日本社会で起こることが、ひと足先に上州を含む北関東で起きていた。

北関東では、土地や農業に縛られずとも、養蚕や街道筋での駕籠(かご)かきなど、日雇いの仕事が増え、各地から無宿人たちが流れ込む土壌ができあがっていく。上州の日光例幣使街道沿いにある玉村(たまむら)宿では、一三〇五軒あった農家のうち三九一軒が江戸時代末期までに棄農したとの記録が残っている。「潰れ百姓」と呼ばれた彼らの多くは無宿人となり、幕府からすると、治安を揺るがす不安分子となった。潰れ百姓の存在は、米本位の政策を続けていた幕府の根幹を揺るがすものだった。逆の見方をすれば、新たな社会のあり方を求める民衆の目覚めといってもいい。どちらにせよ、古い秩序が崩れ、支配する幕府からすれば、不穏な状況が生まれていくことになる。

遊び人や無宿人の誕生には、幕府の支配構造もまた寄与していた。上州は江戸を守るうえでの要衝であり、ひとつの藩に治めさせたのではなく、複数の小さな藩や幕府の直轄領である天領、寺社領が入り組む支配体制になっていた。それゆえ、関東取締出役が一八〇五(文化二)年に設けられるまで、ひとつの支配地域を越えてしまえば、罪を犯しても容易に逃れることができた。縦割り幕藩体制ゆえの落とし穴である。そうした土地柄もあって、お上(かみ)の権威を領民たちは信用せず、かえって国定忠治のような遊び人のほうが風紀を取り締まることができ、人々の信用も篤かった。

このようなことから、さまざまな無宿人たちが集う権力のエアポケットが北関東の各地に存在するようになった。

江戸時代、養蚕によってもたらされた人々の意識の変化が、詐欺や金にまつわる殺人などを生み出す根っこにあるのではないか。農地や家といったものに縛られず、身ひとつで世の中をわたっていくという、ある種、刹那的な感性ともいうべき何かが。北関東に頻発する陰惨な犯罪は、見えない糸で江戸時代と結ばれているように思えてならない。

愛犬家殺人事件と埼玉、群馬

「透明なボディーにしてやる」

埼玉愛犬家殺人事件で死刑が確定した関根元（せきねげん）死刑囚が吐いた言葉だ。犬の取引を巡るトラブルなどから四人を殺害した犯人である。あくまでも立証されたケースが四人というだけで、実際にはさらに多くの人間を殺しているともいわれ、殺人鬼という言葉がしっくりとくる男だ。

恐るべきはその手口で、犬を薬殺するための毒薬硝酸ストリキニーネを獣医から処方してもらい、栄養剤だと偽り飲ませ殺害したあと、共犯者が暮らしていた群馬県片品（かたしな）村に運び、そこで死体を解体。内臓、脳みそ、目玉、肉をきれいに削ぎ取り、骨は庭で焼却し灰に、内臓や肉は切り刻んで川に流した。冒頭の言葉通り、まさしく人体を跡形もなく消してしまったのだ。

関根元がこの犯罪方法のヒントを得たのは、生まれ故郷の秩父でアルバイトをしていたラーメン屋の店主を殺害し放火したときに、焼け跡から発見された死体が焼け焦げていたため証拠を検出することができず、事件化されなかったことにあるという。

埼玉県熊谷市、刈り入れの終わった水田の中に一軒の廃屋がある。今にも雨粒を降り落としそうなどんよりとした雲が、その不気味さに拍車をかけていた。廃墟となったその木造平屋建ての前の道は、近所の人々の散歩コースになっているようで、犬を連れた老人やトレーニングウエア姿の女性が通り過ぎていく。田園地帯に忽然と姿を現すこの廃屋は、四方を柵で囲まれていることもあって、周囲の景色には溶け込んでおらず、異質さが際立っている。

かつてこの廃墟は関根元が売りさばく犬を繁殖させるための犬舎だった。熊谷市内では「アフリカケンネル」というペットショップを経営し、シベリアンハスキーを日本に広めるなど、業界では有名な人物だった。

ただその商売方法は阿漕で、安く仕入れた犬を高額で売りつけるのは普通のことで、

完全犯罪を目論んだ関根元死刑囚は、切り刻んだ肉をこの川に流した

犬を売ってから、その飼い主の家に忍び込んで犬の餌に毒を盛って殺し、あらためて別の犬を買わせるなど、やりたい放題だった。そんな悪事の殿堂が目の前にある廃墟なのだ。いまや主（あるじ）は刑務所で獄死し、二度とこの場所に戻ってくることはない。それにしても、この不気味さは何なのだろう。関根元という男が犯した罪が残酷きわまりないこともあり、被害者の怨念や関根自身の狂気が今も巣食っているような気配がある。

　廃墟の柵の一角に穴が開いていたので、私は主なき悪の殿堂に足を踏み入れてみた。建物のガラスは割れ、室内にも雑草が生い茂り、まさに荒れ放題である。かつて建物の屋根に掲げていた〝犬・狼（おおかみ）〟と書かれた看板が残っていた。犬だけではなく、狼と犬をかけあわせたウルフドッグも販売していたという。

　雑誌に広告を出すばかりでなく、ドッグショーにも頻繁に顔を出していた関根は、業界で顔も広く、「アフリカケンネル」の名前もよく知られていた。殺害した四人のうち三人は犬の販売トラブルによるもので、殺人事件に至らないまでも客とのトラブルは絶えなかった。

「うちの妻が、事件前に、チワワをアフリカケンネルで買ったんです。応対してくれたのは関根でした。愛想がよくて、世話の仕方を丁寧に教えてくれたものですから、信用できるなと思ったんです。ところが、買って一カ月もしないうちに犬が死んでしまった。これはおかしいということで、苦情を言いにいったんです。そうしたら、売るときとは打って変わって、『何の文句があるんだ』と、同じ人物とは思えない高圧的な態度で威圧してきました。話にはならないと思って、こちらから引き下がったんです。それからしばらくして、あの事件が起きたんですよ」

この証言をしてくれたのは、熊谷市に暮らしていた私の親しい人物である。とにかく関根の商売にトラブルはついて回ったが、本人はどこ吹く風であった。

関根が犬の販売にまつわる最初の犯罪を犯したきっかけは、一九九三年四月に会社役員の男性に雌雄で数十万円の犬を一〇〇〇万円で売ったことにあった。バブル期にシベリアンハスキーの販売で大儲(おおもう)けをした関根だったが、バブル崩壊後に販売は低迷。さらには繁殖施設の建設費などで一億円以上の借金を抱え込むようになり、巧妙な話術を駆使して、市場価格とかけ離れた法外な値段で犬を売り飛ばすようになっていた。

関根から言われるままに犬を買った男性は、のちに買った犬の価値がわかると、関根に金を返すよう要求した。借金まみれの関根に、返す現金はない。金を返すと言って男性を呼び出し、栄養ドリンクにストリキニーネを混ぜたものを飲ませ殺害した。遺体をそのままにしていたら当然足がつく。男性の遺体を、当時アフリカケンネルの従業員として働いていた共犯者の家があった群馬県片品村に運んだ。そこで証拠隠滅を図り、先に記した方法で処理したのだった。

殺害後、犬の売買を巡るトラブルについて知っていた男性の遺族から、行方について

Africa Kennel

関根元死刑囚はシベリアンハスキーを日本に広めた人物としても知られていた

問われると、関根は暴力団員の男性を伴って遺族と会い、事件の隠蔽をこころみる。しかし、関根が男性を殺害していると気がついた暴力団員は、関根から金を強請（ゆす）ろうとした。そこで関根は、一九九三年七月、暴力団員とその運転手だった若者を前と同じ手段で殺害、処理した。

四人目の死者は、従業員の母親である女性だ。彼女は、関根から犬の購入を持ちかけられ、九〇〇万円で購入。さらにはアフリカケンネルの役員にするからと、三〇〇万円を騙（だま）し取られた。関根は彼女と肉体関係を持ち、調子のいいことを吹き込んでその気にさせたのだ。彼女があまりに高額な犬の値段に気がついたことと、役員とは名ばかりで、金だけ払わされたことに疑念を持ち、金の返済を求めたことにより、関根はふたたび殺害を決行する。しかも、殺害後には屍姦（しかん）したとまで、共犯者が記した著書には記されている。関根は性欲も旺盛で、アフリカケンネルの犬舎で働いていた若い女性従業員たちのすべてと肉体関係を持ったという。

犬舎には、錆（さ）びついた犬の檻（おり）も残されていた。営業当時、関根は犬舎の掃除を欠かさず、犬の躾（しつけ）もゆき届いていたそうだ。荒れ果てた犬舎には、犬の餌となる肉を保存する冷蔵庫も残っていた。犬のブリーダーとしては優秀だったのかもしれないが、その心の根っこには金儲けのことしかなかったのだろうか。

犬舎に隣接するログハウスは、訪ねてきた客に応対する事務所だった。中には暖炉があったという話だがそれらしきものは見えず、床が抜けていて足を踏み入れることすらできなかった。

この犬舎と事務所は、関根の悪の殿堂であったと同時に、従業員たちにとっては、生きる糧を得る場所でもあった。朽ち果てた建物を見つめながら、顔も知らぬ従業員たちのことが心をよぎった。

犬舎を出たときにはすでに陽が暮れ、薄気味悪い廃屋も闇に包まれようとしていた。

それにしても、人の肉を切り、抉(えぐ)り、骨まで燃やして跡形もなくすという、こうして記すだけでもおぞましい犯罪者はいかにして生まれたのか。男のまわりで姿を消した者は、立件された以外にも存在するという。全員が透明なボディーになっているわけだ。

犯罪の兆しは、幼少期には芽吹いていたことだろう。関根は青年時代、故郷のラーメン屋で店主を殺害、放火したことが殺人の事始めだと共犯者に語っている。その事件は立件されていない。

私の足は自然と男の故郷である秩父へと向かっていた。

関根が生まれた秩父の町

山あいを縫って吹きつける寒風が首元を過ぎるたびに、体は自然と固くなる。秩父の街の中心部を南北に走る国道二九九号線は、関東平野を抜ける北風の通り道なのだ。

国道からは、街並みのむこうに山頂付近の山肌が剝き出しとなった武甲山が見える。伝説ではヤマトタケルが東征の際、武甲山を目にしてその姿に感嘆し兜を納めたというが、江戸時代からの石灰岩の採掘によって、かつての姿を想像することは難しい。高度経済成長期に入ると、石灰岩の採掘は山頂付近にまで達し、標高が三〇メートルほど低くなってしまったという。

武甲山には明治時代に合祀されるまで、山岳修験とも結びつく蔵王権現が鎮座していた。古代より人々の心の拠り所だった山が、人間の欲望により姿を変えてしまったのだ。己の欲望のために人肉を切り刻むことも厭わなかった関根元。武甲山の山並みを生み出した日本の社会と関根元の心の闇が重なって見えてしまうのは、私だけだろうか。

ここ埼玉県秩父市は、江戸時代から養蚕で栄え、生糸の生産地であるとともに、絹織物でも有名だった。高度経済成長期に化学繊維が出回るまでは、たいそう賑やかだったのだろう。一九五八（昭和三三）年に売春防止法が完全施行されるまで、現在では住宅街となっている下町の一角には、赤線があった。

関根の父親は、下町から歩いて一〇分ほどの商店街で下駄屋を営んでいた。下駄屋という職業は、かつて差別の対象だった。江戸時代に一大騒動が起きている。ここ秩父がある埼玉県で発生した武州鼻緒騒動だ。事件は以下のように起こった。

入間郡の被差別部落に暮らしていた辰五郎という者が越生の市で鼻緒を売っていたところ、売れ残ってしまった。その鼻緒を日野屋喜兵衛という者に買い叩かれ、さらに差別的な発言をされたうえに殴られた。怒りが収まらない辰五郎は翌日、報復のため日野屋に乱入する。その後、今度は日野屋側が辰五郎を捕らえようとするが、辰五郎の村の者たちに包囲され小屋に押し込められてしまった。

関東取締出役の出番となるが、役人は、辰五郎側を徹底的に取り締まる。二五二人の村人たちが召し捕られ、九七人が裁きのため江戸に送られた。二年にわたって村人たちは取り調べられ、四九人が牢死。日野屋側は罰金刑など軽い処分で済まし、露骨な差別意識が両者に対する幕府の対応に現れた。こうした差別の記憶は、この地に暮らした関根にも刻まれていたのだろうか。

下駄屋があったというあたりに足を運んでみたが、道路の両側にぽつりぽつりと店があるだけだった。地方で見慣れたシャッター通りですらなく、商店街だった面影もない景色となっていた。関根のことを知っている人物を見つけるには、今もわずかに開いている商店を訪ねるほかない。花屋の前で足を止めると、女性が一人で店番をしていた。

「犬の販売をしていて殺人事件を起こした、関根元について取材して歩いている者なんですが、何かご記憶はないでしょうか」

関根の名前を聞いて、女性は昔を懐かしむような口調で話した。

「いい人だったよ。大きい声で話しながら、よくこの通りを歩いていたね。昔は威勢のいい人が多かったから。どこで変わっちゃったんだろうね」

同じ商店街で暮らしていた関根は、その頃二〇代だったという。今から四〇年ほど前のことだ。「いい人だった」というのは、何か助けてもらったわけではないけれど、人当たりもよくて、不快な印象を持ったことがなかったからだという。

その花屋から一〇〇メートルほど離れた洋品店には、初老の男性の姿があった。

「元ちゃんのお父さんもお母さんも、いい人だったよ。お父さんは腕のいい下駄職人だったね。もう店はないけどさ」

下駄屋は、この店から南に二〇メートルほどの場所にあったという。今も当時と同じような間取りの長屋が通りに残っているというので、後ほど訪ねることにして、話を続けた。

「元ちゃんとは一〇歳ぐらい年が離れていたから、頻繁に会った記憶はないんだけど、小さい頃は遊んだりしたね。面倒見のいいところもあったよ。よく人の相談にも乗っていたみたいだし。ただ調子のいいところもあったけどね。そんでも、まさかあんな事件を起こすとはねぇ」

一九四二（昭和一七）年生まれの関根は、中学時代にはヤクザの使い走りをしていた。

中学卒業後は家業を手伝っていたが長く続かず、秩父駅前にあるラーメン屋の出前持ちになる。そのラーメン屋は火事に遭い、店主が焼死している。このとき店主を殺害し火をつけたのが関根だと言われているが、立件されていない。その後、プロパンガス営業の職を得た。

「口が上手くて商才があったんだろうね、プロパンガスの営業は順調だったらしいよ。ちょうどその頃から、長屋の裏で犬を飼い出したんだ。口八丁手八丁で、どんどん犬を増やしていったね。売った犬をしばらくしたら客の家から盗んできて、平気な顔して店でまた売る。当然、客は文句を言うけど、『犬なんて似てるんだ』のひと言で済ます。ヤクザの組にもいたぐらいだから貫禄があって、客も黙っちゃうんだよ。有名なのは、プードルにピンク色のスプレーをかけて、珍しいプードルだよって売ってたことだよね」

二〇代の頃からはじめた犬の販売で、関根は金回りもよくなった。すると、夜な夜な地元のスナックを渡り歩いては女遊びをした。連続殺人の共犯で逮捕された元妻の風間博子と結婚するまで、秩父時代に三度の結婚をしている。

「何番目のか忘れたけど、えらいきれいな奥さんをもらったことがあったんですよ。どうやって結婚したのか不思議だったね」

地元では鼻つまみ者だったという報道もあったが、現地で話を聞くかぎりでは、少々ヤンチャな人のいい兄ちゃんという見方をされていたようだ。関根だけではなく、一人の人間にはさまざまな顔があるわけで、地元の人々の目に映った関根の姿もまた、彼の一部なのである。

詐欺そのものの商売で評判を落としたこともあったが、関根は長屋ではじめた犬販売で成功し、ここから車で五分ほどの大野原（おおのはら）という場所で、ビジネスを拡大させる。犬の販売だけでなく、ライオンやベンガル虎などの猛獣を飼育して世間の目を引いた。ライオンの飼育は話題となり、当時テレビにも出演している。その番組の中で、関根は海外に出たことすらないのに、アラスカやケニアなど世界を股にかけて動物たちと関わってきたと、ホラ話を吹聴（ふいちょう）したという。

大野原に移ってからは、金貸しもしていた。借金の取り立てをヤクザから頼まれることもあり、その金を使い込み秩父にいられなくなり、事件の舞台となった熊谷へ逃げた。開いた犬の販売店で、客だった風間博子と出会う。彼女は裕福な家庭の出だったこともあり、関根はそこに目をつけて近づいた。犬好きだった彼女は、関根との出会いによって死刑囚に身を落とすことになる。

長屋と商店街の記憶

関根が暮らしていたのと同じ間取りの長屋に足を運んでみた。長屋は壊される運命なのだろう、引き戸には板が打ってあり、わずかに開いている戸の間から内部が見えた。戸の先は土間になっていて、上がり框のむこうに六畳ほどの部屋が二間並んでいた。この間取りを見るかぎり、父親は下駄を販売していたのではなく、修理の請負いを中心に仕事をしていたのかもしれない。

関根の父親は群馬県の新田郡からこの地へ来て、下駄屋を開いた。戦前まで下駄は日常生活に欠かせないものだったが、戦後生活が西洋化し、昭和三〇年代にゴム製のサンダルなどが普及するようになると、急激にその生産量を減らしていき、下駄屋の多くは町から消えていった。関根の父親が開いていた下駄屋も昭和三〇年代後半に店を閉じている。

当時一〇代後半から二〇歳前後の関根は、先細っていく父親の家業をその目に焼きつけていたはずだ。もし仮に、下駄屋稼業が経済的に旨味のあるものだったら、彼は父親の跡を継いでいたかもしれない。しかし、時代がそれを許さなかった。生活ぶりは苦しく、赤貧を味わった経験が、後年事件を引き起こした背景にあった。金への執着はこの朽ちつつある長屋で培養された。

私は関根と三〇歳以上年が離れているが、彼と似た景色を見たことがある。

私の実家は商店街の中で肉屋を経営している。高校に上がる前まで商店街の景気はよく、常に通りは人であふれていた。二〇〇〇（平成一二）年、大規模小売店舗立地法が施行され、近所に大型店ができると商店街は一気に廃れた。以前は二〇軒ほどの商店があったが、今では三軒しか営業していない。日本の小売店経営が消えゆく様を、この目に焼きつけた。大型スーパーが開店した日、店にはさっぱり客が来ず、普段はほとんど座る暇もなく動き回って働いていた両親が、ため息をつきながらテレビを見ている姿には、少なからず心が痛んだ。

結局、私も家業を継がず、根無し草の生活を続けている。取材にことよせ、極私的な興味から文章を綴（つづ）ることによって人の心を傷つけながらも、お縄になることなく生活をしている。

関根という男の生き方に同情の余地はないが、彼の犯した罪というのは、時代と風土が密接に結びついて産み落とされたものであることは間違いない。私には、そう思える。

本庄保険金殺人の起きた町

埼玉県の本庄は小高い丘に広がる街だ。かつては江戸と京都を結ぶ中山道が通っていた。関東平野から一段高いところに街があるため、風も抜け陽もよくそそぎ、心地よい空気が流れる。かつて関東平野のほとんどが海だった時代から、このあたりは常に土地が乾いていて、人の営みがあったことを遺跡群が伝えている。

太古から連綿と人の営みが続いてきた本庄は、江戸時代に入ると、中山道随一の宿場町として賑わった。その理由は、先に触れた上州を中心に養蚕が栄えたことによる。利根川が近くを流れ、陸路や水路をつたって、各地から生糸が集積された。明治時代初期には、東京が外国の艦船から攻められやすいということで、本庄に首都を移すことを主張する学者もいたほどである。

その一方で、ヒトやモノが集まることで、人心が乱れた。関東大震災の際には、東京方面から逃げてきた朝鮮人九七名が殺害されるという痛ましい事件が起きた。戦後の混乱期には、暴力団が闇市を取り仕切り、それを告発した朝日新聞記者が暴行されるという本庄事件が起きている。本庄事件は後に、『暴力の街』という題名で映画化もされた。

この街を有名にしたのは、それらの事件とともに八木茂死刑囚らによる本庄保険金殺人事件も挙げられよう。はじめて本庄を訪ねたのは、八木茂が本庄保険金殺人事件の容疑者として逮捕される直前のことだった。その当時、私はこの事件の取材には関わっていなかったのだが、同僚の記者やカメラマンが連日のように八木茂が開いていた有料記者会見に参加していた。だから私も、どんな場所で事件が起きたのか見ておきたかったのだ。

八木が経営していたスナックの前を通ったのは夜だったこともあり、ほとんど記憶に残っていない。事件の印象は鮮烈であったが、おぼろげな記憶しか留めていない現場をあらためて歩いてみたいと思った。養蚕が北関東において発展し、金というエーテルをまき散らし、博徒を生み出し、棄農者が跡を絶たなかった。その風土の延長線上に本庄保険金殺人事件があるように思えてならず、北関東の事件を振り返る際にはどうしても見過ごせない事件だと感じていた。

八木茂死刑囚は自分の愛人たちを使って、三人の男たちと偽装結婚させ、多額の保険金を掛けたうえで二人を殺害。身の危険を感じた三人目の被害男性がマスコミに名乗り出たことにより、事件は明るみに出た。

八木死刑囚のもとには連日マスコミが押しかけ、それを逆手にとった彼が有料記者会見を開いたことで、その顔と名前は全国に知れわたった。

本庄を訪ねた日は、からっ風が吹き、空は青くどこまでも高かった。果たして当時の建物が残っているのか気にかかったが、住所をたよりにたどり着くと、今も変わらずそこにあった。青い壁のスナックの奥には、保険金を掛けていた男たちを住まわせていた平屋も残っていた。

スナックの近くを歩いていると、八木の幼馴染みで、スナックにも通ったという男性に偶然出会えた。

「あの当時は、ここにハイヤーやらタクシーがずらっと並んで大変だったよ。そのへんで小便するのもいるし、すごい賑わいだったなぁ」

スナックは道路から少し奥まった場所にあり、駐車場もあるのだが、そこには車が止まりきらず、スナック周辺の道路の両側が八木詣でのマスコミ車両でいっぱいになった。

男性は、懐かしそうに当時を振り返った。

「八木の店は、夜の七時ぐらいから開けるんだけど、店を開いた今から三〇年くらい前は、カラオケができて酒が飲める店っていうのはあんまりなかったから、事件前からたいそうな繁盛ぶりでね。開店前から客が並んでいたんだよ」

カラオケだけでなく、店には八木の愛人であるフィリピン人のホステスもいたこともあり、彼女たちの存在も客を呼び寄せたことは想像に難くない。

八〇年代後半から二〇〇〇年代初頭にかけて、北関東のいたるところにフィリピン人のホステスを置くパブやスナックが乱立した。そこで働いていたのは、半年の興行ビザで来日した「タレント」と呼ばれる女性たちだった。八木の愛人で事件に関わったアナリエ・サトウ・カワムラもそうした女性の一人だった。彼女は、フィリピンで大学にも通っていたが、家庭の事情で日本に働きに来ざるを得なかったのだという。

タレントの女性たちは、ビザの名目上は歌手やダンサーとなっているが、実際は店で客の相手をするホステスである。ビザの有効期間である六カ月の間、ほぼ休みなく働きつづけるが、給料は月一〇万円にも満たない。それでも、フィリピンでは得られない現金収入を得るため来日する。彼女たちの給料を安く抑えている分、当然、店の収益はあがる仕組みとなっている。

　フィリピン人と、時代はちがうが、中山道沿いにいた江戸時代の娼婦、飯盛女（めしもりおんな）の姿がシンクロして見えてくる。本庄宿には、飯盛女を置いていた旅籠屋（はたごや）が五四軒存在した。幕府は旅籠屋には四人まで飯盛女を置くことを許していたから、少なくとも二〇〇人以上の飯盛女たちが宿場にいた。飯盛女たちは、越後から来ている者が多かった。三〇歳を迎えることなく、過酷な労働ゆえに命を落とす者がほとんどだったという。本庄の二つ先の宿場である倉賀野（くらがの）宿には飯盛女たちの墓が残っていて、女たちが生きた証を今日に伝えている。北関東には、飯盛女からフィリピン人の「じゃぱゆきさん」まで、経済に翻弄された女たちの悲哀が詰まっている。

　果たして、主犯の八木はどのような人生を歩んできたのだろうか。スナックの常連でもあった男性が言う。

「八木は私より三つ年下で、弟が同級生だったんだ。子どもの頃は、ひょろっとしていじめられっ子だった印象だよ。大人になってから見違えるように威勢がよくなった。ダンプの運転手をして儲けたって話だったよね。ここに引っ越してきたのは、四〇年ぐらい前じゃないかな。居酒屋と金貸しもやっていたから、金に困っているようなようすはなかったね」

八木の一家は祖父の代に、利根川のほとりにある村から、ここ本庄に移ってきた。話をしてくれた男性の一家も、やはり三代前に東京から本庄に移り住んで鍛冶屋をやっていたという。

「もう鍛冶屋は廃業しているけれど、その頃は、東京よりこのあたりのほうが、鍛冶屋の需要が多かったんじゃないのかな。生糸で儲かっていたところだし、土地があまりよくなくて、小石が多いから鎌がすぐに駄目になる。鍛冶屋にはもってこいの土地だったみたいだね」

男性の話を聞いていると、八木の一家しかり、ここ本庄は仕事を求めて別の土地からやってきた人々が多く、かつて唱えられた本庄遷都論が机上の空論ではないことをうかがわせた。

男性がこの地に家を建ててからしばらくして、八木がカラオケスナックをオープンした。

「彫り物をいれたりして、ヤクザが店で絡んできたりしても、まったく怯むところはなかったな。ヤクザが来ると追い出したりしていたよ。スナックの酔っぱらいが、よく家の壁に小便を引っかけたりしたから、盆暮れにはちゃんと菓子などを持ってきたりして、義理も通す男だったよ」

八木の普段の姿からは、犯罪の匂いは感じ取ることができなかったという。

「まさか保険金を掛けて人を殺しているようには見えなかったな。スナックも儲かっていたし、金に困っているようには思えなかったけど。あの騒ぎがはじまったときに、八木と立ち話をしたことがあって、『俺は絶対やってないよ』と言っていたのを覚えているよ」

殺害した二人だけでなく、他にも合わせて二〇億円ほどの保険金を掛けていたという。それほどまで金に執着した理由は何だったのか。

事件当時、八木茂に密着取材していた先輩記者に電話を入れてみることにした。Kさんは、記者歴三〇年以上の大ベテランだ。犯罪者や親族に肉薄することで、業界では知られた存在の敏腕記者である。その一方で、後輩たちの面倒見もよかった。

「おうっ、なんだ急に電話してきて、どうせまた事件のことだろ。おまえは仕事で用があるときにしか電話してこないからな」

口は少々悪いが、言葉の節々には温かみがある。

「八木茂のことなんですが」

そう切り出すと、先輩は最近も八木茂の周囲の人間たちを追ったドキュメンタリーの制作に助け舟を出し、さらに他のテレビ局からも協力を要請されている、と話してくれた。

八木茂が弁護士以外で唯一面会するのは先輩だけで、その深い関わりを知ったテレビ局から何度もテレビへの出演を頼まれているのだが、頑なに断っているという。

「俺がテレビに出て、ペラペラ話しちゃうと迷惑がかかる人がいるんだよ」

一のことを一〇に膨らます者が多い業界の中で、取材者として出しゃばることなく、相手の立場を重んじる。その姿勢が、取材対象者に心を許させる理由なのだろう。

「八木茂のことを取材しているといっても、先輩のようには深く長く取材をしてきたわけではないので、わからないことだらけなんですが、一点教えてほしいんです。なんで彼は、あそこまで金に執着したんですか？」

先輩は少し間を置いてから、話しはじめた。

「それはなぁ、簡単に言っちゃえば、幼少期に両親からひどい扱いを受けていたんだよ。彼には可哀想な面もあるんだ。両親にまともに面倒を見てもらえなかったから、中学を卒業してからすぐに働きはじめてさ。親に頼れないから、その頃から自活してきたんだよ。金だけが頼りだったということなんだ。だから金にがめついところがあったんだな」

両親の愛に恵まれず、彼の心の隙間を埋めるものは金だったということか。金だけが人生を支える命綱のようなものだったと。

動画サイトにアップされている八木茂の会見の様子をあらためて見てみると、威勢のいいことを言ってまわりの記者を笑わせ、本人も笑みを浮かべているが、その目だけはガラス玉のようで、冷たく沈んでいるようにも見える。

愛人たちを利用して人を殺め、詐欺によって得た金を握りしめることだけが、彼の心に平安をもたらした。どこまでも人を信じることができなかったことが、事件へとつながっていく。

八木は現在、再審請求をして無実を訴えている。被害者の佐藤さんはトリカブトを飲まされ、殺害されてから川に遺棄されたことになっているが、弁護側は溺死であると主張している。殺害方法には不確かな点があるようだが、何億という保険金を掛けていた事実は揺るがず、八木という男が、限りなく金に執着していたということは紛れもない事実である。私はその点に、この事件の異様さとおぞましさを感じるとともに、幼き日々の記憶というのは犯罪の芽となりうることを思い知らされた。

頻発する幼女誘拐事件

北関東においては、未解決事件も少なくない。

有名なのは、一九七九年から一九九六年にかけて五件発生している北関東連続女児誘拐殺人事件だろう。特に一九九〇年に発生した足利事件は、容疑者が逮捕されたものの、当時のDNA鑑定の精度が問題となり、再審請求が認められ二〇一〇年に男性の無罪が確定するなど、犯人逮捕に向けた捜査は混迷の度合いを深めている。

他にも女性が被害者となった未解決事件が複数ある。そのうち二つの現場を歩いた。

茨城県新治郡八郷町（現石岡市金指）の林道で、元美容師の八嶋美智子さん（二三歳）の遺体が発見されたのは、一九九三年一月一三日夕方のことである。胸や首に一五カ所の刺し傷があり、ほぼ全身の血が抜けていたことから、他の場所で殺害され、その場所に遺棄されたとみられている。

遺体発見現場を訪ねてみると、そこは、筑波山へと続くフルーツラインと名付けられた県道から一本入った林道の中だった。雑木林の林道は昼間にもかかわらず陽がほとんど差さず、地面はじめじめとぬかるんでいた。林の中には、不法投棄された瓶や家電製品が転がっている。よく見ると、女性もののセーターが泥にまみれて捨てられていた。現場からは今も、犯罪の匂いが漂ってくる。まるで粗大ゴミを捨てるように八嶋さんの遺体を遺棄した冷酷な犯人は今も、市井の人々の中にまぎれているのだ。

筑波大学一年生の川俣智美さん（一九歳）の一部白骨化した遺体が発見されたのは茨城県つくば市高田の林である。そこからほど近い場所に暮らす男性が言う。「普段から地元の人間ぐらいしか来ないところだからな。まさかこんなところで事件が起きるとは思わなかったよ」

遺体が発見されたのは、一九九九年五月三日のことで、遺体は靴下とパンティーだけを身につけ、首にはブラジャーが巻き付けられていたことから、他の場所で殺害されて遺棄されたとみられている。やはり不法投棄が目立つ、林の中が現場だった。

これらの事件ではすべて、被害者を車で連れ去った犯人が、地元の人間しか足を運ばないような場所に被害者の遺体を遺棄している。私はいずれの現場も実際に歩いてみたが、不法投棄された粗大ゴミが必ず目についた。つまり、まったく人里離れた場所というわけではないが、日常生活の場からは死角となる空間ということである。そうした場所には、土地勘のない人間はたどり着くことが難しい。どの事件についても、犯人は今でも死体遺棄現場からさして遠くない場所で生活しているように思えてならない。

果たして青年は犯人なのか

一連の女性ばかりを狙った殺人事件で、犯人が逮捕された事件がある。二〇〇五年一二月に栃木県今市市（現日光市）で発生した吉田有希ちゃん誘拐殺害事件である。

この事件では、勝又拓哉受刑者が殺人と死体遺棄の疑いで逮捕され、二〇一六年四月八日宇都宮地裁において、無期懲役の判決が言い渡されている。私はこの事件は冤罪ではないかと思っている。その理由は後で述べるとして、まずは事件を振り返ってみよう。

二〇〇五年一二月一日午後三時頃、当時小学校一年生だった吉田有希ちゃんは、栃木県今市市内から忽然と姿を消し、翌二日午後二時、連れ去られた現場から六五キロメートル離れた茨城県常陸大宮市の山林の中で遺体となって発見された。全裸の遺体には細かい刃物で刺された一〇カ所ほどの刺し傷があった。遺体が発見された場所は、県道から未舗装の林道を二〇〇メートルほど入った南東の斜面で、林道から一〇メートルほど下った場所に遺体が右肩を上に横たわっていた。遺体発見現場に多量の血痕は残されておらず、別の場所で殺害され、この山林で発見された可能性が高いと、当時の新聞報道は伝えている。

遺体はこの日、この山に野鳥の捕獲の下見に来た三人の男たちによって発見されたのだった。深夜から未明にかけて有希ちゃんは殺害され、この場所に遺棄された。

有希ちゃんのランドセルや洋服などの遺留品が見つからず捜査は難航したが、二〇一四年六月三日、栃木県警は吉田有希ちゃん殺害事件の容疑者として勝又拓哉受刑者を逮捕した。勝又受刑者は二〇一四年一月に偽ブランド品を売ったことなどから、商標法違反で逮捕されていて、その取り調べの中で吉田有希ちゃん殺害をほのめかした。しかし、その後行われた勝又受刑者宅への家宅捜索では、複数のナイフなどは見つかったが、ランドセルなどは発見されず、ナイフも直接犯行で使用したものではなかった。

警察は事件発生後すぐに勝又受刑者をマークしたというが、逮捕までは八年半の歳月を要した。さらに、有希ちゃんの遺体に残されていた犯人のものと疑っていたＤＮＡが捜査に関わる県警幹部のものであったことが発覚したりと、この事件に関しては失態を繰り返していた。いわば最後の砦が、母親と関わっていた偽ブランド品の販売の罪で勝又受刑者を別件逮捕することだったのである。袴田事件、足利事件や東電ＯＬ殺人事件など、多くの冤罪を生み出す温床となったのは、別件逮捕し、警察に拘留して本件の取り調べを進めるという手法である。いわば禁断の一手が今回の事件でも使われている。

逮捕された勝又受刑者は、日本に帰化した台湾人である。小学校高学年のときに、母親が日本人男性と再婚することになり来日した。勝又受刑者を呼び寄せた台湾人の母親は美容学校を卒業し、骨董品のフリーマーケットで偽ブランド品を売っていた。勝又受刑者と母親のことを知る骨董屋の経営者が言う。

「母親が偽ブランド品を売りはじめたのは今から二〇年ちょっと前のことじゃないかな。当時は偽ブランド品の販売は金になったんだよ。彼女の扱う偽ブランド品は質屋が見ても偽物とわからないほど品がよくてね。だから、お客さんがついていたんだよ。骨董市には泥棒が多いから、勝又受刑者が店番をしていたのを覚えている」

初めは順調に何の問題もなく骨董市で商売を続けていたが、親子に突然の逆風が吹き荒れた。

「二〇〇〇年の頃のことかな。警察がいきなり、偽ブランド品を売るなって言いはじめたんだよ。海外のブランドから言われたんじゃないのかな。それで、あの親子以外はみんな手を引いたんだけど、彼女たちは一度知った旨味が忘れられなかったんだろうね。売りつづけていたんだよ。警察がいきなり駄目だって言っても、彼女たちは他に売るものがないんだから、可哀想だよな。生活しなきゃいけないんだから。そんときにヤクザに絡まれたことがあって、勝又受刑者が助けてくれって、俺のとこに来たから仲裁に入ったこともあるよ。静かな青年という印象かな。休みの日は骨董市に出てたから、友達とも遊べないし、可哀想だなって思ったよね」

その後、偽ブランド品を売りつづけたために骨董市に出入り禁止となった親子は、茨城県や栃木県内を休みのたびにくまなく回り、骨董市やフリーマーケットの行われる会場の駐車場で、めぼしい人に声を掛けて商品を売りつづけた。栃木や茨城の各地を走り回っていたから土地勘もあり、勝又受刑者が死体発見現場を知っていても何ら不思議はなかった。ただ、勝又受刑者を真犯人とするには、不可解な点が多いのがこの事件なのだ。

まずは、勝又受刑者しか知らない秘密の暴露が何ひとつない。死体発見現場近くの山林に凶器のナイフを遺棄したという証言から、警察はその現場を捜索したが何も見つかっていない。吉田有希ちゃんの遺体が発見された茨城県常陸大宮市の山林の状況も不可解だ。遺体は全身の血が抜けた状態で発見されている。私は第一発見者に取材をこころみた。野鳥捕獲の下見のために山林を訪れた発見者は、最初は蠟人形（ろうにんぎょう）かと思うほど遺体は真っ白だったという。すでに全身の血が抜けていたことを裏付ける言葉だ。ところが、裁判中の検察の主張では、勝又受刑者は遺体発見現場で吉田有希ちゃんを殺害したことになっている。もしそれが事実であるなら、遺体発見当時、有希ちゃんの全身からあふれた大量の血液が現場から見つかっていなければおかしい。

さらに、勝又受刑者の車らしきものが現場付近のNシステムに写っていたという警察発表に基づく新聞報道についても、事実なら裁判の中で重要な証拠となるはずだが、Nシステムに写っていたと検察側が提出したのは宇都宮市内のものだけで、現場付近のNシステムは裁判の争点にもなっていない。

殺害に結びつく直接の証拠は何も見つかっておらず、勝又受刑者の自白だけが証拠だという、数多の冤罪事件に共通する状況が繰り返されているのだ。

息子の無実を信じる母親

「拓哉が事件を起こしたって、本当に信じられないんです」

私は勝又受刑者の母親と向かい合っていた。勝又受刑者が逮捕され、事件の概要が報道されていくにつれ、果たして彼は本当に犯人なのかという思いが私の中で強まっていった。母親と会ったのは、勝又受刑者の逮捕から半年以上が過ぎた頃だった。

「突然の逮捕だったんで、本当にびっくりしました。まさか有希ちゃんを殺した犯人として逮捕されるとは思ってもいませんでした。白いワゴン車にランドセルやぬいぐるみが積んであったから怪しいという報道がありましたけど、拓哉の妹は当時小学生ですよ。ワゴン車は拓哉の車じゃなくて、私の車です。拓哉はすごい几帳面な子で、車もいつも綺麗にしていたし、私の車には汚いって言って、仕事のとき以外は乗りませんでした。事件の報道で、泥がついた白い車が女の子のあとをつけてたって書いてありましたけど、拓哉は車をいつも綺麗にしていたから。泥をつけてたことなんて記憶にないんです」

勝又受刑者と母親は台湾の出身であると先に述べたが、母親は日本で三〇年近く暮らしているため、流暢に日本語を話した。

逮捕当時、日本に馴染めず、ほとんど友達もなく無職で引きこもっていた勝又受刑者には自由な時間があり、少女を物色して事件を起こしたのだと報じられた。

「たしかにそんなに友達は多くなかったですけど、前にバイトしたときにできた友達もいましたし、警察が有希ちゃんを連れ込んだというアパートには彼女も来ていました。ある日、拓哉のアパートに行ったら、花が飾ってあったんです。花なんて飾る子じゃないから、どうしたのって聞いたら、『俺にも彼女ぐらいいるよ』って言ったんです。引きこもりって言い方もおかしいですよ。昼間は株の取引、夜は為替をやっていたので、何もしていなかったわけじゃない。だいたいいつも株の取引がはじまる一時間前の八時には起きてきて、ニュースをチェックして、それから午前中は株をやるんです。午後はときどき、DVDを借りたりフィギュアを売ったりするために、宇都宮の駅近くまで行っていました」

レンタルDVD店には週一回は通い、アメリカのドラマやハリウッド映画などを借りたという。その店に足を運ぶと、女性店員は彼のことを覚えていて、おかしなビデオを借りる人ではなかったと証言してくれた。当時の報道では猟奇的なものやロリコン画像などをハードディスクに保有していたとあるが、実際に彼がダビングしていたDVDを確認すると、アメリカのアクションドラマ「24」や映画「ターミネーター」「マトリックス・レボリューションズ」など、誰もが見る普通の作品だった。母親によれば、これらのDVDは勝又受刑者が借りてきて、家族みんなで見ていたものだという。

事件発生当時、勝又受刑者は東武鉄道楡山(もみやま)駅近くにアパートを借りていた。そのアパートは、ガソリンスタンドのすぐ裏にあり、同じ造りをした二棟が向かい合っている。彼が暮らしていたのはA棟で、むかいのB棟には家族連れが多かった。起訴状によれば、このアパートに有希ちゃんを連れ込んだことになっているが、彼の部屋の入り口はむかいの棟から丸見えである。事件の一年四カ月前に勝又受刑者が姉と住むために借りたアパートである。事件当時姉は台湾に帰っていて、勝又受刑者だけが住んでいた。それにしても、日没が早い一二月とはいえ、このアパートに子どもを連れ込むことができるのか疑問である。

事件から一年後、警察が事情聴取にきて慌てて処分したと報道された車について尋ねると、それもまた事実とちがうと言う。

「道路の拡張工事で現金が入って、車検も近かったし、私がお金を貸して車を買い替えたんですよ。拓哉の性格からいって、もし本当に事件を起こしていたなら、そんな車に乗っていられなかったと思うんです。なんで一年も乗ってられるんですか？　私が警察に聞きたいです」

母親は、真っ直ぐに私のほうを見ながら、話しつづけた。骨董市へと通っていたため茨城県内の土地勘があったという報道に関しても、彼女は疑問を呈した。

「骨董市は朝早いですから、夜中に出るんです。行きに運転するのは私です。拓哉はほとんど寝ています。死体が出てきた山道なんて、私は通ったことないんです。私が知らないのに拓哉がどうして知ってるんですか？　帰りは拓哉が運転しますが、安いガソリンスタンドがあるのでちょっとちがう道を通ります。あの山道を走ったことはないんですよ」

骨董市が行われたのは、那珂市の一乗院という寺である。そことの往復だけで、帰りに寄り道することもなかったという。

なぜ勝又受刑者は自白してしまったのか。私はどうしてもそのことが解せなかった。

「私も思い当たらないんです。唯一あるとしたら、私が病気を抱えているから、自白しないとお母ちゃんが出られないぞと警察に脅かされたのかもしれません。それ以外に拓哉が自白する理由が考えられないんです」

詳しい病名は書かないでくれとのことなので差し控えるが、母親は逮捕前から今も、かなり深刻な病で闘病中である。もしその弱みにつけ込まれたら、母親思いだった彼は自白しかねないという。

勝又受刑者の逮捕起訴はこの事件の解決ではなく、迷宮への入り口ではないかという思いを強くした。

私は、茨城県常陸大宮市の吉田有希ちゃんの死体が遺棄されていた現場に向かった。杉林の中にある林道は、陽が満足に差さないのだろう、ところどころに小さな水溜りがあってぬかるんでいる。

死体が遺棄されていた斜面を見下ろす場所には祭壇が設けてあり、お菓子やジュースなどが捧げられていた。死体発見現場の反対側の斜面には、冷蔵庫や空き瓶などが不法投棄されている。これまで歩いてきた茨城県内の死体遺棄現場と同じ光景が広がっていた。

おそらく犯人は、事件前にこの場所に足を運んだことがある人物なのだろう。いきなりたどり着くことは難しい場所である。粗大ゴミを捨てるように人間を遺棄する者とは、どのような面構えをしているのだろうか。

勝又被告との面会

遺棄現場を訪ねてから半年ほど経って、私は裁判を控え宇都宮拘置所にいた勝又被告に面会した。母親の面会に同行したのだ。

白いTシャツにサンダルを履いて現れた勝又被告とアクリル板越しに会釈を交わした。逮捕当時に比べて、顔つきは少しふっくらしているが、やはり慣れない拘置所での生活に精神的な負担は大きいのだろう、目はトロンとしていて拭い去れない疲れの色がありありとうかがえた。

「あなたの無実を信じている八木澤といいます」

勝又被告は、微(かす)かに笑みを浮かべてぺこりと頭を下げた。

「ちゃんと眠れてるの？　ご飯は食べてる」

母親の問いかけに、逐一うなずく勝又被告。どこにでもいる親子の会話だが、二人の間には、抜けるに抜けられない冷たいアクリル板がある。

日本語で話はしているのだが、小学校高学年から日本で暮らしたからだろう、勝又被告の言葉にはネイティブの日本人が話す日本語にはない訛りがあった。

母と子の会話がひと段落すると、私は問いかけた。

「あなたは、本当にやっていませんね？」

「もちろんです」

彼は毅然とした態度で言った。

「事件の日に何をしていたか証明できるものはないんですか。例えば、どこかの店にいて、そのことを証言できる人とかはいませんか」

「もう、一〇年以上前のことですからね。思い出せません」

たしかにその通りだろう。真っ当な話である。

「もう、そろそろ時間です」

メガネをかけた刑務官が、どこか申し訳なさそうに言った。私は勝又被告に礼を言うと、彼もぺこりと頭を垂れ、サンダルを引きずる音を立てながら、扉のむこうに消えた。

正直な人間だなと思った。

ますますあの現場の光景と朴訥な青年の姿が結びつかないのだった。

第3章　東京ノースエンド

東京都足立区付近を流れる中川。かつては田園地帯だった足立区は
急速な都市化によって、世間を震撼させる事件が次々と起きた

埼玉と接する東京の北端

鈍い銀色をした東武線が北千住の駅を出る。窓から景色に目をやると、河川敷に広がる少年野球場のむこうに茶色い水をたたえた荒川が見えてくる。普段は流れているのかどうかすらわからないほど緩慢な荒川が、数日前の大雨で、この日ばかりはその名の通り暴れ川になっていた。荒川のむこうに、東武電車と同じような色をしたいかつい建物が見えてきた。小菅の東京拘置所だ。

電車に揺られながら、この川は精神的な意味での〝国境〟だなと思う。小菅拘置所があるのは北千住と同じく東京二三区なのだが、その存在感は「東京の川むこう」を否が応にも感じさせる。私は、その小菅拘置所のある川むこうへと向かっていた。

足立区は埼玉県と隣接する東京の北の外れ、文字通りノースエンドである。高架の上を走る電車の吊革につかまり窓の外に顔を向けていると、関東平野がはじまる真っ平らな土地にへばりついた一軒家やマンション、木造アパート群が、奔流のように視界へ流れ込んでくる。

今では住宅密集地となったこの土地も、つい数十年前は人家もまばらな田園地帯であり、さらにさかのぼれば水田すらない葦の原で、不毛な土地だった。縄文時代まで時代を巻き戻せば、海の中である。土地の様相は常に目まぐるしく変化しつづけているわけだ。いま目の前に広がっている光景も、時の流れのなかでは幻影にすぎない。それを眺めている私なんぞは、とてつもなくちっぽけな存在で、いわばミジンコのようなものだ。いや、それ以下かもしれない。

足立区竹の塚という町

人生は儚い。にもかかわらず、人の世というのはややこしいもので、何かにつけて序列がある。足立区は同じ東京のなかでも、やれ生活レベルが低いだの、犯罪が多いだの、さまざまな悪口を耳にする。たしかに住宅街の公園でレイプ事件が発生したりと、お世辞にも治安がよいとはいえない。絶えず、どこからか人が流れ込んでくることが理由の一端だろう。そうした人間のうちの一人が私であり、フィリピン人や中国人といったアジア圏の人々である。ひと昔前には、同じように日本の地方から多くの人が流れてきた。

ここで起きる事件の多くは、土地が積み重ねてきた歴史と東京の郊外にあるということが引き金になっている。その理由をこれから解きほぐしていきたい。

私の自宅の最寄り駅は東武伊勢崎線の竹ノ塚駅だ。この街に暮らして四年になろうとしている。

住む以前、初めて竹の塚を訪れたのは二〇〇三年のことだ。写真週刊誌のカメラマンをしていた私は、草加市内で連れ去られ、その数日後に茨城県五霞町で遺体となって発見された殺人事件の取材にきていた。殺害された女子高生は、竹の塚に暮らしていた。

草加で消え、茨城に遺棄された女子高生

彼女が連れ去られたのは草加市にある瀬崎浅間神社付近だ。

神社の目の前を走るのは、江戸と奥州を結んだ奥州街道。

周囲は住宅街となっているが、江戸時代初期に街道が整備されるまでは低湿地帯にすぎず、人の営みは稀薄であった。地図を眺めてみると、南に毛長川が、東に綾瀬川が流れている。今では護岸工事が施され、お行儀のいい水面の綾瀬川だが、かつては流路が頻繁に変わったことから「あやしの川」と呼ばれ、それが綾瀬川の語源となった。瀬崎神社周辺に集落が築かれるのも、江戸時代の街道整備と新田開発を待たなければならなかった。

この瀬崎神社では毎年七月、第一週の日曜日に祭りが行われ、前日から多くの屋台が

出て、神社の周辺はたいそうな賑わいを見せる。

二〇〇三年七月六日もまた、夜祭りを楽しむ多くの人々の姿があった。

その日、高校一年生の佐藤麻衣さんは、昼過ぎに竹の塚にある自宅を出た。家族には、午後八時には帰ると告げた。草加市内でバイト先の同僚と昼食を取ったあと、東武伊勢崎線で草加駅から新越谷（しんこしがや）駅に行き、洋服などを購入。六時頃まで新越谷に滞在し、夕食を済ませてから上り電車に乗って瀬崎浅間神社の最寄り駅、谷塚（やつか）駅で下りた。夏祭りの会場で中学校時代の同級生と待ち合わせをしていたが、相手の都合がつかなくなり、一人で祭りの会場にいた。その後、かき氷の屋台でアルバイトをしていた一七歳の女性と意気投合し、客の呼び込みなどをして屋台を手伝っている。午後九時過ぎに一本の電話が掛かってきて、会話を終えた彼女は屋台を後にした。

最後にその姿が目撃されたのは、谷塚駅前のコンビニだった。入り口近くに腰かけ、飲み物を片手に誰かを待っているような風情だったという。

その三日後、彼女は変わり果てた姿となり、茨城県五霞町を流れる用水路で発見された。服装は、行方不明となった日に越谷市内の洋服店で購入した上下とも黒いスポーツウエアタイプのもので、靴は履いていなかった。携帯電話や財布、腕時計などの所持品は見つかっていない。白い靴下に汚れがないことから、屋内で殺害された後、車で運ばれ、遺棄されたとみられている。

ヨルダン人の父親の憤り

事件発生から数日後、被害者の佐藤麻衣さんが暮らしていたマンションを訪ねると、一階の入り口でばったり彼女の父親と遭遇した。声をかけると、ヨルダン人である父親は涙をためた真っ赤な目で、私に訴えた。

「何しにきた、帰れ。日本人に娘を殺された気持ちなどわかるはずがない。日本で俺たち外国人が暮らすのがどんなに大変か、わかるか?」

娘を失ってまだ日の浅い父親は興奮気味にまくし立てた。彼の言葉には、愛する娘が消えた悲しみと、日本社会に対する怒りがこもっていた。長い日本暮らしで溜まった鬱憤が、娘の死で一気に吹き出しているようにも思えた。彼がどのような人生を日本で歩んできたのか知るよしもなかったが、私自身外国で所帯を持ち、しばらく暮らした経験があるので、母国で暮らすのとはちがった精神的な圧迫感があろうことは十分に理解できる。

中東出身の父親の血を受け継いだ麻衣さんは目鼻立ちのくっきりとしたハーフの美人で、友達からも好かれていたという。異国の地で苦労しながら育てあげた最愛の娘を、複雑な感情を抱いている日本に暮らす何者かによって殺された。

ヨルダンはいわずと知れたイスラム教徒の国である。かつて二度ほど彼の地を訪ね、一カ月ほど首都アンマンに滞在したことがある。アラブ人ばかりの街を日本人の私が歩いていると、スーパーで物を買うにも、食堂で飯を食らうにも、日本では経験することのない他者からの強い視線を日々感じたものだ。旅行者であれば、そんな異空間もひとときの刺激に過ぎないだろうが、その土地で暮らし、日々無遠慮な視線に晒されつづけていると、心の中に澱のように疲れが溜まってくる。麻衣さんの父親も、日本でそのようなストレスを抱えていたのではないか。単身で生活していれば、日本社会との接点も少なかろうが、娘を持ち、社会との接点が増えれば増えるほど、ストレスは大きくなっていったにちがいない。

人生とはわからないものだ。あのときの父親との出会いから一〇年以上が過ぎ、私は竹の塚に暮らすことになった。彼女の家族はもうこの土地にはいないようだが、いまだ犯人は捕まらず、迷宮入りのままである。あのマンションの前を通りかかるたびに、彼らが日常を送っていた建物をしばし眺めている自分がいた。もし彼女が生きていたら、すでに子どもを産み、家庭を築いていてもおかしくない年齢だ。ベビーカーを押して歩く若い女性を目にすると、ときにこの事件のことを思い出す。

奥州街道を北上し、死体遺棄現場へ

あの夜、麻衣さんが忽然と姿を消した浅間神社。その目の前を通る県道四九号線は、松尾芭蕉が歩いた奥州街道である。犯人はこの道を北上し、利根川を横断する手前の茨城県五霞町で彼女の遺体を遺棄した。

犯人の足跡をたどって、浅間神社から奥州街道を車で北へと走った。越谷のせんげん台で現在の国道四号線と合流するのだが、道の両脇にはホームセンターやチェーンの飲食店が建ち並び、郊外の幹線道路によく見られる既視感のある光景が続く。どこまでも起伏のない道を走っていると、気分までのっぺりとしたものになってくる。今から三〇〇年以上前、このあたりを歩いた松尾芭蕉は『おくのほそ道』にこう記している。

〝其日漸草加と云宿にたどり着にけり。痩骨の肩にかゝれる物先くるしむ〟

荷物が重たい辛さを記しただけで、後に数々の名句を生み出す旅の序盤とはいえ、景色に関する記述は何もない。単調な風景は、彼の心を揺さぶることはなかったようだ。

遺棄現場が近づくにつれて飲食チェーンやホームセンターもなくなっていき、道の両側には水田が広がりはじめた。

浅間神社を出てから一時間半ほど走っただろうか、茨城県五霞町にたどり着いた。町は利根川、権現堂川、中川、江戸川に東西南北を囲まれていて、地図で見るとよくわかるのだが、巨大な中州になっている。この町の北を流れる利根川沿いの用水路に、麻衣さんの死体は遺棄された。

利根川という名の結界を越えて

幕府の東遷事業によって流路が変えられるまで、利根川は東京湾に注いでいた。江戸の町は、隅田川、荒川、渡良瀬川、利根川と複数の河川が流れ込み、常に洪水の危機に晒されていた。江戸を洪水被害から守るために、利根川が流路を変えられることになったのだ。

五霞町の北側に赤堀川が一六二一年開削され、三〇年にわたる土木事業の後、利根川と結ばれた。それにより利根川は五霞町の北を流れるようになった。現在の利根川は関東平野の真ん中を突き抜けるようにして流れ、千葉県銚子で太平洋へと注いでいるが、そうなったのは、江戸時代初期のことだ。利根川の治水事業は洪水対策と同時に、仙台藩の伊達政宗など外様大名からの攻撃に備える江戸防壁の役割もあったという。利根川が流れる五霞町は江戸、東京の巨大な外堀であり、それゆえに、名実ともに東京最北の地、ノースエンドの位置を占めることになったのだった。

一方で、利根川の東遷は、経済にも好影響を及ぼした。江戸と東北を結ぶ水運の大動脈として機能したからだ。利根川には河岸（かし）と呼ばれる湊（みなと）がつくられ、物資を運ぶ流通拠点として繁栄した。利根川は江戸の経済を支える命綱でもあった。

一方、利根川が流れを変えられてから、記録に残るだけで五霞町は一三〇年の間に三〇回も洪水に見舞われている。江戸や東京を守るために犠牲となったのが五霞町の人々だったのだ。五霞町と隣接する埼玉県幸手（さって）市の権現堂には、権現堂堤と呼ばれる堤防がある。氾濫した利根川の水が江戸を襲わないよう築かれたものだ。幕府は折に触れ補強工事を施したり、水防見廻役（すいぼうみまわりやく）を任命するなどして、洪水への警戒を怠らなかったが、それでも実際に権現堂堤が決壊した記録が残っている。

一八〇二年の大洪水で堤は決壊し、江戸まで大水が押し寄せた。その大洪水の際、巡礼の母と娘が人身御供（ひとみごくう）になったという。洪水を鎮めるため、人柱が必要だと考えた村人たちは、たまたまこの地を通りかかった巡礼の母と娘を川に投げ込んだという。その後洪水は収まり、彼女たちを弔う思いからだろうか、堤には桜が植えられた。そして、今でも権現堂堤は桜の名所だ。巡礼の母と娘は、身をもって村を救っただけでなく、江戸を守ったともいえる。

そんな哀しい伝承が残るほどの暴れ川であり、関東平野を南北に分ける境界線でもある利根川。足立区竹の塚という二三区のノースエンドに暮らし、その目と鼻の先で連れ去られた少女は、この川の防波堤脇にある用水路で痛ましい姿となって発見された。

用水路の先には、小高い丘さながらのスーパー堤防が利根川に沿って続いているため、人々の視界に川は入らない。堤防にあがると河川敷のむこうに利根川が見える。川の流れまでは少しばかり距離がある。一見すると、雑草などが生い茂る河川敷に遺体を遺棄したほうが、発見までの時間を稼げるようにも感じるが、犯人は堤防手前の用水路に遺棄した。

その行動からうかがえるのは、堤防と川というものが心理的にも視覚的にも結界の役割を果たしていたのでは、ということだ。

おそらく犯人は、利根川のむこう、茨城県側に暮らす人間なのではないか。

この堤防と利根川は、大都市東京を囲む大きな塀だ。同時に、ノースエンドの対岸に暮らす者にも同じことがいえる。まるで粗大ゴミを不法投棄するかのように麻衣さんの遺体を捨てた冷酷な犯人は、己の目につかない、生活圏から分断された場所を選んだのだろう。

懸賞金をかけた管轄の警察署

事件の捜査を担当する茨城県境町にある境警察署は、利根川を渡った対岸にある。江戸時代には、利根川を行き交う水運で賑わい、境河岸という川湊があった。この地に集められた年貢米などが、船で江戸へ運ばれた。江戸から戻る際には、江戸川の河口、行徳の塩田でつくられた塩などが運ばれ、ここから馬子たちによって中山道を通って北関東周辺や越後の山間部、長野などへと運ばれていった。境から江戸には、今でいう夜行バスならぬ夜船が出ていて、夜半に境河岸を出ると朝には江戸に着けたため、江戸時代から明治初頭にかけて旅人たちにおおいに利用された。おかげで江戸へとつながる奥州街道を利用する旅人が減り、宿場町からは夜船を規制するよう願いが出されるほどだったという。

しかし、鉄道や道路網の発達によって、往時の面影は今やどこにもない。田園の中に郊外型のファミリーレストランが軒を連ねる、この地域では見慣れた景色が広がるばかりである。

警察署の正面入り口、誰もが目にするであろう場所に、麻衣さん殺害事件の情報提供を求めるビラが貼られていた。

窓口でしばらく待たされたあと部屋に通され、副署長が座る対面ソファーに腰を下ろした。

「あなたは記者クラブの人間なの？」

いきなり現れた私に怪訝（けげん）そうな色を見せる副署長だったが、かまわず捜査状況について単刀直入に尋ねてみた。

「有力な情報は、これまでのところ集まってないんですよ。なんとか情報をつかもうと、三〇〇万円の懸賞金を出しているのですが、これという手掛かりがないのが現状です」

訥々（とつとつ）と渋い表情で語る。麻衣さんの事件の翌年には、同じく女子高生の平田恵里奈さんが殺害される事件も境署管内で発生している。恵里奈さんの死体は、麻衣さんの殺害現場から一五キロメートルほど離れた、やはり利根川沿いの用水路脇で発見された。このふたつの事件は、同一犯によるものなのだろうか。

「ふたつの事件に関連性はないと思います」

麻衣さんの事件には捜査員一〇人を投入して、いまも捜査が続けられているというが、副署長の話を聞くかぎり、事件解決の糸口は見えてこない。

「情報が命なんです」

懸賞金を出しているにもかかわらず埒（らち）が明かない状況に苛立（いらだ）ちもあるのだろう、副署長は絞り出すようにそうつぶやいた。

綾瀬で起きた「女子高生コンクリート詰め殺人事件」

東京足立区で起きた有名な事件といえば、まず一九八八年の女子高生コンクリート詰め殺人事件が思い浮かぶ。犯人の男たちは、自分たちの暮らす足立区から荒川を渡り、海っぺりの埋立地に遺体を遺棄した。〝穢（けが）れた〟死体を己のテリトリーから運び出し、川という結界を越えた場所に打ち捨てたのだ。

事件のあらましはこうである。アルバイトを終え自転車で帰宅途中だった女子高生のFさんを少年らが拉致（らち）し強姦（ごうかん）したうえ、溜まり場であった少年C宅の二階に監禁。その後四〇日間にわたって、集団で強姦および暴行を繰り返した。食事も満足にあたえず、一階に暮らすCの両親に犯行を悟られないようトイレにも行かせず部屋で用を足させるなど、虐待の限りを尽くした。しまいには、たび重なる暴行と栄養失調で衰弱しきったFさんは死亡。少年らはドラム缶に遺体を入れ、コンクリートを流し込んで密閉し、遺棄した。史上最悪といってもいい少年犯罪だ。

この事件で逮捕されたのは、少年A（一八歳）、少年B（一七歳）、少年C（一六歳）、少年D（一七歳）の四名。すでに全員が刑期を終えて出所している。少年Bこと神作譲（かみさくじょう）は出所後、逮捕監禁致傷でふたたび逮捕され、二〇〇五年に懲役四年の判決を受けたが、現在はすでに出所している。神作はコンクリ殺人事件の刑期を終えた後、コンピュータ−会社に勤務したが長続きせず、暴力団事務所にも出入りし、周囲に自分はコンクリ殺人事件の犯人であると吹聴していたという。

住宅街のもとをつくった没落武家の浪人

私は、綾瀬駅で電車を降りると、現場となった家へと向かった。住宅街の中を進んでいくと、突然視界にラブホテルが現れた。その横には子どもたちが遊ぶ児童公園。さらに歩いていくと民家の壁に〝○○殺す〟と心がささくれ立つような落書きがあった。野放図なザラついた風景の中をさらに歩いていくと、Ｃの家があった住宅街の一角に出た。すぐ前には公園があり、小さな子どもたちの元気な声が聞こえる。彼らを見守る母親の年齢は二〇代だろうか。もしかしたら、事件のことは知らないのかもしれない、とふと考えた。

Ｃの家は建て直されていたが、事件当時、少年たちが玄関を使わず直接二階から出入りするために使っていた電柱は、いまも家に寄り添うように残っていた。

「うちは昭和四七年にこのあたりの分譲住宅を買ったんです。四月に入居して、その一カ月か二カ月後にあの一家が移ってきました。あそこの家は当時の値段で一二〇〇万円

1998年11月に足立区綾瀬で発生した女子高生監禁殺人事件の現場となった住宅地

ぐらいだったと思いますよ」

言葉の端々に東北訛りが残る近所の住民は、C一家がこの土地へ来た頃のことを覚えていた。

昭和三〇年代に急速に宅地化が進むまで、事件の起きた綾瀬を含む足立区一帯は農村地帯だった。江戸時代以前は、葦が生えるヤッカラと呼ばれる湿地で、住む者などいない荒れ地だったのだが、家康が江戸に入府すると、江戸の外れにあたるこの地に、戦に敗れた北条家や武田家、織田家などの浪人、さらには弾圧から逃れた隠れキリシタンなどが住み着くようになった。

江戸幕府が開かれた当初、北条家や豊臣家の滅亡、さらには徳川家康から三代目の家光まで続いた武断政治（世継ぎが夭折した藩や城を幕府に許可なく改修した藩は容赦なく取り潰しとなった）によって、江戸には多くの浪人たちが流れ込んでいた。北条家の隠密を務めていた風魔一族が江戸の町で盗賊となるなど、治安は安定しているとは言いがたかった。幕府草創期の江戸のようすを今に伝える『慶長見聞集』を記した北条家の浪人三浦浄心は、江戸を中心とした関東には盗人が蔓延っていると記している。

〝見しは昔、関東に盗人多く有て、諸國に横行し、人の財産をうばひとり、民をなやまし、旅人のいしやうをはぎとる、かれを在々所々にてとらへ、首をきり、はたもの火あぶりになし給へどつきず〟

北条家の風魔党、武田家の忍者集団である透波あがりの高坂甚内など、江戸には多くの浪人たちが集まってきた。幕府は彼らに対して特に救済政策を取ることもなく、浪人たちは不満を募らせていく。それが頂点にまで達したのが、駿河出身の軍学者由井正雪によって企てられた「由井正雪の乱」であろう。

慶安の変とも呼ばれるこの乱は、三代将軍家光の死の直後に練られた。江戸城の火薬庫を爆破した後、市中に火を放って混乱させ、幕府幹部を襲撃する。同時に大坂や京都でも決起し、天皇から幕府討伐の勅命を得て、全国の浪人たちを結集し幕府を倒すという壮大な計画だった。ところが仲間の密告によって、由井正雪は決行直前に捕縛され、未遂に終わった。

その後、幕府は浪人対策を講じるようになり、それまでの武断政治を改め、法と礼を統治の基盤とする文治政治へと舵を切った。そこで幕府の根幹を揺るがした浪人たちを活用する政策の一環として取られたのが、足立区を含む関東平野での新田開発だった。

女子高生の監禁事件が起きた現場周辺は、江戸時代初期に開発され五兵衛新田と呼ばれた。一五九七年にこの地へ着任、新田開発に当たった金子五兵衛から取られた名称である。金子五兵衛は、武蔵七党のひとつ村山党の武士だったと伝えられている。村山党は戦国時代には北条家に仕えており、金子家は主家没落後この地へ流れてきた。足立区では金子家のほかに八家の名前が知られているが、武田家に属していた大室家など、戦国乱世で主家を失い、新田開発によって生きる糧を得ようとした者たちが集ったのである。

新たな田が手に入れられるとあって、このあたりには近郊の村々からも我先にと人々がやってきたという。五兵衛新田を拓いた金子家は江戸時代を通じて富農として知られた存在で、幕末には江戸を出て奥州へ落ちていく途上だった新撰組の近藤勇や土方歳三などが、当家に滞在している。

綾瀬周辺の土地は、戦国時代に主家を失った武士たちが人煙まれな葦の原を踏み固めて水田とし、彼らが生活の基盤をつくったことでその歴史がはじまった。さらに戦後、職を求めて東京へと向かった人々が集まり、新しい町へと姿を変えていった。いわば、人々の抜き差しならない居場所探しと、生きるための経済活動が生み出した町なのだ。

常に人が流れてくる土地ならではの地縁と血縁の薄さが、そこにはある。そのおかげで、人は旧来の慣習に縛られる生き方から自由になれた一方、想像を超える恐ろしい犯罪を生み出す温床にもなっていったのだ。

東京ノースエンドからロンドン・イーストエンドへ

　ただ、そうした土地はなにも日本にだけ存在するわけではない。世界史に目を転ずれば、産業革命期にアイルランドやヨーロッパ各地から多くの移民が流入したロンドンのイーストエンドなどは、まさにその好例といえるだろう。一八八八年、イーストエンドでは世界的な猟奇犯罪のはしり「切り裂きジャック」による連続娼婦殺害事件が発生した。二カ月のあいだに五人の売春婦が殺害された、近代猟奇犯罪の代表ともいうべき未解決事件である。

　時代が生み出した経済活動の大きな変わり目に、地方から都市の外縁部へと集まってきた人々の新しい営み。そこには洋の東西を問わない根源的な共通点があるのではないか、私はそう感じずにはいられない。それは、伝統ある村落に染み付いた因習が生み出す粘着質な犯罪とはまたちがった様相を呈している。新たに形成される価値観の中で、人間の欲望や思いがぶつかり交錯することによって、刹那的な犯罪を生み出す。それは、どの社会にも通底する我々人間の哀しい魂の縮図ではないか。

　この想念を踏み固めるため、私は東京ノースエンドからロンドン・イーストエンドへと向かうことにした。

イーストエンドに並ぶ南アジアの屋台

ロンドンを訪ねるのは初めてだ。私にとって、異国という言葉がいちばんしっくりくる土地といってもいい。というのは、幼稚園に入るか入らないかの頃、赤い制服を着て、黒い帽子をかぶったロンドンの衛兵の姿が、初めて目に焼きついた外国人の姿だったからだ。母親は「イギリスのチョコレートだよ」と言って、昼のおやつにウエハースをチョコレートでくるんだキットカットをよく買ってきてくれた。衛兵の制服とチョコレートが私にとっての異国であり、イギリスという国のイメージであった。

それから三〇年以上の歳月を経て、かつて存在したスラムと殺人事件の取材のためにロンドンを訪れることになるとは、おかしなものである。

ロンドンにはネパール人の友人が暮らしていたこともあり、そこに転がり込むつもりだった。私の友人は、元グルカ兵の待遇改善を求める運動の弁護士として活動していた。ゴパールさんといって、年は私よりひと回り上、私が二〇代前半にネパールへ通いだした頃からの付き合いで、カトマンズでの取材では何かと便宜を図ってくれた。そして、今回のイギリス行きに際しても、寝るところと食べるものは心配いらないからと言ってくれた。

グルカ兵の活躍は、インドにおけるセポイの乱の鎮圧からはじまって、第一次、第二次世界大戦、フォークランド紛争など、イギリスが戦った歴史とともにあるといっても過言ではない。日本軍とイギリス軍が戦った東南アジアの戦場において、イギリス軍の手足となって戦ったのがグルカ兵だった。グルカ兵たちは血と汗をイギリス政府に捧げたわけだが、イギリス政府の彼らへの仕打ちは、ひどいものだった。軍歴簿などが残っていないとの理由で、本来払われるべき軍人恩給が支払われていない者がほとんどだという。イギリス政府にとって都合のいい使い捨ての兵士だったのだ。その待遇改善のためゴパールさんは、元グルカ兵の老人たちとともにイギリスに渡った。

大英帝国の歴史を振り返ってみると、グルカ兵だけではなく、世界各地からの奴隷や移民を利用しながら繁栄の礎を築いた。一六世紀に入ると、アフリカから奴隷を仕入れ、カリブ海の砂糖プランテーションに送り込み、安い労働力でつくられた砂糖をヨーロッパに持ち込んで莫大(ばくだい)な富を得た。奴隷貿易は、一八世紀半ばにはじまる産業革命の原動力となった。

植民地がもたらす富により、イギリスの生活様式は変化していく。七〇戸ほどの家しかなかったリヴァプールがカリブ海から送られてくる物資の積み下ろし港になったことで、人口三万人の都市に変貌し、ロンドンの街なかには劇場などがつくられ市民の生活は華やかになり、文化が育まれた。植民地に関わるビジネスで成功を収めた商人たちは、ロンドンの西部にヴィラと呼ばれる高級住宅街を拓き、移り住んだ。一方、仕事を求めて都市に流れ込んできた貧民たちは、ロンドンの東の外れにスラムを形成した。これから私が訪ねるイーストエンドである。

ロンドンの地図を眺めてみると、テムズ川に沿って、中央に官公庁や銀行などがあるロンドンシティーがあり、西にはバッキンガム宮殿がある。必然的に貧民たちは、荒野が広がっていたロンドンの東部に流れていった。

イーストエンドは、産業革命以前の一六六〇年代にはすでに貧民街となっていたが、より多くの人が流れ込んでくるのは産業革命以降のことである。

ゴパールさんが暮らしていたアルダーショットという街からロンドンにあるウォータールー駅へは鉄道で一時間ほどかかった。さらにそこから地下鉄に乗って、イーストエンドにあるホワイトチャペル駅で地上に出た。

赤茶色のレンガと低く雲がたちこめた空は、イメージしていたロンドンの景色そのものだ。路上には、屋台がずらりと並んでいる。それら屋台の主は浅黒い肌をした南アジア出身の男たちだった。イスラム教徒の伝統的衣装であるブルカを着た女たちの姿も目につき、人間だけを見ていたら、南アジアのバザールを歩いているような気分になる。

この景色を目にしたとき、産業革命の時代にイギリス経済を下支えする街だったイーストエンドの姿が、今も変わっていないということを実感した。土地の因縁は今も連綿と続いているのだ。

産業革命の時代には、大飢饉に見舞われたアイルランド人やヨーロッパから仕事を求めてロンドンへ来た者たちがイーストエンドに暮らしたわけだが、今では彼らに代わって、南アジアからロンドンへと渡ってきた新たな客人たちの共同体となっているのだ。土地の属性というものは、東京であっても、ロンドンであっても、そうやすやすと変わるものではない。そのことを南アジアの町に特有の菜種油の匂いを嗅ぎながら思ったのだった。

切り裂きジャックの犯行

切り裂きジャックがここイーストエンドで連続女性殺害事件を起こしたのは、今から約一三〇年ほど前のことだ。切り裂きジャックによって殺害されたと思われるのは五人の女性で、みな路上で客を引く街娼たちだった。

最初の殺人が起きたのは、一八八八年八月三一日の深夜だった。被害者のメアリ・アン・ニコルズ（四三歳）は喉を二カ所切られ、ほぼ即死の状態で見つかった。

メアリはロンドン南部の出身で、幼いときにイーストエンドに出てきて一九歳で結婚。

五人の子どもをもうけたが、アルコール依存症でほとんど子どもの面倒は見ず、夫とは離婚。イーストエンド界隈(かいわい)の木賃宿に泊まりながら売春をしていた。ひと仕事したあと酒場でジンをひっかけ、ふたたび客を取ろうと街に出たところで被害に遭った。死体からはジンの匂いが漂っていたという。

私が降りたホワイトチャペル駅の裏通りが、最初の事件が起きた現場だ。事件のあった一三〇年前、すでに地下鉄は開通していたが、当時このあたりは深夜ともなれば人通りも寂しい場所だったという。

次に事件が起きたのは、一週間ほど過ぎた九月八日。現場はホワイトチャペルから西に向かって徒歩一五分ほどの場所にあるハンベリーストリートにある貸間、日本でいう安アパートの裏庭だった。産業革命前は絹織物の職人たちの寮だったのだが、作業が機械化されたことにより職人たちは職を失い、家主は空いた部屋を娼婦や労働者に貸していた。

殺害されたのは、その部屋を利用していたアニー・チャップマンという四七歳の娼婦だ。二八歳で結婚し、三人の子どもを産んだが、家族を捨ててイーストエンドに流れてきた。やはり酒癖が悪く、酒代を稼ぐために体を売るようになった。喉元を切られ、さらに腹を切り裂かれて引きずり出された腸が右肩に掛けられていた。

第三の殺人が起きたのは、九月三〇日。場所はホワイトチャペル駅から南に一〇分ほど歩いたバーナーストリートだ。被害者の女性はスウェーデン人のエリザベス・ストライド（四四歳）。喉元を切られたことが死因だった。やはり彼女もアルコール依存症で、離婚歴があり、事件前から港湾労働者の男と木賃宿で同棲していた。

第四の殺人は、第三の殺人と同じ日に起きている。現場はバーナーストリートから西に一五分ほどの場所にあるマイタースクエアと呼ばれる小さな広場だ。スウェーデン人のエリザベスが殺されてからわずか四五分後のことだった。

被害者の名前はキャサリン・エドウッズ（四六歳）。結婚して子どもが三人いたが、殺害される八年前にイーストエンドの住人となり、その翌年から青果市場の労働者と同棲していた。同棲相手の仕事が不安定だったこともあり、彼女は街に出て体を売っていた。彼女もやはり喉を切られたことが致命傷となった。切り裂きジャックは殺害後、彼女の体を切り刻んだ。左目を潰し、右耳の一部を切り取ったうえに、腹を裂き、子宮の一部を切除し、腸を右肩にのせるなど、遺体をナイフで弄んだのだった。

それから四〇日後、第五の殺人が起きる。被害者は第二の殺人現場からほど近いアパートに暮らしていた娼婦のメアリ・ジェーン・ケリー（二五歳）。六週間にわたって家賃を滞納していたため、家主が使用人を部屋まで徴収に行かせると、ベッドに横たわるメアリの惨殺体を発見した。

喉を切られ殺害された後、顔立ちがわからないほど切り刻まれ、両乳房が切り取られていた。腹は裂かれ、取り出された臓器はそれぞれに切り分けられ、部屋の中は血の海であった。

被害者のメアリは、アイルランドで生まれ、幼くしてイギリスに渡った。仕事を求めてロンドンにやってきて、殺害される三年前にイーストエンドへ流れ着いていた。

漂着したさまざまな人々

被害に遭った女たちは、誰もが娼婦という薄幸な境遇で生きていた。切り裂きジャックは、そうした女たちをつけ狙い、殺害するのみならず、遺体をナイフで切り刻んだ。思えば東京のノースエンドで起きた女子高生誘拐殺人事件も監禁殺人事件も、犯人たちは貧しさから身代金を要求するために事件を起こしたわけではなく、己の快楽を求め欲望を満たすために人を惨殺している。東京とロンドンの事件の共通性を探るため、当時のイーストエンドの状況をもう少し詳しく追ってみたいと思った。

イーストエンドが形成されたのは、産業革命によって工場が多くの労働者を必要とし、農村から都市へ人々が流れ込んだことによる。一八世紀半ば、イギリスの人口は六〇〇万人ほどだったが、ほどなくして産業革命がはじまると人口は急増し、一〇〇年後の一八五一年には、三倍の一八〇〇万人にまでなった。その半数がロンドンやリヴァプールといった都市に暮らすようになる。

イーストエンドなどの都市にできたスラムに暮らす人々は、新たな生活の場で日々の糧を得るために、労働に明け暮れなければならなかった。人々は家庭を顧みることができず、労働者階級の家庭は崩壊状態に陥った。

産業革命期、イギリス社会は大きな変貌を余儀なくされたのだった。それまで多くの人々が暮らしてきた農村では、伝統的な価値観の中で、家族は社会の最小単位として機能してきたが、都市が拡大すると核家族化が進み、それまでの規範は用をなさなくなった。切り裂きジャックの被害者となった女性たちも、都市で生活し、家庭が崩壊し、娼婦に身を落とした者ばかりだ。そのほとんどがアルコール依存症でもあった。この時代、庶民に愛されたのはジンで、日々の憂さ晴らしにジンを痛飲し、依存症患者となる者が跡を絶たなかった。

産業革命期のイギリスを見ていると、同じ道を歩むことになる国の姿が浮かび上がってくる。戦後の焼け跡から高度経済成長へと突き進んだ日本である。東京の外縁部に暮らしたのは、やはり東北など地方から職を求めてきた人が多かった。農村共同体を離れた人々は、ノースエンドという新しき村で、新たな規範の中で暮らしをはじめた。そこで重要となったのは、戦前からの日本社会を縛ってきた道徳でも、天皇制でも、父権でもなく、日々の労働から得られる金であった。今から三〇年ほど前に、「亭主元気で留守がいい」というキャッチコピーのテレビＣＭが流行ったが、あのコピーはまさに日本社会のゆがんだ有り様を象徴していた。

糧を得るため、さらには物質的な生活をより豊かにするため、産業革命以降、都市に組み込まれた人々は日々働かざるを得なかった。都市生活において宗教や哲学は軽視され、人間社会はより即物的なものになっていった。

一九世紀のイギリスでは、切り裂きジャック以外にも、今日の日本社会で見られる犯罪と同じような事件がすでに起きていた。

厳しい生活環境のなか、頼れる共同体もなかった労働者たちは、相互扶助の団体である友愛協会をつくった。友愛協会に入ると、家族が亡くなった場合、葬儀費用として埋葬給付金が支給される。しかし、その埋葬給付金欲しさに子どもを殺害する親が続出したのである。ちなみに労働者の多かったリヴァプールでは、一〇〇人の子どものうち五歳になる前に五〇人が死亡したという記録が残っている。当時、労働者の家庭では、深夜まで働いて家に帰ると、幼い子どもをあやす余裕はなく、子どもに睡眠薬を飲ませて寝かしつけるなど、子どもの健康を害することが普通に行われていた。今の社会では信じられないそうした行いも死亡率に影響を及ぼしただろうが、給付金めあての実子殺しが、極めて高い死亡率の背景にはあったのだ。

『路地裏の大英帝国』（角山榮、川北稔編、平凡社）にはこのような記述がある。

〝子供たちはしばしば、生まれるとすぐ埋葬協会に加入する。埋葬協会のすべてではないにしても、リヴァプールのほとんどの協会の規約は、五二週払いこんだ時に埋葬給付の満額が支給されると規定している。そこでリヴァプールでは、幼児が満額給付に対して請求権が発生した時に、符節を合わせたような幼児死亡率の大増加がおこる。しかもそのような高い幼児死亡率は、体質が虚弱なその後の三年（二歳、三歳、四歳）の間続く〟

足立区では二〇一四年に、次男の死体を遺棄していたにもかかわらず児童手当を不正受給していた夫婦が逮捕されている。生活保護費も不正受給していて、おぞましいという言葉しか形容する表現が見つからない。

金のために人の善意を悪用するこうした犯罪は、すでに産業革命期のイギリスにおいて萌芽していたのだ。精神の荒廃と言葉では簡単にいえるが、近代以降、そして今でも、私たちが暮らしている社会では、金と縁を切って生活をすることはできない。給付金詐欺のような犯罪は、これからも起こりつづけるだろう。

私はホワイトチャペルの駅から、切り裂きジャックが事件を起こした現場を歩いてまわってみることにした。イギリスらしさを感じさせるレンガの壁には、スプレーの落書きが目立ち、あまり心地がいいものではない。落書きくらい些細な犯罪なのかもしれないが、人に隠れて公共物を汚すという行いは、この土地に暮らす人間の精神を映し出しているように思える。

イーストエンドの界隈を歩いていると、浅黒い肌の人たちばかりが目につく。どこの国の人間かと思い、雑貨屋で水を買ったついでに尋ねてみると、バングラデシュ人だという。

産業革命の時代には、ヨーロッパ大陸で迫害され逃れてきたユダヤ教徒、さらにはジャガイモ飢饉という大飢饉に襲われたアイルランド系の人々が、この場所で暮らしてきた。どの民族もイギリス社会におけるアウトサイダーであった。切り裂きジャックが事件を起こしたとき、真っ先に疑われたのは、ユダヤ系の住民たちだったという。現在ここに暮らしているバングラデシュの人々はどんな思いでいるのだろうか。私が滞在しているアルダーショットには、ネパール人のコミュニティーがある。そこでは地元の白人との間に、少なからずトラブルが発生していた。グルカ兵として数々の戦場に赴いた男性が言う。

「つい先日も、ネパール人の若者が白人の若者から集団で暴行される事件が起きたばかりなんですよ。我々の世代がイギリスのために戦ったにもかかわらず、こんなことが起きて悲しいかぎりです。フォークランド紛争で勝って凱旋したときには、住民たちが総出で出迎えてくれたんです。そういう時代もあったんですけどね」

イギリスのために身を捧げたネパール人ですら軋轢を生んでいるなら、バングラデシュの人々がどのような問題を抱えているかは容易に察しがつく。かつてインドの一部だったバングラデシュからの移民は、第二次世界大戦中にはじまった。戦争によりイギリス国内から兵士たちが出征していったことにより、労働力の不足を補うために移民が奨励されたのだ。

ホワイトチャペルの駅から歩いて一五分ほど、アイルランド人のメアリが殺害された現場の目の前には、バングラデシュ人の社長が経営する食料品店があった。店内には、香辛料の匂いが充満し、冷蔵庫には骨付きの羊肉が並べられ、黒いブルカを着た女性が品物を物色していた。

「祖父の代にイギリスへ来たんですよ。一九四〇年のことです。その後バングラデシュに帰ることも考えたそうですが、印パ戦争でバングラデシュが戦場となって、父親は故郷に戻ることはせずイギリスに残ることに決めたんです」

この店から指呼の間で切り裂きジャックによる事件が起きたことは知っているのだろうか。

「それは有名ですから知っています。昔のことですから、気になりませんよ」

地元の白人との関係についても聞いてみた。

「二〇年ぐらい前には、白人との関係はよくなかった。私はイギリスで生まれたから国籍はイギリスなんですけど。ちょうどバングラデシュから来る人が増えていたから、白人からしてみれば自分たちの土地なのに、という意識があったのかもしれませんね。この店も何度か襲撃されて、品物が奪われました。今ではそんなことはありませんけどね」

なんとも気の重くなる話だ。今私たちが立っているまさにこの場所で、今から一三〇年ほど前、やはりロンドンへと流れてきたアイルランド人の娼婦が、顔の形もわからないほどに切り刻まれ、殺害された。「現在は過去の積み重ねである」という言葉があるが、街はきれいになり、生活は便利になった。店主によれば、イーストエンドでは再開発が進んでいて、この店も取り壊されることになるという。しかし、人間の行いというのは、見てくれは変わっても、中身までは簡単に変わらない。ろくでもないことが繰り返されるのではないか、という気になってくる。

メアリが口ずさんだアイルランド民謡

歩き疲れて腹が空（す）いたので、フライドチキンと看板に書かれているファストフード店に入った。店員はバングラデシュ人、客もすべてバングラデシュ人だった。私の隣のテーブルでは黒い革ジャンを着た労働者風の男がフライドチキンにかぶりついていた。

　手にしたフライドチキンを食べてみると、故郷の味に合わせているのだろうか、ほんのりとカレーの風味がする。イーストエンドでは数多の民族が行き交い、祖国の味を嚙みしめてきた歴史がある。人の行いというものは、目を覆いたくなるようなことばかりだが、それぞれの民族が大切にしてきた食べ物を口に運ぶと、不思議と心が休まる。

　最後の被害者メアリはアイルランド出身だった。彼の地のソウルフードはジャガイモである。アイルランドでは、あの時代耕地の約三割でジャガイモが栽培されていた。当時フランスで収穫される五割が小麦であったというから、ジャガイモの作付率が格段高かったわけではないが、ジャガイモと同じく主要な農作物であった小麦やオート麦は輸出に回されたため、アイルランドの気候にも合っていたジャガイモが国内でおおいに流通するようになり、主食となった。

　アイルランドをジャガイモ飢饉が襲ったのは、一八四〇年代のことである。当時の人口八〇〇万人のうち一〇〇万人が飢餓や疫病などで命を落とし、二〇〇万人以上がアイルランドを離れてイギリスやアメリカなどに移住した。

　飢饉の影響が少しずつ収まりはじめた一八六三年に、彼女はアイルランドのリムリックで生まれた。生後数年で、彼女はアイルランドを離れてイギリスに渡っている。どんな事情があったのか定かではないが、飢饉の影響があったことは間違いないだろう。

イーストエンドには多くのアイルランド人たちがいた。メアリは普段は物静かな女性だったが、酒を飲むとよくアイルランドの民謡を口ずさんだという。アイルランド民謡といえば、明治時代に日本へ移入されたいくつもの名曲が知られている。「庭の千草」「ダニーボーイ」などは、誰もが聞いたことがあるはずだ。メアリと私たちは叙情的なメロディーでつながっているのである。

メアリは切り裂きジャックに殺害された日、「母の墓のすみれ」という歌を口ずさんでいたと、彼女の部屋の近くに暮らしていた女性が証言している。深夜一時頃のことで、鼻歌が部屋から漏れてきたという。

瞼（まぶた）に幼き日の光景が浮かぶ　思い出すのは　幸せだった日々のこと
幼かった私は　よく草原を歩いた　いつも家族があの懐かしい家で待ってくれてい
た
父と母はすでに亡くなり　今私はきょうだいを土に埋める
だけど　人生はまだ続いていくし　私は母の墓から摘んだ小さなすみれを忘れない
私が子どもの頃も一輪のすみれを摘んだ

どんなに悲しいときでも　この花を摘むと元気になれた
人生が続くかぎり　家族は私と共にある　母の墓から摘んだこの小さなすみれ
母の笑顔は瞼に刻まれている
辛いときは　いつも古い肘掛け椅子に座って　編み物をしていた母が励ましてくれた
父はよく私たちを集めて　そこで本を読んでくれた
だけどもうあの時間は帰ってこない
私だけが悲しみの中を彷徨(さまよ)う
それでも人生は続くし　母の墓から摘んだすみれを家族に捧げながら生きていく

もの悲しい歌である。彼女の死後、近親者が誰も現れなかったことからも、この歌は彼女自身の歌でもあったことがわかる。すみれの花など咲かないイーストエンドのスラムで、この歌を口ずさむたびに、彼女は幼少期のことを思い出していたのだろうか。切り裂きジャックはそんな感傷などおかまいなしに、彼女を奈落の底に突き落とした。

殺風景なファストフード店で、メアリの境遇を思うと、ふいに熱いものが込み上げてきた。

切り裂きジャックはどこにでもいる

私はロンドン郊外にあるメアリの墓地を訪ねてみることにした。一五〇年ほど前にできたセントパトリック・カトリック墓地に彼女は埋葬されていた。プロテスタントが主流を占めるイギリスでは、カトリックは少数派である。墓地は整備されているとは言いがたく、芝生ではなく、剝き出しになった土の上に白い墓石が置かれていた。メアリの墓はつい二〇年ほど前に建てられたのだという。荒れた雰囲気の墓地の中で、常に訪れる人がいるのだろう、彼女の墓には花が手向けてあった。薄ピンクの花がモノトーンの墓地に彩りを与えている。

しばし墓石に手を合わせ、墓地を後にした。

帰り道、頭に浮かんだのは切り裂きジャックとは何者なのかということだった。

農村共同体などの生活では、人間関係によるストレスが人を殺人に走らせる。津山三〇人殺しや周南市における現代の八つ墓村といった事件である。一方で、無差別に人を殺めるという行為は、経済発展が生み出した都市という「新しき村」で発生している。

切り裂きジャックの正体は、娼婦たちと同じく、ロンドンに流れてきたイーストエンドもしくはその周囲に暮らす労働者階級の人間ではないかと私は思う。

東京周辺で起きた無差別殺人を見てみると、ほとんどのケースで、その土地に暮らす人間ではなく、地方から職を求めて上京してきた者が罪を犯している。永山則夫、川俣軍司、池袋通り魔殺傷事件の造田博、秋葉原通り魔事件の加藤智大……都市に順応できず暴発した者たちばかりだ。

イーストエンドであれ、東京であれ、経済発展によってできた街は、どこか潤いにかけるアスファルトの荒野である。高度経済成長期の日本人は、「ウサギ小屋に住むエコノミックアニマル」と称されたが、それはそっくりそのまま一五〇年前のイーストエンドに暮らす者たちの姿でもあった。

私たちの多くは何気なくウサギ小屋に住み、満員電車で運ばれる日常を受け入れている。そして、そんな日常に耐えられなくなった者が凶行に走る。なんとか踏みとどまっている者の中には、薬を服用してひとときの安寧を得る人間もいる。切り裂きジャックはどこにでもいるのだ。電車の窓に映し出される人々の心の中にも、私の心の中にも。また被害者の心の中にも。

それゆえに、娼婦に身を落としながらも、己の心を保つためにメアリはときに酒をあおり、故郷の民謡を秩序なき荒野の中で口ずさみつづけていた。

陸の孤島にたどり着いた元少年A

ここでふたたび、東京ノースエンドへ話を戻そう。日本社会の漂泊者たちの多くが、このノースエンドをめざして絶えず流れ込んでくる現実を無視はできない。

二〇一六年二月、神戸で五人の児童を殺傷した元少年Aが、足立区内の団地に暮らしていることが「週刊文春」によって報道され、大きな話題となった。あの陰惨な事件から二〇年近くが過ぎ、元少年Aはすでに三三歳の大人である。二〇〇四年に少年院を仮退院し、足立区に流れてきたという。

彼が暮らしていた花畑団地は、足立区と埼玉県草加市との境にある。私は、その団地へと向かった。花畑団地のある足立区北東部は、つくばエクスプレスが開通するまで陸の孤島と呼ばれ、非常に交通の便が悪い土地であった。ただ、その歴史をさかのぼっていくとちがう面も見えてくる。ヤマトタケルを祀る大鷲神社が鎮座し、江戸時代以前の古奥州街道がこのあたりを通っていたことからも、人が行き来してきた歴史は古い。一方で、江戸時代初期に、甲斐武田家の家臣だったという芦川内匠が新田開発のため移住してくるなど、足立区の他の地域と同じような歴史を歩んでいる。

江戸時代から大鷲神社では酉の市が開かれ、江戸の中心部などから多くの人が集まり、賑わいを見せた。西の市の日には賭場も開かれ、博徒も集まった。綾瀬川で江戸ともつながっていたことから、物流の拠点としても栄えた。しかし、水運が陸運に取って代わられると、いつの間にか陸の孤島と呼ばれるようになったのだった。

元少年Ａが暮らしていた団地は、毛長川に面している。周囲には公園もあり、生活環境は悪くない。訪れたのが昼過ぎということもあってか、人の姿はあまりない。団地内の公園のベンチに腰かけている初老の男性を見かけたので声をかけてみた。

「いやぁー。あのときは大騒ぎだったな。記事が出るだいぶ前から、記者がいろいろと調べてたみたいだね。少年Ａがいるとは知らなかったけど、記者みたいな人が動いているのは棟の住民は知ってたんだってよ。まさか調べてるのが少年Ａとは思いもしなかったらしいけど」

以前から団地では人の出入りが激しいのだと男性が言う。

「うちの部屋の上にも、一人男が住んでいてね。三カ月ぐらい前に引っ越してきたと思ったら、つい最近いなくなっちゃったんだよ。行動がおかしくてね。オバさんが乗るカゴ付きの自転車を自転車置き場に置かないで、わざわざ部屋まで持って上がるんだよ。あれはきっとやましいことがあるんだろうな」

四〇年以上この団地に暮らしているという男性は、住民同士のトラブルも少なくないと言った。

「まず家賃が安いだろ。だから下っ端のヤクザが多くて、堂々とした顔して歩いているよ。この前も、少年Aが住んでいた棟の近くでヤクザ同士の喧嘩(けんか)があったばかりでさ」

陸の孤島であるがゆえに、都市の漂流者たちを呼び寄せるのがこの団地だった。世の中を震撼(しんかん)させる事件を起こし、日本社会を彷徨う元少年Aがこの地へ来るのは必然だったように思える。

潜伏生活をしていた元少年Aは、二〇一五年に入ると蠢動(しゅんどう)をはじめる。著書『絶歌』(太田出版)を出版し、その二カ月後にはホームページを開設したのだ。さらに元少年Aが暮らしはじめたと思われる二〇一五年の夏前後から、団地周辺では動物を殺害する猟奇事件が頻発した。

団地横を流れる毛長川を渡った草加市内に暮らす六〇代の女性が言う。

「私はよく犬の散歩で、彼が暮らしていた団地のまわりを歩いていたんですが、一時期、鳩(はと)の羽だけが散らばっていたり、首を切られた猫の死体を見たりしたんです。それまでは、このあたりには猫に餌付けをする人がいたりして、野良猫がたくさんいたんですけど、一年くらい前から、急に猫がいなくなったんです。公園に〝猫狩りをしないように〟と紙が貼られていました。一匹、二匹の話ではなくて、二〇匹は死んでいると思いますよ」

猫を殺害していたのが元少年Aだという確証はない。ただ彼がこの団地を去ってからというもの、鳩や猫が殺害される事件はぷつりとなくなった。元少年Aは中学時代、猫の首を切り、頭を踏みつぶすと射精するほどの快楽を得た、と自身の著書に記している。猫殺しが児童殺害へとつながっていったのだ。

不思議なことに元少年Aが著書を出版し、ブログを開設した二〇一五年には足立区だけでなく都内で猫殺しが頻発していた。

元少年Aはノースエンドから消え、今も日本社会のどこかに潜伏している。この地には、有史以来さまざまな過去を持った人間たちが流れてきた。例えば元少年Aのような、世間を漂流していかざるを得ない者を吸い寄せる磁力が、この土地にはある。

大都市東京という街のノースエンドであるがゆえの宿命なのである。

第4章

北海道に渡ったネパール人

美しい景色が広がる北海道倶知安町。
目の前のコテージでネパール人のバハドー・カミ・シュアムが妻を殺害した

日本人妻と娘を殺したネパール人

私の手元に、カップルがお互いを写し合った数葉の写真がある。

薄暗い異国のレストランで撮られたものだ。

浅黒い顔をした男が写っている。彫りの深いその顔立ちから、日本人でないことはすぐにわかる。男は、まるで証明写真を撮るときのように無表情でカメラを見つめている。一方、その男にカメラを向けられた日本人女性は、屈託のない笑顔を浮かべている。表情があまりに対照的なのに驚く。撮られた写真の場所は同じなのだが、二人で同じ時間と空間を共有しているようには見えない。向かい合って座ってはいるものの、お互いが別のことを考え、別の世界を見ているかのようである。

果たして、男はたまたまそのような表情をしただけなのか。他の写真も見たが、時と場所が変わっても男に笑顔はない。まるで赤の他人にカメラを向けられたかのように、どこか迷惑そうな印象すら受ける。二人はこの後、結婚にまで至るのだが、湧き出てくるような幸せな雰囲気は、男からはまるで感じられない。とにかく心の底から冷め切っているように見えるのだ。

男の名前はバハドゥー・カミ・シュアム、ネパール人である。女の名前は赤前智江。二人はネパールで知り合った。日本での結婚生活は、一年と数週間で終わりを告げる。シュアムが智江を撲殺したからだ。そして二人の間にできた一人娘のジュヌも、シュアムは川に流した。日本での生活をすべて葬り去ったシュアムに果たして何があったのか。二人の結婚生活はどうして最悪の形で幕を閉じなければならなかったのか。

私には、出会った頃に撮られた写真に、すでに結末が暗示されていたように思える。写真の表情は、互いの心中を写し出していた。この二人の間に横たわる溝の正体はいったい何だろう。この溝の存在こそが悲劇を生み出した原因である。いくつかの事柄が脳裏に浮かぶが、それも今は単なる推論でしかない。

事件が起きたのは、二〇〇八年五月六日、午前二時二〇分頃のことだった。シュアムは智江から離婚話を切り出されたことに逆上し、胸や顔を素手や鈍器で殴打し、首を絞めて殺害。さらに一緒に暮らしていた生後六カ月の娘ジュヌを家の近くを流れる川に流した。

私は夕方のニュースで事件を知った。ネパール人の男に少なからぬストレスがあったのだろうということは察しがついた。ただ、それで妻と子を殺すというのは、当然だが尋常ではない。

ニュースを見て一週間が過ぎた頃、一通のメールを受け取った。ネパールで服飾関係のビジネスをしている友人の下田からだった。彼女と知り合ったのは今から二〇年以上前、タイの首都バンコクにある、バックパッカーには有名なカオサンロードの安宿だった。当時、私は毎年ネパールに半年ほど滞在して、児童労働に身をやつした子どもたちなどの写真を撮りつづけていた。中継地点となるバンコクにはよく投宿していた。その後も、お互いネパールをフィールドに仕事を続けていたこともあり、時折メールでやりとりをしていた。下田のメールには、亡くなった智江と面識があり、彼女を殺害したシュアムとも会ったことがある、と書かれていた。

この一週間、事件のことは気にかかりつつも、自ら動いてみようとは思っていなかったが、被害者と加害者のことを知る人物が身近にいたことで、俄然(がぜん)、取材意欲が湧いてきた。

日本人女性二人の出会い

「こんなことになるとはねぇー、驚いちゃったよ」

取材のため下田に時間をつくってもらうと、開口一番彼女は言った。悲しみを振りほどくためか、どこか元気よく振る舞っていた。たまたま見ていたテレビのニュースで事件のことを知ったのだという。

「まさかと思ったけど、北海道って出てきたから、間違いないと思ったの」

年に数回、ネパールに数カ月滞在している下田は、二〇〇六年の冬に智江と出会った。きっかけは、カトマンズにあるいきつけの日本食レストランだった。

「夕食の時間だったかな、窓側の席に日本人の女の子が座っていたの。目が合ったので、『こんにちは』って挨拶をして、私も一人だったから、どちらから誘ったわけでもなくて、一緒のテーブルに座ったの。彼女はもう食べ終わりそうだったけど、お互いのことを話したの」

智江は、当時付き合っていた日本人のボーイフレンドがカトマンズでカフェをオープンすること、彫金に興味があったことがネパールへ来た理由だと言った。彫金の勉強をする工房も、彼氏が紹介してくれたと。

智江がネパールに降り立ったのは、二〇〇五年一二月のことだった。翌年三月まで滞在し、下田と知り合い、また工房で働いていたスタッフの一人であるシュアムとも出会った。

「工房には毎日行ってたみたいだけど、まだシュアムとは付き合ってはいなかったと思うよ。よく一緒にごはんを食べにいっていろいろ話したけど、シュアムの話題は出なかったから」

最初のネパール滞在が印象深いものだったのだろう。二〇〇六年の一二月、彼女はふたたびネパールへ足を運ぶ。そこで彫金の勉強はもちろん、人間関係においても彼女の人生にとって大きな分水嶺となることが起きた。カトマンズでカフェを経営していた日本人男性と別れ、シュアムと付き合いだしたのだ。

「すぐ結婚しちゃ駄目だよ」

智江の二度目のネパール滞在中、下田も遅れること一カ月ほどして、カトマンズに入った。

「来てくれてよかった。タメルにも居づらくて、毎日工房へ行ってるの」

久しぶりに再会した智江は言った。タメルとは、カトマンズにある世界各地からの旅行者が集う地区のことだ。別れたボーイフレンドもそこに店を出していた。狭い通りに安宿が密集し、行動範囲が限られることもあり、会いたくなくても顔を合わせてしまうこともあった。もともとボーイフレンドの紹介でネパールに来ただけに、彼の知り合いたちと会うのも気まずかった。下田はタメルの日本人と付き合いがあまりなく、下田の存在は、彼女にとって有り難かったはずだ。

下田がカトマンズ入りして何度目かに智江と会ったとき、いつもの日本食レストランで、ネパール人と付き合っていると告白された。それを聞いて下田は間髪いれず忠告した。

「すぐ結婚しちゃ駄目だよ」

付き合っているという言葉を聞いて、反射的にその言葉が出た。下田は一〇年以上ネパールでビジネスをしてきた。その中で、またかと呆れるほど日本人女性とネパール人男性の結婚にまつわるトラブルを見聞きしてきた。

「日本に着いて数日で、出かけたと思ったら、それっきり家から逃げ出してしまったり、日本の空港に着いた途端、姿をくらました男だっているのよ」

逃走理由は、単刀直入にいえば、日本で金を稼ぐためである。実際に私も、ジャパンドリームを叶えた何人ものネパール人と出会ったことがある。それゆえにネパールの男たちは日本へ行くことを夢見る。下田も、ネパール人から執拗に結婚を迫られたことがあるという。

「道を歩いていたら、しつこくつきまとってきて、日本に行きたいだとか、結婚したいとか言ってくるの。中にはホテルの入り口までついてくるのもいたわ。レストランに入っても、ウエイターが私の顔を見るなり、結婚しているのかと聞いてきて、独身だったら結婚してくれ、だとかね。とにかくありとあらゆる場所で、なんとか結婚して日本に行こうと話しかけてくるから、その気のない女の子には大変なのよ」

男にはわからない苦労である。彼女は自身の体験から、道で結婚を迫るような輩(やから)である可能性もあるから、「すぐに結婚するな」と彼女に伝えたのだった。その忠告は正鵠(せいこく)を射ていた。

シュアムをめぐる第一印象

シュアムと付き合いだすと、智江が下田と会う回数はめっきり減った。以前は、ほぼ毎日のように下田の部屋を訪ねてきたが、ほとんどやってこなくなった。

二〇〇七年二月、下田は久しぶりにタメルの路上で智江に会った。その場で彼女から、シュアムを紹介したいという申し出があった。後日三人で夕食を取ろうと智江は言った。

その日、待ち合わせ場所に行くと、智江の横に小柄で内気な感じのネパール人の男がいた。それがシュアムだった。

「ネパール人は向こうから話しかけてくる陽気な人が多いのだけど、彼はあんまりしゃべらない感じの男性だったわね」

シュアムの印象より心に残っているのは、その後、足を運んだシュアムの工房での出来事だった。

「工房といっても、一六〇センチ以上の人は背を屈めないと立てないくらい天井が低くてね。四畳ほどの場所に、四人ぐらいがぎゅうぎゅう詰めで働いているような狭い場所だったわ」

その工房の中で、シュアムの友人が智江に金の無心をしていたのだという。明日の昼までに返すから、一万五〇〇〇ルピー（約二万四〇〇〇円）を貸してくれ、と。恋人の仕事仲間でもあり無下にできず困った表情を浮かべる智江を見て、下田は黙っていられなかった。

「ネパール語で言ってやったのよ。なんで、智江があなたにお金を貸さなければいけないの。貸せるわけないでしょう」

男は下田の毅然とした態度に驚き、黙った。下田はこの男が、「シュアムが日本に行ったら俺も呼んでもらうんだ」と言う言葉も聞いていた。工房では日本人である智江を利用しようとする思惑が、何の遠慮もなくあけすけに語られていた。

「どうしてシュアムは、智江ちゃんが困っているのに黙って見てたんだろう。彼の態度を見て、正直、二人の関係は大丈夫かな……と思ったよ」

三人で工房を出ると、どこから現れたのか表通りに色黒のネパール人男性が立っていて、智江が「ナマステ」と挨拶をした。シュアムの父親だった。

「どうしてお父さんがいるの？」

「身分証を持ってきているの」

下田の問いかけに、智江は何のためらいも見せずに言った。身分証は結婚のためであり、下田は、二人は結婚を考えているのだと、このとき初めて知った。

「ナマステ」と挨拶をすると、父親は同じ言葉を返すだけで特に話そうともせず、すぐに目をそらした。その素っ気ない態度に、下田は、愛想のよい人間が多いネパール人にしては珍しいと思い、親子揃(そろ)って自分のまわりにはいないタイプのネパール人だと感じた。

三人は食事を取るため夕暮れのカトマンズの街なかを歩き、レストランへと向かった。

智江はシュアムの印象についてそう言った。二人のようすを見ていると、智江のほうが一方的にシュアムを気に入っているのは明らかだった。智江はネパール語の会話帳を片手に、片言のネパール語でシュアムと話している。ちゃんとした会話が成立しておらず、うまく意思の疎通ができているのか心配になった。

「すごく真面目でいい子なの」

食事が一段落したところで、智江が切りだした。

「結婚することにしたんです。結婚したら北海道で暮らしてカフェを開き、彼には銀細工づくりの体験教室なんかをやってもらう予定なんです」

智江の真剣な表情の横で、シュアムは言葉の意味がわからないこともあるが、所在なげな表情で、店の中を見回していた。

久しぶりに食事に誘われ、父親が身分証を持ってきた段階でそんな予感はしていたが、素直に祝福の言葉をかけることができなかったという。気まずい雰囲気のまま食事を終えた。

結婚と日本移住

二人の先行きに不安を感じた下田は翌日、智江へ次のようなメールを送った。

〝最初は幸せかもしれないけれど、金銭感覚や文化のちがいは大きいから、すぐにシュアムを日本に連れていくのではなくて、まず語学学校に入れて、日本語の勉強をさせるべきだよ。人によっては婚姻届と離婚届を同時に書く人もいる。それぐらいの覚悟がいるよ。言葉ができないままじゃ、子育てをするようなものだから、無理だよ〟

彼女が気分を害することは覚悟のうえだった。

「智江ちゃんは思いやりがあって、優しくて、人の悪口は言わないし、本当にいい子だった。普通の友達だったら私も何にも言わないけど、彼女に関しては黙っていられなかったの」

メールを出してすぐに彼女から返事が来た。

〝心配してくれるのは、わかっています。ありがとう。誰にも迷惑をかけないでやります〟

カトマンズで別れてから三カ月後の二〇〇七年五月、下田のもとに一通のメールが届いた。智江からだった。メールには、下田がデザインして販売しているシャツを注文したいと書いてあり、最後には、カフェの準備をしていること、シュアムはすでに日本にいて、秋には子どもが生まれることが書き添えられていた。

智江の実家、北海道へ

そして二〇〇八年五月、下田はふと目をやったテレビ画面に釘付け(くぎづ)となった。

「メールでしか連絡を取ってなかったから、詳しいことはわからなかったけど、まさかこんなことになるなんて……。連絡がなかったから、大丈夫かなって思ってたの。今さら言っても仕方がないけど、もっと反対しておけばよかった。そうすれば、こんなことにならなかったのに」

彼女は悔しさを滲ませながら語った。私は下田から智江の両親を紹介してもらい、智江とシュアムが暮らしていた北海道虻田郡倶知安町へと向かった。

倶知安町は、羊蹄山の麓に広がる町である。人口一万五四八一人のこの町の歴史は古い。六五九年に阿倍比羅夫が、後方羊蹄に郡領を置いたと続日本紀は伝えている。その後、明治の北海道開拓の時代を経て、近年隣町のニセコスキー場はオーストラリア人の間で有名になっている。

車を走らせニセコ町内を巡ると、町の至るところに英語で土地を売ることを意味する“on sale”と書かれた看板が立てられている。海外からの移住者も多いのだ。ランドセルを背負った白人の子どもたちの姿もあった。昼食を取るために入ったレストランでも、メニューは日本語の表記の他に英語でも書いてあった。

どこか日本のリゾート地とはちがった雰囲気を持つニセコから車で一〇分ほどの場所に智江の両親は暮らしていた。白樺の森の中を走っていくとログハウスが見えてきた。名前を確認すると智江の両親が経営しているコテージだった。二階建てのログハウスは見るからに立派だ。両親が暮らすその家の前には、テレビ映像で見た、事件の現場となった智江とシュアム、そして二人の子どもであるジュヌちゃんが暮らしたログハウスがあった。

車を降りると、智江の両親が出迎えてくれた。父親は贅肉（ぜいにく）がなく颯爽（さっそう）とした雰囲気を漂わせている。一歩後ろに、朗らかな笑顔を浮かべた母親が立っていた。その様はコテージに客を迎える夫婦の姿そのものだった。事件が起きてから一カ月が過ぎたにすぎず、さぞかし憔悴（しょうすい）しきっているだろうと思っていたが、接客業をしているせいだろうか、両親の心中までは、一見しただけでは察することができなかった。逆に気丈に振る舞う姿が痛々しく映った。

遺影と手づくりのホームページ

「遠いところをわざわざありがとうございます」

両親は深々と頭を下げた。「お忙しいところありがとうございます」と私も頭を下げる。ログハウスに入ると、木の匂いが心地いい。お線香を上げたいと両親に伝えると、祭壇に案内された。祭壇には、浴衣（ゆかた）を着て笑顔を浮かべている智江と、彼女に抱えられたジュヌちゃんの写真があった。その脇に、友人や知人たちが供えた香典袋が束になって置かれていた。

遺影と向き合い、手を合わせ目をつぶる。

北海道へ入る前、事件後も残されていた彼女とシュアムが経営していたカフェのホームページをのぞいてみた。ネパールカレーセット一一〇〇円、チャイ五〇〇円などのメニューとともに、「シルバーアクセサリー&暖か小物」という文字の下には、シュアムがつくったであろう銀細工とネパールから仕入れたパシュミナや小物の写真がアップされていた。

洗練されているとは言いがたい、智江がつくったそのホームページからは、彼女の生真面目な人柄が伝わってきた。シュアムとの店をなんとか軌道に乗せたいという真剣な思いが感じられた。祭壇に飾られた智江の笑顔を見たとき、ホームページのことが思い浮かびいたたまれなくなった。

その後、祭壇の置かれた部屋から、天井の高い広々としたダイニングへと案内された。六人は座れる立派な木のテーブルの一角に私は腰かけた。テーブルから少し離れたソファーに父親が座る。母親はキッチンの中でお茶を沸かしてくれていた。

今までどのメディアの取材にも応じていない父親が私を招き入れてくれたのは、私が一〇年以上にわたってネパールの取材を続け、本も出版していたからだった。どうしてもネパールについて知りたいという気持ちが彼にはあった。娘が気に入った土地であり、好きになった男もネパール人で、孫も授かった。父親にすれば、ネパールという国からひとときの幸せをもたらされ、後に最悪の形で裏切られた。そんな国のことを知りたいと思うのは、当然の親心かもしれない。

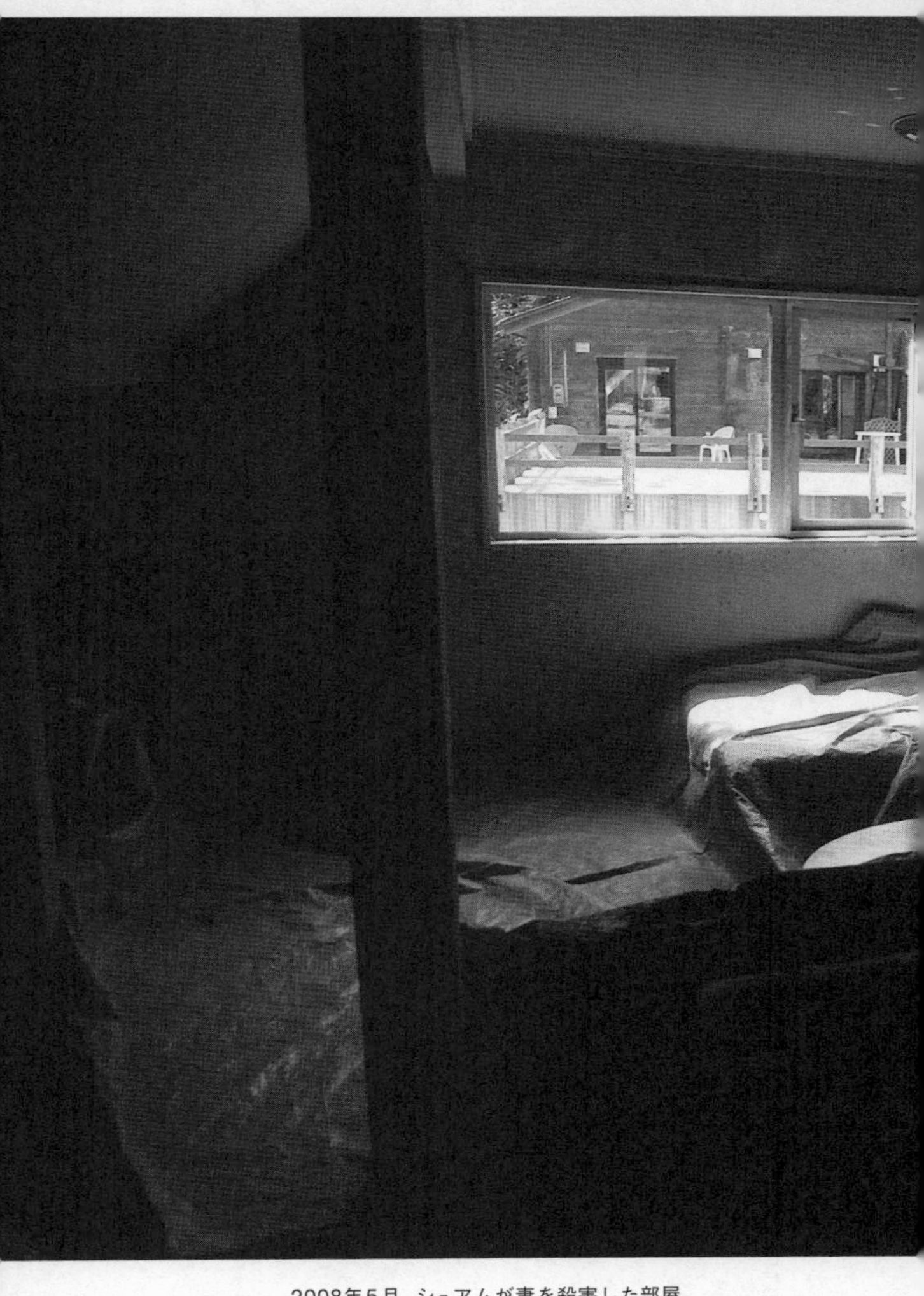

2008年5月、シュアムが妻を殺害した部屋。
血痕が残り、川に投げ捨てた娘が使っていたベッドは壊されていた

騙されたという言葉

事件のことやネパールのことを話す前に、父親が私の出身地を尋ねてきた。「横浜です」と答えると、「それは偶然ですね。私たちも横浜の出身なんですよ」と言った。「横浜の人だったら、なんだか安心できるね。日本人といっても地域によっていろいろだから」

父親は親近感を抱いてくれたようだ。

「ネパールについては、ほとんど何も知らなかったけれど、八木澤さんの本を読んでいろいろとわかりました」

そして唐突にこう言った。

「智江は騙されたんじゃないかって思うんですよ」

私は、返す言葉がなかった。彼が被害者の遺族であることは間違いない。最愛の娘を失ったことも事実である。ただ、結末は悲惨なものになったが、智江はシュアムのことをたしかに愛していたであろうし、だからこそ子どももできた。騙されたというひと言は、智江の人生そのものを否定してしまうような気がして、簡単にはうなずくことができなかった。

取材を重ねていけば、いま父親が心に抱いている「騙された」という感情が正しいことも十分考えられる。ただ、この場ではまだ私はそう決めつけたくはなかった。それでも一瞬、うなずくべきか、心の中で迷った。しかし、私がここでうなずいてしまうと、これから行う取材が、すべて父親をはじめとする被害者家族の気持ちに流されてしまうような気がした。父親の心を救うといった意味で、「そうですね」という言葉をかけるべきだったのかもしれないが、私はあえて聞き流した。

ネパールの不可触民

私は両親が知りたがっているネパールのことに関して話をした。

彼らが私を招き入れてくれたのは、私がネパールで取材を続けていたからだけではなく、離婚してしまったが、私自身かつてネパール人の妻と暮らした経験があったからだ。

ネパール人の妻と結婚してすぐ、妻の実家で暮らしはじめた。合計して一年ほど村に住んだ。結婚前から何度もネパールに通い、取材の過程で現地の村に滞在したこともあったが、彼女の親族と一緒に日々を送るとなると、またちがった気遣いもあり、最後まで慣れることができなかった。まわりで村の人たちが笑いながら話をしていると、もしかすると自分のことを馬鹿にしているのではないか、という疑心暗鬼の気持ちが芽生えてくることもあった。

シュアムは日本に関する知識もなく、言葉もできないまま暮らしはじめ、私がネパールで感じた以上の精神的な苦労はあっただろう。殺人事件を起こしたことは許し難いことだ。ただ、異国で少なからぬストレスを感じていたことは間違いない。それともうひとつ、名前を見て、実は気づいたことがあった。彼の出自に関することだ。

ネパールでは、インドと同じようにカースト制度というものが人々の日常生活の規範となっている。カースト制度とは、簡単にいえば、民族や職業によって身分を分ける階級制度である。

ネパールのカースト制度では、インド・アーリア系の民族が最上位のカーストでバウンと呼ばれ、その次にチェットリと呼ばれるアーリア系とモンゴロイド系の混血、三番目には我々日本人と似たような顔つきをしたグルン、マガルといったモンゴロイド系の民族が位置づけられる。その下にいるのが、最下層のダリットと呼ばれる不可触民だ。基本的には、カーストを超えて結婚することは稀(まれ)で、ダリットに対する差別は今も根強いものがある。ネパールでは、姓を見ればカーストは一目瞭然だ。シュアムの姓はカミで、これは鍛冶職人のカーストにあたり、死牛馬の処理をするサルキ、服の修理などをするダマイなどとともにダリットである。

私が暮らした村にも、サルキ・カーストの家族がいた。穢れているとの理由で彼らは、上のカーストの家の中に入ることはおろか、物を直接手渡しされることもなかった。村の共同の水場も使うことができず、清潔とはいえない谷の水を飲料水として使っていた。取材のため、ダリットの家を訪ねると、家に戻った私に対して、家人が露骨に嫌な顔をしたことを覚えている。

都市部ではさすがに差別は少なくなったといわれるが、農村部ではこうした差別が現在でも残っている。当然、シュアムもさまざまな差別を経験してきたはずであり、彼にしかわからない心労があったろう。

智江の父親にネパールのカースト制度について知っているかと尋ねると、ほとんど知らないという答えが返ってきた。そして率直に洩らすのだった。

「日本みたいに皆が同じような顔つきをしている国にいると、なかなかわからない感覚ですね」

日本にも被差別部落の問題が根強く残ってはいるが、東京圏の横浜に暮らしていた智江の両親も私も、被差別部落の存在を意識したことは皆無といってよかった。カースト差別の問題は、異国のことであり、父親の理解の範疇(はんちゅう)を超えていても不思議はない。

北海道への移住とネパール行きまで

もともとは横浜に暮らしていた智江の両親がこの土地でコテージを開くことになったきっかけは、テレビドラマ『北の国から』の影響だった。

「大学時代から旅が好きで、ユースホステル部という部活に入っていました。北海道には来たことがなかったけれど、日本の各地を旅していたんですよ。大学を卒業してから横浜にある繊維会社に就職をして、たまたまテレビで『北の国から』を見たんですよ。それからですね、北海道に移住したいと思ったのは」

倉本聰（くらもとそう）脚本、田中邦衛（たなかくにえ）主演の連続テレビドラマ『北の国から』は、一九八一年一〇月九日からフジテレビ系で放映された。父親が二五歳のときだった。智江の父親をはじめ人々を魅了した『北の国から』はどのように生まれたのか、どうして支持されたのか。その答えを見つけるには、脚本家倉本聰と昭和五〇年代という時代背景に目を向けなければならない。

一九七七年、NHKとの脚本を巡るトラブルで、東京から札幌（さっぽろ）へと転居していた倉本聰は、札幌在住の友人のすすめで富良野（ふらの）に居を構えた。そこで出会った人々との交流から、ドラマの下地が生まれていく。当時、ドラマの舞台となった麓郷（ろくごう）には、開拓時代を知る老人たちが暮らしていた。彼らから聞いた当時の暮らしぶりや生き様に感動し、ドラマの核がつくられていく。ドラマにとって、土地と向かい合った開拓時代の人々の暮らしは、なくてはならないエッセンスとなった。

　富良野の開拓は、北海道の開拓史の中で最後発だった。沿海部から離れ、地図を見てもわかるように富良野は北海道のもっとも内奥部に位置している。一八九七（明治三〇）年五月七日、中村千幹（ちから）、妻コウらによって富良野の開拓ははじまった。当時の富良野盆地はぬかるみだらけの泥炭地ということもあり、入植する者がいなかった。中村夫妻は旭川（あさひかわ）から四日かけて、富良野へ到着した。

『富良野市史』第一巻には、コウ夫人の口述記録が残されている。

「家とは名のみで小舎の附近こそは蘆原（あしはら）ですが、大部分昼なおくらい森林でありました。やがて最初の夜がきました。天地寂として声なき中にただ二人だけ。安堵（あんど）の歓びと悲しみと不安の交錯した中にも、数日間の心身の激労は快よい深い眠りに引きこまれるのでした」

　開拓の日々は辛いものだった。同巻にはこのような記述もある。

「屋根は萱（かや）か笹（ささ）。囲いは雑草、中は土間に枯草を敷いた住宅が、ヤチダモの割板と樹皮によつてつくられるようになるまでに数年かかつた。夏になると囲いの板のそり返つたすきまから蚊、うさぎ、へびなどがはいつてくる事もあつて、熊の足音をまじかにきくこともあつたのである。衣類は着のみ着のままで、一年も二年もたつてから醤油の空樽で行水した。（中略）ヨモギ、ワラビ、ゼンマイ等の山菜を、塩で煮て副食としたのだから、味噌だの醤油だの、まして砂糖だのという調味料の使用は全く出来なかつた」

コウの口述と同じく、骨身を削り生きてきた開拓者たちから語られる言葉は倉本の胸を打った。都会で暮らしてきた自分には、そうした話は脳内革命だったと後にインタビューの中で語っている。

豊かさを手に入れた社会では、校内暴力や暴走族などの問題が多く発生していた。そんな時代、電気も水道もない開拓者部落に暮らす主人公、黒板五郎一家の生活は、人間が生きるとはどういうことなのかを人々に問いかけた。その姿は、ひと昔前までの私たちの姿であり、豊かさを得るために切り捨てもう取り戻せないものでもあった。

二六歳のときに結婚した父親は、『北の国から』を見て以来田舎暮らしの夢を捨てきれず、三〇歳のとき、はじめて北海道を訪れる。すでに智江は生まれていた。

「山が好きだったから、田舎暮らしはいいなと思っていてね。最初は長野にしようかなと思ったけれど、足を運んでみたらやっぱり北海道だなと思ってね」

移住先を見つけるために、まず足を向けたのは、ドラマの舞台になった富良野だった。住民に土地の値段を尋ねると、やはりドラマの影響か、コツコツと貯めてきた貯金では高くて手が出なかった。次に父親が向かったのがニセコだった。ただ、当時からスキー場として有名だったニセコは土地が高いと思い、ニセコの隣駅である比羅夫で列車を降りた。そして、現在家が建つ土地を見つけたのだった。

初めて北海道に来てから二年後の一九八八年、父親は北海道への移住を決意する。智江が小学校五年生になるときだった。子どもとしての当然の感情として、友達と別れるのが嫌だと、駄々をこねたという。智江は、ここから歩いて二〇分ほどの場所にある分校へと通った。全学年で二六人ほどの生徒数で、横浜の小学校の一クラス分にも満たない規模だった。

彼女が通った小学校を訪ねてみた。木造の学校は、鉄筋コンクリートの学校とはちがい素朴な暖かみがあった。学校のまわりには塀もなく、道路のすぐ脇から芝生のグラウンドが広がっていた。校庭には、おそらく智江が通った頃から生えていたであろう白樺の木が植わっていた。

中学からは、倶知安町内の学校へ電車とバスで通った。高校も同じく町内にあり、四年制の観光科に通った。当時の同級生によれば、彼女は静かであまり目立たない生徒だったという。高校では卒業後地元のホテルに就職する学生も多く、そうした学生たちに対応するためのコースとして、在学中に海外にあるホテルで三カ月の研修も受けた。

卒業後、地元のホテルに就職することもできたのだが、彼女はあえて就職はせずに、岡山、愛知、沖縄など日本国内でアルバイトをしながら生活していた。二年ほどして地元へ戻ってくると、ジュエリーの勉強がしたいと言い出した。そして渋谷にあるジュエリー専門学校を見つけ、父親の実家がある大和(やまと)市から通った。

二四歳のときに実家へ戻ると、地元の飲食店でアルバイトをしながら、日本国内はもとより、弟が留学していたニュージーランドやタイへも旅行した。国内を旅行しているときに、智江がネパールへ行くきっかけとなった日本人のボーイフレンドと出会った。そして、二〇〇五年一二月四日、彼女が二七歳になる二日前、ネパールへと旅立ったのだった。

人の縁というものは奇異なもので、もし彼と出会うことがなかったら、そして彼女がジュエリーに興味を持たなかったら、ネパールへ足を踏み入れることはなかっただろう。踏み入れたとしても、カトマンズにある銀細工工房でシュアムとは出会っていなかったかもしれない。しかし、運命の糸は彼女をネパールへと手繰り寄せ、シュアムとの出会いをもたらした。

カトマンズから届いたメール

二〇〇七年の二月、父親がパソコンを開くと、智江からメールが届いていた。文中には驚くべき一節があった。

〝ネパール人の男性と結婚したいと思います。非常に真面目で純粋な人です〟

それを見た父親は息を呑み、騙されているんじゃないかという気持ちが心に浮かんだ。

すぐに、思いとどまるようメールを送った。しかし、どうしても結婚したいという彼女の意志は固かった。メールでは翻意させられないと悟った両親は、智江に帰国するように連絡した。

彼女が帰ってくると、その日のうちに家族で話し合った。その場で智江は両親に妊娠していることを打ち明けたのだった。本人に直接話して説得をこころみた両親だったが、やはり彼女を翻意させることはできなかった。父親は、騙されているのでは、という点だけが気がかりだった。

「大丈夫なのか」

父親の問いに智江は「心配ない」と言った。

まだ見ぬ将来の娘婿の写真も見せられた。

なんだか骨の太い、力強そうな顔をしているな。一枚の写真を見たとき、父親はそう感じたという。浅黒い顔をして、日本人とはちがい目がぱっちりとして、眉が太く、エラの張った顎をした男が、まっすぐにこちらを見ていた。

何度か話し合いを重ねるうちに両親は結婚を了承した。可愛い智江の思いを尊重したいという気持ちが両親の不安を押し込めた。

この結婚が、満足な意思の疎通ができる同じ国の人間だったのなら、問題は少なかったのかもしれない。しかし、智江はネパール語がまだ十分ではなく、会話帳を片手に話をしている状態だった。シュアムにしても日本語はもちろん、英語も話せなかった。ネパール語だけが彼らの共通言語だった。どこか危なっかしさのある結婚生活がこうしてスタートすることになったのだった。

はじまった結婚生活

智江は結婚の手続きを終えると、日本行きの航空券を購入するための現金をシュアムに送っている。ネパール側で準備を整えたシュアムは、二〇〇七年四月二六日、カトマンズ発関西国際空港行きのネパール航空で日本へと向かった。

智江は日本へはおろか、海外に出たことのないシュアムのために、北海道から関西空港まで迎えにいっている。おそらく大阪へ向かう彼女の心の中は喜びに満ちていたにちがいない。しかし二人の久方ぶりの再会に水を差すような出来事が起こった。原因はシュアムにあった。

娘婿の到着を心待ちにしていた両親のところに一本の電話が掛かってきた。声の主は関西空港の入国管理局の職員だった。

「そちらにシュアムという男性が来ることになっていますか?」

今日北海道に来ることになっている娘婿だと告げると、

「日本に入国する際のチェック時に、酒を飲んで前後不覚の状態でして、何を言っているのかわからず暴れ出してしまったので、こちらで身柄を拘束しています」

父親は驚きのあまり言葉を失ったが、まだ見ぬ娘婿の粗暴な振る舞いを詫(わ)びて、娘が引き取りに行くと告げた。入国管理局からの電話を切ると、すぐに智江に電話をして、事情を説明した。

さすがに智江も父親の言葉に驚いた。智江が空港に出迎えにいっていたこともあり、シュアムは日本に入国することができた。

新千歳(しんちとせ)空港からは智江の運転する車で倶知安町へと向かった。両親は家で智江とシュアムの到着を待っていた。寒さがぶり返した一日で、シュアムのために暖炉に薪(まき)をくべて室内を暖めていた。智江の車が到着すると、両親は家を出て二人を出迎えた。智江から紹介されたシュアムに「ナマステ」と手を合わせて、ネパール式の挨拶をした。彼もはにかみながら、「ナマステ」と手を合わせた。

シャイな感じの男だな。父親はそんな第一印象を持った。暖炉の火でほどよく暖まった部屋の中で、四人は顔を合わせた。母親はネパールでは紅茶をよく飲むと智江から聞いていたこともあり、シュアムのために紅茶をいれ、初めての異国である日本に来た彼の緊張を和らげようとささやかな心配りをした。

両親はこの日のためにネパール語の会話も学びはじめていた。日常の動作などが描かれた挿し絵にネパール語と日本語が書かれていて、言葉が話せなくても意思の疎通ができる、近年のヒット商品となっている会話帳を使って、いろいろと尋ねた。

「私も英語が話せないし、シュアムも英語も日本語も駄目だから、会話帳を使ってね。ネパールの気候だとか、人口についてだとか、会話帳で指差しながら、コミュニケーションしたんですよ。少しでも早く打ち解けようと思ってね」

しばらく会話をした後、父親は将棋盤を持ってきて、シュアムとまわり将棋をしたという。

「もちろん彼は将棋なんてわからなかったよ。日本の文化を少しでも知ってもらおうと思ったのと、男同士交流を深めないといけないと思ってね」

シュアムに対する父親の精一杯のもてなしの気持ちだった。シュアムは楽しげに将棋をしていたという。

父親は、心の中に一抹の不安はあったものの二人の関係がうまくいってほしいと思いながら、時間をすごしていた。将棋を楽しむシュアムの笑顔を見ていたら、なんとなくうまくいくのではないかという希望も生まれてきたのだった。

外の寒気を感じさせない暖炉の暖かさに包まれながら、シュアムを加えた四人の生活は、こうしてはじまった。誰の心の中にも、一年後の悲劇など思い浮かぶはずがなかった。

見えはじめたほころび

シュアムと智江はしばらく両親と同居していた。食事の際に箸を使うのには慣れず、フォークとスプーンで食事を取り、味噌汁にネパールから持ってきた香辛料を入れたりして、彼なりに日本の生活に馴染もうとしていた。日本に比べて辛い食事を取ることが多いネパール人からすると、砂糖を調味料として使うこともある日本の料理は、体験したことのない味覚であった。シュアムはやはり辛い料理とタクワンが好きだった。

シュアムが日本に来て数週間後、父親はシュアムに仕事を頼んだ。智江とシュアムのために父親は四〇〇万円ほど出して、ログハウスの建築を知り合いの大工さんに注文していた。ログハウスが完成したら、その一階でカレーなどを出すカフェを開き、ネパールの雑貨やシュアムが制作した銀細工を販売するつもりだった。そして二階に智江とシュアムが住むことになっていた。仕事の内容は、ログハウスの前に庭を造るため、軽トラックで土を運んできてならす作業だった。シュアムにとっては手伝いというより、自ら率先してやるべきことだった。

その日は暑かったこともあり、シュアムに「ゆっくりやりなさい」と声をかけた。はじめは土をならしていたシュアムだが、だんだんその手は動かなくなり、父親が軽トラから土を下ろし、新たな土を取って戻ってきても、土はほとんどならされておらず、シュアムは腰を下ろして休んでいた。それを見た父親は、将来自分たちが住む場所なのになんで働かないのか、と心に疑問が湧いた。

一カ月ほど両親たちと暮らした後、シュアムと智江は父親に建ててもらったログハウスに移ったが、土ならしの一件以来、父親のシュアムに対する感情は微妙に変化していった。

「はじめの頃は、回転寿司が好きだから、よく連れていってあげたり、私の服をあげたり、気を遣っていたんだけど、だらだらと仕事をしていた一件から、どうしても何だこいつはっていう気持ちが芽生えてしまって、ネパール語も勉強しなくなってしまったんですよ」

父親とシュアムの間に横たわるこの小さくとも深い溝は、一年後の悲劇に向かって、ゆっくりと間を広げていく。

梅雨がなく、本州とはちがい爽やかな季節である北海道の六月は、多くの観光客が訪れるシーズンである。寒さも和らぎ、シュアムも日本での生活に少しは慣れてもよい頃だったが、トラブルが起きた。ログハウスに二人で住みだして一カ月も経たない時期だった。

シュアムが突然、大きなスーツケースを持ち出して、ネパールへ帰ると言い出し、ログハウスを出ていってしまったのだ。すぐに父親が車で後を追いかけた。

「車に乗りなさい」

シュアムは父親のほうを見ようともせず、まっすぐ前を向きながら歩きつづけた。そのときシュアムは本気でネパールに帰るつもりだったのだろう。それなりの覚悟をして家を出たのは間違いなかった。何度か話しかけても黙々と歩きつづけるシュアムを見て、父親は家へと戻った。

「あれは駄目だ」

しかし、シュアムをそのまま行かせるわけにもいかないので、次に母親と智江が説得に向かった。スーツケースを引くシュアムを見つけた二人はすぐに車を降りて、説得を続けた。最後は母親が道路に土下座までした。すると、シュアムは渋々ながら家へ帰ることに応じた。

それにしても、母親が地面に額をこすりつけて、やっと帰るのに応じるほどシュアムを怒らせた理由とは何だったのか。その日のうちに四人で話し合いの場を持った。

「はっきりとした理由を言わないんですよ。こちらが無理に問いつめることでもありませんし、これから夫婦生活を営んでいくうえで、二人で解決しなければいけない。それでも智江のお腹も大きくなっていましたし、あのまま奴を帰してしまうと智江も困るのでこちらも冷静になって、智江とシュアムを呼んだのです。二人には仲良くなってほしかった。私たちの前で二人は泣きながら座っていて、どうするんだと気持ちを尋ねると、智江は言いました。『頑張る』と」

父親は一枚の紙とペンを用意して、二人に見るように言った。

「丸をふたつ書きましてね。丸のひとつが智江、もうひとつがシュアム。丸と丸がぶつかっているだけじゃハートマークにならないんだよ、お互いが譲らないとうまくいかないんだよ。お互いが三割か四割譲らないとハートマークにならずにうまくいかないよ」

ハートマークを書きながらの説明に二人はうなずいたという。しかし、一度ヒビが入った人間関係を修復することは難しい。

離婚を決意した智江

二〇〇七年一一月末、智江とシュアムは念願であったカレー店と銀細工などのアクセサリーを売る店をオープンさせた。

「お父さん、これから頑張ります」

店を準備してもらったこともあり、さすがにシュアムも本腰を入れて働こうと思ったのだろう。開店当日、笑顔を浮かべながら言った。

最初の一カ月は、開店祝いということもあり、ひっきりなしに客が訪れたが、時間が経つにつれ、客足が遠のいた。スキー場から遠いことも要因のひとつだったが、いちばんの理由はカレーの味にあった。シュアムはネパールでは銀細工の職人にすぎず、本格的にネパール料理を学んだわけではない。素人が鍋を振るっているようなものだ。そして智江もネパールとの付き合いは浅く、料理に造詣が深いわけでもなかった。インドやネパールのカレーが珍しいものではない昨今、味に個性を出せないかぎり、交通の便の悪い場所に客を呼ぶことは難しかった。

客足が遠のくのと時を同じくして、シュアムが携帯電話を手にして、家の外で話し込む姿を目にすることが多くなったと父親は言う。

「私たちはネパール語をほとんど理解できませんから、何を話しているんだかわかりませんでしたが、顔つきは深刻で、何かに追いつめられているような表情をしていました」

このときシュアムはネパールの誰と話をしていたのか、智江を含め、家族の者は知るよしもなかったが、後に訪ねたネパールで、私はシュアムとこのとき話していた人物に出会うこととなる。

二人の間に娘のジュヌちゃんが生まれたものの、店の経営がうまくいってなかったこともあり、ふたたび、いざこざが起きはじめた。

「智江はシュアムといっしょにいるより、ジュヌを連れてこちらの家へ来ることが多くなってましたね。毎日のように些細なことで口喧嘩になっていたようです。店もはじめたばかりですし、我慢しないと駄目だよと智江には言いました」

雪が解ける春の訪れは、北国にとっては希望の季節でもあるのだが、二人の関係はますます悪化の一途をたどった。四月二六日、シュアムが突然家を飛び出した。向かったのは、倶知安町内に暮らす智江の高校時代の同級生の家だった。シュアムの来日当初に紹介し、何度か顔を合わせたことがあった。シュアムにとって日本における唯一の友人と言ってもよかった。同級生の杏樹とその夫浩平は、シュアムの印象をこう語る。

「私たちの子どもにはすごく優しくて、リングをつくってくれたりして、すっかり懐いていたんですよ。うちに来たときは、日本の生活は大変だといつもボヤいていました。それでもまさかこんなことになるとは思わないですよ」

シュアムが家出をしたその日、杏樹が智江に電話を入れると、すぐに智江が迎えにきた。明け方五時頃のことだった。迷惑かけてごめんねと平謝りで智江は帰っていった。シュアムがいなくなって、不安な夜を過ごしていた父親は、智江が迎えにいった時間には目を覚ましていた。

「智江がシュアムを迎えにいったんですけど、そのときも帰りたくないと言ってきかず、なんとか車に乗せたんです。助手席に座っていたシュアムは、走行中の車からジュヌを抱いたまま降りようとしたというんです。さすがの智江もその行為は許せず、『もう無理』と洩らしました」

智江も、娘の命にもかかわる行いをしたシュアムとはもう関係修復不可能だと感じたのだろう。結婚生活に終止符を打つ決心をした。

その数日後、弟が恋人を連れて実家に帰ってきた。シュアムも含めそのときは、バーベキューなどをしながら和やかな時を過ごした。父親がそのとき撮影した写真を見せてくれた。家族全員が笑顔を浮かべていて、シュアムも缶ビールを片手におどけた表情を見せている。しかし、智江は数日前の出来事を許すことができず、離婚するという決心はまったく揺るがなかった。

写真が撮られた翌日、弟と恋人は帰っていったが、智江は弟に一通の手紙をしたためて渡していた。

「家に帰ってから、何だろうと思って封を開けたんです。そうしたら便箋が一枚入っていて、シュアムとは別れる決心をした、ごめんなさいということが書かれていました。いろいろなことがあったと両親から聞いていたから、驚くことはなかったです」

来るべきものが来たのだなという思いを弟は持ったのだった。

弟が帰った日、智江は役所に離婚届を取りにいく。シュアムにはまだ離婚のことは話していなかった。

「酒を飲むと何をするかわからないところがありますし、離婚なんて切り出したら、下手したら殺されることも考えられるから、慎重にやらないといけないよと智江には言いました」

五月五日の夜、事件が起きる約四時間前、智江は自分たちが暮らしている家で、離婚のことを打ち明けた。その場にはジュヌちゃんもいたのだが、離婚を切り出されたシュアムが怒声をあげると、泣きやまなくなった。ふたたび、三人は智江の両親の家へやってきた。

「ちょっとようすが落ち着いてきたので、シュアムとジュヌを家に戻したんです。智江には今晩はここで寝るように言いました。一一時過ぎに一人でいるシュアムから智江に『また明日ね』と電話が掛かってきて、これでひと段落かと思って、寝ることにしたんです。そうしたら一時間ぐらいして、シュアムからまた電話が掛かってきました。興奮気味にシュアムが言ったそうです。『シュアム、チエいらない。シュアム、ジュヌいらない』。三〇分ぐらい話しても埒が明かず、智江が言ったんです。「ちょっと心配だから見てくる」と。まさか子どもに手を出すことはないだろうとは思っていましたが、智江も心配だったんでしょう」

それから約二時間後の深夜二時頃、悲劇は起きてしまった。

最悪の事態

原生林に囲まれた父親の自宅は、夜ともなれば、闇と無音の世界に包まれる。その静寂を打ち破るように、突然父親の寝室のドアを激しく叩く者がいた。父親はベッドから飛び起き、すぐにドアを開けた。

そこには、シュアムが一糸まとわぬ素っ裸で立っていた。その風体に父親は啞然とするとともに、嫌な予感がした。次の瞬間シュアムは抑揚のない英語で思わぬことを口走った。

「チエデッド、ジュヌデッド」

あまり英語が堪能ではない父親にも、言っていることがすぐに理解できた。

父親はその言葉を聞くや、すぐに屋外に出た。シュアムと智江の暮らしていた家は、闇夜の中にもはっきりとわかるほどもうもうとした煙に包まれていた。智江を助けるためにに家の中に入ろうとすると、シュアムが、「パパ、ダメ」と父親が家に入るのを必死に止めた。シュアムの制止を振り切り家の中へ足を踏み入れると、「シューッ」という音がした。音の方向に目をやると、プロパンガスの管が切ってあった。すぐに元栓を閉めて、寝室のある二階へと向かった。煙の立ちこめる二階では、部屋の片隅に素っ裸で倒れている智江の姿があった。顔面を殴打され、膨れ上がった顔はまったく別人のようだった。いっしょにいるはずのジュヌの姿は見当たらなかったが、とにかくまったく意識のない娘を担ぎ上げ、救急車を呼んだ。

もう駄目かもしれない……。

父親は智江の顔を見た瞬間、そう思った。それほど、智江は生前の姿から想像できないくらいに変わり果てた姿になっていた。

智江は救急車で運ばれ、懸命の蘇生措置が取られたが、ふたたび目を開くことはなかった。

シュアムは救急車への搬送を拒んだり、智江が救急車で運ばれると、なぜか暮らしていた家のガラスを割ったりと、奇行を続けた。しばらくして駆けつけた警察により、シュアムは連行されていった。

智江が殺害されてから約二週間後の五月二〇日、自宅から二〇〇メートル離れた尻別川(しりべつがわ)でジュヌちゃんの遺体が発見された。遺体の損傷が激しく、死因までは特定できなかった。シュアムは、家から遺体を持ち出して、川に流したことだけは認めた。

シュアムの故郷、ネパールへ

「果たしてどんな奴なのか、調べてきてほしい。納得するような答えが欲しいんです」

最愛の娘と孫娘を一度に失った父親は、シュアムという男の本当の姿をどうしても知りたいと訴えた。父親の言葉に背中を押されるように、事件から二カ月が過ぎた七月、私はネパールの首都カトマンズに入った。

雨季ということもあり、盆地のカトマンズは蓋をされたように、空一面雲で覆われていた。工房のあるタメル地区を歩くと、狭い通りの両側には、みやげ物屋やゲストハウスが建ち並んでいる。さらに細い路地に入ると、工房へと続く未舗装の小道には、泥を含みミルクティーのような色をした水が浮かび上がっていた。小道の先には小さな中庭があり、レンガ造りの建物の一角に取って付けたような小さな扉があった。そこがシュアムが働いていた工房の入り口だった。

訪ねたのが朝だったためか、誰の姿もない。工房のすぐ側に、日本円や米ドルをネパールルピーに替える両替所が開いていた。店の前に椅子を置き座っていた男に、この場所にシュアムがいたことを確認する意味も含めて、シュアムという男のことを知っているか尋ねた。

「日本だか、外国に行っているみたいだよ」

事件のことを知っているのか、いないのか、興味なさげに答えた。続けて男が放った言葉は、俄かに信じ難かった。

「もう少ししたら、彼の奥さんが来るよ」

彼とはもちろんシュアムのことだ。シュアムは独身ではなかったのか。

妻がいたことを隠し、智江を騙して日本へ行ったのか。それとも智江は、彼に妻がいることを承知のうえで、日本へと連れていったのか。

私は驚きを心にぐっと押し込めて、しばらくしてから工房を訪ねることにした。

ふたたび工房を訪ねる前に、下田から聞いていた、以前シュアムを職人として雇っていた男の家を訪ねることにした。彼は二年ほど前まで銀細工の店を開いていたのだが、利益があまり出なくなったので商売を辞めていた。男はシュアムの印象について語った。

「仕事は真面目にするし、何の問題もなかった。だから今回の事件については驚いているんだよ。智江のことも知っているよ。いつもシュアムがつきっきりで彼女に教えていたから、シュアムのことを気に入ったんだろうね」

事件のことについては信じられないといった雰囲気で男は話した。おそらく男はシュアムの身辺についても詳しく知っているにちがいない。

「シュアムには奥さんがいますか？」

私の質問に何の迷いもなく、すぐさま男が答えた。

「妻と子どもがいるよ。子どもはたしか一人か二人だったかな」

シュアムに妻子がいたことは、これでほぼ間違いないだろう。

「あなたは智江にそのことを伝えましたか？」

男を責めるつもりは毛頭なかったが、私の質問に少々困惑した表情で男は言った。

「それは私からは伝えてないよ。だって二人の問題だし、私から言うことではない。もし智江から聞かれたら、教えたけれど。私が知っているかぎり、智江はシュアムに奥さんと子どもがいたことを知らなかったんじゃないかな」

妻子がいたことはさておき、男はシュアムを真面目な男だと称したが、私の中では、果たしてそうなのかという疑念が湧いてきた。

「真面目で純粋な人なのよ」

智江は両親に、将来の夫になるネパール人のことを、そう伝えていた。彼女が目にしていない果てしない闇がシュアムの背後には広がっているように思えてならなかった。

シュアムの本当の顔

初めて工房を訪ねて以来、毎日足を運んだが、なぜか扉はいつも閉まっていて、人の気配がなかった。通いつづけて七日目のこと、細い路地を抜けて中庭に出ると、常に閉じられていた扉が開かれていた。私は身を屈（かが）め、「ナマステ」とネパール語で挨拶をしながら、中へと入った。

工房の中は畳二畳分ほどのスペースで、工房というよりは物置き小屋と呼んだほうがしっくりくる。銀細工をするためのペンチや金槌（かなづち）などの工具が所狭しと置かれていた。

「ここはシュアムが働いていた工房ですか」

目の前で作業をしていた小柄な男に尋ねると、「そうだ」とうなずいた。工房の中には、三人の男と一人の女性の姿があった。

私はシュアムの事件のことで、日本から取材に来たと告げた。そして、この場所にシュアムの奥さんはいますかと尋ねると、黒いサリーと呼ばれる民族衣装を着た女性を男が指差した。彼女に「ナマステ」と挨拶をすると、

「あなたはシュアムの奥さんですか」

と、直接彼女に尋ねた。

「はい」

彼女はすぐに、何の躊躇いもなく答えた。事件について知っているかと尋ねると、

「知っている」とうなずいた。

彼女の名前はビマラ。この工房で働きながら生活費を捻出しているのだという。しばらくして、彼女が尋ねてきた。

「事件は本当なのか」

事件のことは、インターネットの英字ニュースを見た知人が知らせてくれたという。間違いない事実であることを告げると、顔には落胆の色がはっきりと見えた。

「人によっては、もう死刑になったとか、帰ってこられないとか、いろいろ言うのだけれど、夫は何年刑務所に入らなければならないの」

裁判がはじまってもいないので、これぱっかりはわからないと答えるしかなかった。

彼女は一四歳のときにシュアムと結婚し、六歳になる娘もいると言った。

「夫がいるときは、まだ生活費を出してくれていたから、生活はできたのですが、日本に行ってからはお金を送ってこないので大変なんです。一度、夫を呼び寄せた日本人女性を見たこともあります。もちろん私がシュアムの妻だとは気がつきませんでした。日

本に行くことには反対しました。だけど夫が三、四年で帰ってくると言うので、我慢することにしたんです」

夫を信じて、日本へと送り出したのだった。しかし、彼女にとっても事態は最悪の結果となった。まだまだいろいろなことを尋ねたかったが、工房の中ということもあり、彼女自身も話しづらそうだった。後日、彼女の部屋で話を聞く許可を得て、この日は工房を去った。

翌日、ふたたび工房を訪ねると、シュアムの仕事仲間の男が一人、私のところにやってきた。リラという名の小柄な男だった。私に茶店に行かないかと言う。断る理由はなく、私はリラの後についていった。リラは道端で茶を沸かして飲ませる茶店の椅子に腰かけ、私にも座るように促すと、おもむろに話しだした。

「昨夜はなかなか寝つけなかったんだ。本当のことを話さなければと思ってね。でも奴は俺の友人だから、どうしたらいいかと考えつづけていたんだ。考えた末に、本当のことを話そうと決めた。とんでもない奴なんだよ。逮捕もされていて、しょっちゅう喧嘩ばかりして、ひと言で言ってしまえばギャングみたいなものさ」

私は、何でそんなことを知っているのかと聞いた。

「奴が警察に捕まったときに、何度も身柄を引き受けにいったから知っているんだよ」

リラの発言によって、目の前の深い霧が少しずつ晴れていくような気分になった。

シュアムという男の一面を聞いた私は裏付けをとるため、カトマンズ市内の警察署へと向かった。彼の身分証明書のコピーを見せ、犯罪歴の有無について照会を求めた。数日後、警察署に足を運ぶと、犯罪歴を照会してくれた警部補は、二回の逮捕歴があると言って書類を見せてくれた。七年前と五年前に傷害事件を起こして逮捕され、七年前には一カ月刑務所に入っているという。

シュアムという男は、一〇歳のときから両親のもとを離れカトマンズで働き、二六歳で殺人事件を犯すまで、さまざまな事件を起こしていたことがわかった。リラの証言以降、堰を切ったように、シュアムの悪行が露わとなった。

一〇歳のときに弟子入りした銀細工職人のところでは、三年後に親方から二〇ルピー（約三二円）の現金を盗んで逃走。その後も働いていた工房からたびたび、現金を盗んだという。とにかく手に負えない男だとの悪評が私の耳に入ってきた。

智江の前では、巧妙に悪の顔を隠しながら付き合いを続けていたのか。さらに妻のビマラへの暴力もひどかったという。私はシュアムを長年身近で見てきたビマラに話を聞くために、彼女のアパートを訪ねた。彼女なら、よりはっきりとしたシュアムの実像を知っていることだろう。

妻の証言

シュアムの妻ビマラは、工房から歩いて一〇分ほどの部屋に娘と暮らしていた。ベッドが置かれただけの四畳ほどの広さだった。入り口のドアの脇にある小窓は割れかかっていて、新聞紙が貼り付けてある。見るからに生活の厳しさがうかがえる部屋だった。彼らのカーストは最下層のダリットであると先に触れたが、学校から帰ってきたばかりの娘の名札を見たら、ダリットではなく、上から二番目にあたるカーストの姓が記されていた。

ネパールでは、結婚すると妻は夫のカーストに属することになる。たとえ彼女が上から二番目のカーストであっても、結婚したことによりシュアムのカーストになる。彼女がカーストを偽ってここカトマンズで暮らしていることは明白であった。

最下層の出身であるということを隠さなければならないほど、カースト差別は当人たちに重くのしかかっているのだろう。都会の中で少しでもカースト差別から逃れようと、精一杯の偽装をしているのだった。紅茶を沸かしながら、彼女が言う。

「夫が日本に行ってから家賃が払えなくなり、この部屋に引っ越してきたんです。娘も以前は私立の学校に通わせていたんですけど、学費が払えなくなって公立の学校に転入しました」

彼女はさばさばと話した。元来明るい女性なのだろう、とんでもない状況にありながらも、悲しさを表情には出さない。

果たしてビマラはシュアムと智江が結婚したことを知っていたのだろうか。

「それは知りませんでした。彼女はシュアムを日本に連れていってくれるスポンサーだと聞いていましたから」

私はその答えに簡単にはうなずけなかった。智江がカトマンズにいたとき、シュアムは智江の部屋に入り浸っていた。おそらくビマラは、二人がただならぬ関係であることに気がついていただろう。本音を洩らさないのは、ビマラの女としての意地のように思えた。

彼女の周囲の人間から聞いていた、シュアムの暴力についてはどうだろう。

いわく、シュアムは酒に酔ってはビマラのことを叩いたりと、暴力が絶えなかったという。シュアムが智江と出会う直前のこと、暴力に耐えかねたビマラは、女性団体に助けを求めたこともあったというのだ。

「あなたはシュアムから殴られたりしていたと聞いていますが、それは本当ですか？」

質問に顔が一瞬ひきつったように見えた。明らかに今までとはちがう口調で彼女が言った。

「誰からそんなことを聞いたんですか」

当然ながら名前は出さず、さまざまな人に話を聞く中で耳にしたと答えた。彼女は釈然としない顔で、

「そんなことは一度もないですよ。そんなひどいことを言う人がいるんですね。夫婦ですから、たまには喧嘩をすることはありましたけど、暴力を振るわれたことはないんですよ。お酒は好きでしたけどね」

果たして、周囲が嘘をついているのか彼女が隠しているのか、シュアムの悪行や日本での犯行から類推するかぎり、後者のように思えてならない。

ネパールでは、日本に比べて女性の地位は低い。かつては重婚も認められ、地方に行けば、今も堂々と二人の妻を娶っている男がいたりする。

女性の地位の低さの背景には、ヒンドゥー教の影響がある。ヒンドゥー教徒が生活の規範としたものにマヌの法典がある。その中で女性は、幼いときは父に、若いときには夫に、夫の死後には子に従属するという有名な一節がある。マヌの法典は紀元前二世紀頃に編まれたもので、二〇〇〇年以上もの間、インドやネパールに暮らすヒンドゥー教徒に影響を与えてきた。マヌの法典の一節は、インドやネパールだけでなく、中国に入り儒教へも影響を与え、そして韓国を経て、日本にも伝わったといわれている。

日本に行けば貧困から抜け出せるという思いが、ビマラの存在を隠して智江と日本に

行ったシュアムの行動の背景にあった。ビマラにしてみれば、夫に経済的に依存していて、仮に智江との不義を知っても、夫を捨てて生活ができるほどの生活力があるわけではない。現に今は薄暗くカビ臭い部屋に暮らしている。シュアムとビマラの行動を客観的に見ると、因習や規範から逃れることができない人間のか弱い性(さが)が見え隠れするのである。

数日後、私はふたたびビマラのアパートを訪ねた。シュアムの暴力とシュアムと智江の関係について、彼女が認めるまで通うつもりだった。

彼女は、ちょうど子どもを学校に送った後で、これから工房へ向かうところだった。またその質問かと表情を曇らせたが、隠しきれないと思ったのか、正直に打ち明けてくれた。

「そうなんです。お酒を飲むと、特に暴力がひどかった。日本人の女性と結婚することについて、認めるわけにはいかないと思って、女性団体にも相談に行ったんですが、結局何もしてくれませんでした。夫は、お金を貯めて帰ってくるというので、許すことにしたんです」

やはり、そうだったか。暗い事実が明らかとなったところで、智江の命が返ってくるわけではない。虚しい行為ではあるが、私はシュアムという男の闇に切り込まずにはいられなかった。

智江の両親の無念を晴らしたいという思いはもちろん、事実をこの目と耳で確かめたかったのだ。

シュアムの生家へ

ビマラからスラジというシュアムの親戚の男を紹介してもらい、彼の案内で両親が暮らしているシュアムの生まれ故郷へ向かうことにした。両親は殺人者となってしまった息子のことをどう思っているのだろうか。

カトマンズからバスに乗り、九十九折り(つづらお)の山道を一時間半ほど揺られ、道の両脇に食堂や商店が並ぶ小さなバザールで降りた。

スラジによると、ここからさらに三時間は歩かなければならないということなので、私たちは食堂でダルバートと呼ばれる、ご飯に豆の汁をかけたネパールでは定番の食事を取った。

店の主人がスラジに、「この日本人は何しにきたんだ」と尋ねている。事件のことはおそらく店主の耳にも入っていて、私のことが気になっているのだ。スラジは何も答えず、ただ黙々と飯を食らっていた。

ダルバートを食べ終えると、私たちは歩きはじめた。これから向かう村の名前はマットラ村という。今いるバザールは尾根の頂にあって、村は谷にあるため、下りつづけるのだという。

季節は雨季ということもあり、霧雨が降る中、スラジはスニーカーで滑るように下っていく。すれちがう村人の中には、裸足で歩いている者もいる。カトマンズに暮らしているスラジは、年に一度帰るぐらいで、頻繁に足を運ぶことはない。この年は初めての帰郷ということもあり、自然と村へと向かう足も早くなる。

途中、道端の茶店で休憩を取ると、スラジが私に思わぬことを打ち明けた。

「イラクに行くかもしれないんだよ。ネパールにいても仕事はないからね」

「危ないことは知ってるでしょ？」

もちろんだという顔をした。イラク戦争が終結した翌年、イラクに働きにいった青年たちがアルカイダ系の組織に拉致され、射殺されるという痛ましい事件が起きていたことを思い返した。それでも、未来の裕福な生活を夢見て、イラクに行くことを厭わない若者たちは跡を絶たない。命がけで出稼ぎに行く者がいる国では、シュアムの行い、つまり女性を騙して日本に行ったことは、日本とは当然ちがった見方をされるのだろうなと思った。

ミルクティーを飲むと、ふたたび山道を下った。相変わらず雨が降っている。

「日本人は、こんな道を歩くこともないでしょう」

短い間ではあるが、時間を共にしていることもあり、歩きながらスラジが話しかけてくる。登山でもしないかぎり、歩くことはないような道である。ただ彼にとっては生活の道だ。

シュアムの暮らした世界と日本の間に横たわる日常のギャップが、道ひとつとっても存在する。日本に暮らす者からすれば、今私が歩いているネパールの山道は、「牧歌的」という旅情を誘うような言葉が似合わなくもない。一方で、この地の人間からしてみれば、車も通らず不便極まりない抜け出したい日常なのかもしれない。そう考えると、シュアムにとって智江の存在は、恋愛の対象というよりは、異次元の世界へと連なる一本の道にすぎなかったのではないか。

取材をはじめたとき智江の友人である下田から見せてもらった写真のことを思い浮かべていた。あの対照的な二人の表情がなぜ生まれたのかという疑問の答えが、シュアムの故郷へ続く道を歩くことによって、少しずつではあるが、くっきりとした輪郭を描きはじめていた。

「もうすぐだよ」

スラジが言うと、棚田が広がる斜面に家の点在する景色が目に入ってきた。最初に通りかかった家の前では、「カーン、カーン」と甲高い音が響いてきた。音の方向に目をやると、小屋の中で、男が小槌を使って、金属を叩いていた。シュアムのカーストであるカミの生業、鍛冶作業をしているのだった。このマットラ村には、被差別民であるカミしか暮らしていない。

作業場のある家から、さらに五分ほど歩いたところに、シュアムが生まれ育ち、今も両親が暮らしている家があった。私たちが到着すると、両親だけでなく、多くの村人たちが集まってきた。彼らは話しかけてくるわけでもなく、遠巻きに異邦人である私を眺めている。

この状況ではゆっくりと話すことができないので、スラジに頼んで、申し訳ないが、私に興味津々の村人たちには帰ってもらうよう説得してもらった。

両親の家は二階建てだが、ネパールの農家が必ず飼っているといっても過言ではない、牛や水牛の姿がない。牛は、田おこしなど農作業や毎日飲むチャーと呼ばれる紅茶に入れる牛乳のために、どの農家でも飼われているものだ。このマットラ村では、どこにも牛や水牛はおらず、彼らの経済状態が一様に厳しいことを物語っていた。

事件のことについてはすでに知っていた両親だが、開口一番出てきた言葉は、

「いつ息子は帰ってこられるのだ」

という、私への問いかけだった。シュアムは彼の妻であった智江と娘のジュヌの二人を殺めているのである。まずは、故人に対する冥福を祈る言葉が出てこないものなのだろうか。

私は単刀直入に、シュアムの犯罪歴について知っているか尋ねた。噂話のたぐいではなく、すべてカトマンズの警察で調べてきた、とも告げた。

「そんなことをしたかもしれないが、わからない」

しどろもどろになり、苦し紛れの言い訳をした。

「シュアムは一〇歳までしかこの村で暮らしてなかったんだ。カトマンズへ働きに出た後は、年に数回村へ戻ってくるぐらいで、頻繁に顔を合わすこともなかったから、カトマンズでどんな生活をしていたのかわからないんだ」

シュアムは家が経済的に貧しいため学校にも満足に通えず、幼くして村を離れてカトマンズへ働きに出た。今から二〇年以上前のネパールでは児童労働が大きな社会問題となっていた。その子どもの一人がシュアムであった。私もカーペット工場やレンガ工場、街中の食堂などで、日本の小学生ほどの子どもたちが多く働いているのを見かけ、実際に話を聞いて取材したこともあっただけに、シュアムの境遇に関しては、同情を禁じ得ない。

都市で生活していくうちに、さまざまな誘惑の波がやってきては、それを防いでくれる両親もなく、ずぶずぶと沈んでいってしまったのか。それでも、同じような環境に暮らす子どもたちすべてが犯罪を犯すわけではない。ただ、罪を重ねるハードルは低かったことは容易に察しがつく。

カトマンズで働きはじめてから四年後、シュアムはビマラとこの村で結婚式をあげたという。日本でいえば中学生である。社会経験を積んでいることから、日本の中学生とは単純には比較できないが、それでも子どもと子どもが結婚するようなものである。おそらくビマラの家庭も、経済事情もあり、早く娘を嫁がせたかったのだろう。二人は、カースト差別と貧困に喘ぎながら、カトマンズで生活をはじめ、子宝にも恵まれた。

両親に結婚式の写真はあるかと尋ねると、一枚も写真を撮っていないという答えが返ってきた。親族は誰一人、カメラを持っていなかったのだという。今でも家には電気が通っておらず、両親は携帯電話も持っていない。インターネットとも無縁の世界であり、人との直接的なコミュニケーションだけが唯一の情報を取得する手段である。

なんだか、こうした生活環境は、日本のどこかと似ていないだろうか。そう、開拓時代の北海道の富良野である。あの倉本聰が感銘を受けた話が、現在進行形でネパールでは続いている。智江の父親が憧れた生活は、一方のネパールにおいては貧しさの象徴でもあった。

両者の間に横たわる溝は、どう足掻いても埋めることができないように思える。貧しさというトンネルから抜け出そうと、智江と出会い日本に行ったものの、そこで暮らしていた人々は、日本社会の在り方に疑問を持ち、経済的な豊かさによって失われた心の豊かさを求めていた人々であった。シュアムは、経済的な豊かさを知らず、それを求めてトンネルを抜けたと思ったら、また似たような景色が広がっていたということはなかったか。

智江がシュアムを日本に連れていった時点で、二人の破局はすでに見えていたとは酷な言い方であろうか。私にはそう思えてならなかった。

ネパールでの結婚は、日本とはちがい事実婚といった形を取るのが農村部では一般的である。結婚しても、結婚証明書をつくらないのである。それゆえに、ネパールでは既婚者であっても、外国人と結婚する際に必要になってくる独身の証明書が簡単につくれてしまうのだ。

両親にシュアムが智江と結婚して、日本に行ったことを知っているかと尋ねると、

「そんなことは知らなかった。日本で働いているとは、村の知り合いの家に電話が掛かってきたときに言っていた。四年ぐらいしたら帰ると」

言葉少なに言うのだった。

「智江とはカトマンズで会って、シュアムから紹介されていますよね」

父親は硬い表情のままうなずくと、口を開いた。

「友達だと紹介されたんです」

何を聞いても何かに怯（おび）えたような表情で答える父親が、私には哀れに思えてならなかった。それはシュアムを必死に守ろうとしている親心ともいえた。

私たちが話している場所に、先ほどから一人の老婆がたたずんでいる。シュアムの祖母だった。父親との会話が途切れると、彼女は感情を抑えきれず涙を流しながら、話しだした。

「あの子には、私がお乳を飲ましたこともあったんだよ。ずっと可愛がってきたのに、こんなことになっちゃって」

あとは言葉にならない。祖母の涙に触発されたのか、今まで黙っていた母親が言った。

「シュアムを産んだときは、大変だったんだよ。私は体が弱かったから、この家で産むことができなかった。村の人たちに担いでもらって、カトマンズに運んでもらったんだ。病院に入る前に意識を失っていて、気がついたときにはあの子が生まれていたんだよ」

苦労して産んだ子が、異国で殺人者となった。

ダメ押しの悪事

村には宿がなく、夜道を歩くのも気分がいいものではないので、その日は両親に頼んで家に泊めてもらった。スラジにニワトリを買ってきてもらい、それを絞めて、カレーをつくってもらうことにした。母親は、夕食の前にどこかに消えた。日暮れとともに帰ってきたときには、ほのかに酒臭かった。

村ではロキシーと呼ばれる雑穀からつくられた酒を販売している者がいて、そこに行って酒を飲んだのだろうとスラジが言った。シュアムの事件が起きてから酒を飲みはじめたわけではなく、以前から飲んでいるという。

母親はカレーには手をつけなかった。食事を終えると、二階にあがりベランダに置かれた木製のベッドに横たわった。家の壁には、女とシュアムが写った写真が貼ってあった。よく見ると、女はビマラではなかった。果たして、誰なのだろうか。親戚の女かと思い、この日、シュアムの家に一緒に泊まっていたスラジに尋ねてみると、見たこともないという。実家の壁に妻ではない女とのツーショット写真を貼ったままにしている神経は理解に苦しむ。

外に目をやると、小さな光が闇夜に浮かんでは消えた。蛍が家のまわりで舞っているのだった。叙情的な景色に目を奪われ、しばし光の明滅を眺めていると、スラジが神妙な口ぶりで話しかけてきた。

「実は、あなたに話してないことがあるんだよ」

シュアムに関することであるのは、容易に察しがついた。

「シュアムは村で、親戚に嫁いできた女をレイプしたんだよ。それでしばらく村に帰ってくることができなかった。彼女の夫が中東に働きに出ていて、留守だったところを狙ったんだ」

どこまで悪事を積み重ねてきたのだろうか。

底知れぬ心の闇に恐ろしくなり、私はなかなか寝つくことができなかった。

目を覚ますと、家の周囲は乳白色の霧に覆われていた。小雨が降っていて、しっとりと地面を濡らしていた。天気がよければ見えるというヒマラヤも分厚い雲に覆われて、まったく見えなかった。

両親に礼を言ってから、カトマンズへの道を戻った。ぬかるんだ道を踏みしめながら、シュアムのことを考えていた。私はまだ彼に会ったことはない。第三者を通じて、話を聞いているにすぎない。それにしても、ここまで悪評ばかり聞こえてくる人間も珍しいものだなと思った。

盗み、傷害、レイプ、殺人。シュアムが悪人であることは言うまでもない。一方で智江が好きになった理由である、仕事に熱心だったという側面もあったのだろう。彼女は愛するがゆえにその面しか見ることができなかった。傍らから智江が愚かだったと言うことは容易い。愛は盲目という使い古された言葉があるが、古今東西の人間心理を言い当てた言葉である。智江はシュアムを愛したがゆえに、彼のことを客観的に見ることができなかった。たとえ誰かが、妻子があると忠告したとしても、彼女は信じることなく、結果的に同じ結末を迎えていたように思えてならない。

シュアムの実家。
カースト制度において最下層に属する一家の生活は厳しかった

シュアムとの対面

ネパールから戻った私は、札幌拘置所にいるシュアムを訪ねた。

面会のため待合室で三〇分ほど待たされ、番号が呼ばれた。パイプ椅子に座り、数十秒ほど待つと、刑務官と一緒に水色のパジャマを着たシュアムが現れた。ナマステと手を合わせると、彼も手を合わせた。

「あなたとは会ったことがないと思いますが、どなたでしょうか」

シュアムは不安気な表情を浮かべながら聞いてきた。ネパールで聞いてきたさまざまな悪い噂とは結びつかない、どこか少年のようなあどけなさがあった。

両親やネパールの妻子にも会ったことを告げると、シュアムは目にうっすらと涙を浮かべた。

「日本へは働きにきただけだよ。だけどお金はもらえなかった。朝から晩まで働きづめで、ゆっくり話すこともできなかった。薪割り、雪かき、竹の子取り、寒いのに一着のコートも買えなかった。お金を一回も送ることができなかったんだ」

シュアムはあくまでも、日本に働きにきたのだと言った。そして働いたにもかかわらず、給料をもらえなかったと、あくまでも被害者であることを強調しつづけた。たしかにカレー店の経営は厳しかったが、働きようによっては、いくらでも稼ぐことができたはずだ。しかし、あくまで失敗の責任は自分にはないという態度であった。

彼は弁明を続けるだけで、妻の智江はおろか、亡くなったジュヌに対する哀悼の言葉も出てこない。その言葉を聞いているうちに、いつしか幼い少年に見えたシュアムが、醜悪な一人の男に変わっていった。果たして、智江が好きになったシュアムはどこにいるのだろうか。

「智江も、僕に嫁さんや子どもがいることは知っていたよ」

智江と結婚までしておきながら、最後の最後まで己の非を認めない。あくまでも、己のことしか考えていない。シュアムにしてみれば、やはり智江は利用するだけの存在だったのだろう。

「自分は奴隷だったんだと思うよ」

智江の両親からすれば、当然のこととして頼んだ家事が、シュアムからすれば、タダ働きを強いられた奴隷労働だというのだ。

その傲慢な態度には、呆れてものが言えなかった。

これでは死んだ智江とジュヌちゃんが浮かばれない。

シュアムと会う前日、ふたたび智江の両親と会った。ネパールで調べ、わかったことを報告するためもあった。両親にとってはあまり聞きたくないことだろうが、私は、シュアムに妻子があること、現地では前科もあることなどを包み隠さず伝えた。

「そうか。そんな人間だったんだなぁ」

父親はそう言ったきり、黙ってしまった。母親は声を上げて泣いた。しばらく間を置いてから、父親が訥々と話しはじめた。

「うーん、いっぱいありすぎて、何と言っていいのかわかりません。『ファミリー、ファミリー』と言っていたのになぁ。一度は家族として、ひとつ屋根の下に暮らしたわけだからね。きちんと罪を償ってまっとうに生きてもらいたいよ。時折あの世に行った娘が言うんですよ。『もういいんだよ』って。だけど『おまえは騙されて侮辱されたんだよ』って言ってあげるんです。下界の人間ばかりが、こうしたどろどろしたことを続けているんだよね」

シュアムに後悔の念が見えれば、この悲劇にもごくわずかではあるが、心の救いが得られたかもしれない。ただ、シュアムは己の保身ばかりを口にして、謝罪の言葉はない。

後味の悪さばかりが残る事件である。人種や文化のちがいから、国際結婚に軋轢はつきものだが、それ以前に人間としての情緒がシュアムには欠如しているように思えてならない。

ネパールの両親や妻子、そして智江とジュヌ、智江の両親と、誰もがシュアムというブラックホールに吸い込まれ、闇に突き落とされた。

どうして彼のような人間が育ったのか。

学校にも満足に通えず、幼いときから働きつづけ、さらには差別に晒された環境は、人格形成に大きく影響したことだろう。それにしてもなぜだという疑問がついて回る。私は彼が異常な人間だとは思わない。では、私が人を殺めずに彼が殺めたちがいというのは、どこにあるのだろうか。その答えを見つけるために、ネパールや北海道を歩いてきたわけだが、数学の方程式を解くようにはっきりとした答えを見つけるのは難しい。

風土、背負わされた血縁、出会い、家族、友人、万物が混ざり合って、一人の人間ができあがるわけだが、それらの要因が絡み合って事件に結びついたというありきたりの答えしか見出すことができなかった。それが確認できただけでもいいのではないか。私は無理に己をなぐさめながら、ひとつの旅を終えた。

追記、智江の父親によれば、バハドー・カミ・シュアムは、懲役一五年の実刑判決を受けたが、刑期を終えて出所し、ネパールに帰国したという。

第5章

ズーズー弁と殺人事件

1968年10月から11月にかけて連続ピストル射殺事件を起こした永山則夫。
彼が暮らした長屋と同じ作りの家が今も残っていた

三歳の記憶

私は神奈川県の新興住宅地で生まれ、そこで育った。一九六〇年代から七〇年代初頭にかけて雑木林に覆われていた丘を造成し、宅地化された街である。今ではマンションが建ち並び、都心のベッドタウンとして人気も高く、移り住んでくる人々が跡を絶たない。私が幼かった頃、駅のまわりは野っ原で、空にはヒバリが飛んでいた。そのヒバリの巣を見つけようと、駆け回ったものだ。

住宅地の外れはまだ道が舗装されておらず、アスファルトを敷く作業が行われていた。当時、三歳ぐらいだった私は、しばしばその現場に足を運んだ。黒い編上げ靴を履いた男たちは、ダンプが積んでくる黒光りしたアスファルトをスコップで運んでは、ならしていた。道路に敷きつめ終わると、ローラー車が道を平らにした。連日、そんな作業を眺めつづけていた。

毎日現場にやってくる私を男たちも可愛がってくれて、たまにローラー車に乗せてくれたりもした。懐かしい思い出である。

出稼ぎ労働者に石を投げた友人

それから数年が過ぎ、小学校に通いだすと、道路工事の現場は、興味を惹かれる対象ではなくなっていた。そして、住宅街の一角に労働者の飯場があることに気づいた。かつて幼い私の相手をしてくれた男たちが、その飯場にいたかどうか定かではないが、ほんの少し世の中が見えるようになると、飯場には異質な空気が流れていることを感じとった。喧嘩がもとで刃傷（にんじょう）沙汰となり、作業員が死亡するという事件が起きたこともあったが、たまに作業員とすれちがうと、普段、自分がしゃべっている言葉とは異なるトーンの言葉を耳にしたからだ。

「あれは東北のほうの言葉で、ズーズー弁っていうんだよ」

男たちの言葉について母に疑問をぶつけると、そんな答えが返ってきた。

ある日、友人の一人が、ズーズー弁の男に石を投げた。すぐに小学校の知るところとなり、いつもは温厚な担任の女性教師がものすごい剣幕で彼を叱った。

「あの人たちが、なんでここにいるかわかっているの。あの人たちは、東北から出稼ぎにきているんだよ。冬の間は雪が降って農業ができないから、家族のため働いているんだ。もしケガでもしたら、どうやって責任を取るの。家族みんなが困ってしまうんだよ」

そのとき、農閑期に東京など首都圏へとやってくる季節労働者を表す「出稼ぎ」という言葉を初めて知った。一九八〇年代前半、今から三〇年以上前の話だ。私にとって、最初の東北との接点であった。

今にして思えば、同じ町に暮らしながら何の交流もなかった東北人の姿は、最近よく見かける外国人労働者の姿と重なる。日本経済が底上げされ、東北からの出稼ぎ人の代わりにアジアや南米の人々がやってきた。彼らは同じ町に暮らしながら、やはりその土地の人とはちがう世界を見ている。

幼さゆえ当時は言語化できなかったが、私の心に引っかかった違和感の正体は、土地に居ついた者と、時とともに流れてゆく者がまとう空気の温度差だった。日本という国に、まだ色濃く地域性や土着性が残っていたことの証であろう。後年、いくつかの異国を旅してきた私自身の経験から言うと、よそから来た人間に対して、まず強い反応を見せるのは子どもだ。心を取り繕うところがないため、その反応は残酷ですらある。南米の街を歩いていると、中国人を意味する蔑称「チーノ」を連呼され、石を投げられたこともある。あのときズーズー弁の男に石を投げた友人は、きっと出稼ぎ者たちに異人の匂いを感じていたのだろう。

漂流者と「吉展ちゃん誘拐殺人事件」

東京をはじめとする都市圏が地方からの労働者を加速度的に吸収しはじめたのは、一九五〇年代に入ってからのことだ。

終戦直後、日本人の五〇パーセントは農業に従事していたが、高度経済成長に入ると、都市と農村部の給与格差はどんどん開いていった。一九六〇年の統計では、中卒の初任給は、東京に比して東北では三割も少なかった。戦後の農地改革により小作人は減り、土地を手にする者は増えたが、農地の細分化により生産性は上がらず、農村では、一九五〇年代後半から東京オリンピック前年（一九六三年）の九三万人をピークに一九六〇年代後半まで、毎年五〇万人以上が都市へと流れた。都市が過密化する一方で、農村では今日喧伝（けんでん）されるようになった「限界集落」へとつながる過疎化が、すでにこのときからはじまっていた。

高度経済成長、オリンピックという旗印の下、東京では首都高速道路や団地の建設が本格化する。とりわけ前者は、「水の都」といわれた江戸以来の堀を埋め立てるといった、がむしゃらな開発でもあった。これらの現場作業において、汗を流し街をつくり替えていったのは、東北地方を中心とした地方からやってきた男たちだった。

農村から東京への人口流入は、高度経済成長が安定期に移行する一九七〇年代前半まで続いた。そうした奔流のなか、あの「吉展ちゃん誘拐殺人事件」を起こした小原保（こはらたもつ）も、どこにでもいる東北の若者として、福島から東京へとやってきたのだった。

彼は一一人兄弟の下から二番目で、しかも幼いときに骨髄炎に感染したため普通に歩くことが難しく、肉体労働ができなかった。どちらにしろ農家では食えず、他の地方の若者たちと同じく、東京へ出てくることが生来宿命づけられていた。彼が最初に居を定めたのは、当時一万五〇〇〇人ともいわれた労働者が集まる荒川区の山谷（さんや）からほど近い、南千住であった。

事件現場と誘拐の手口

小原は、東京に出てから三年が経った一九六三（昭和三八）年三月三一日、東京オリンピックを翌年に控えた年に事件を起こした。

古びた雑居ビルや木造家屋の狭間に真新しいマンションがそびえ建ち、思わず上空を見上げてしまう。そんな時代の地層が剝き出しになった町の一角に、吉展ちゃんが連れ去られた入谷（いりや）南公園はあった。コンクリートの築山（つきやま）で遊ぶ子どもの姿を、こぎれいな身なりの母親がにこやかに見守っている。ベンチでは、初老の浮浪者が今にも地面にずり落ちそうに浅く腰かけ、首をだらんと下げて眠っている。両者の間に物理的なバリアは何もないが、まるでお互いが存在していないかのように、そこには何の交流もない。

吉展ちゃんの姓である「村越」という表札の付いた建物を、公園のすぐそばに見つけた。もし両親がこのビルに暮らしているのだとしたら、事件から五〇年以上、毎日公園から響いてくる子どもたちの声を耳にしつづけてきたことになる。なんと残酷なことであろうか。

事件が起きたのは夕方五時すぎ。吉展ちゃんは公園内のトイレの手洗い場で水鉄砲に水を入れようとしていた。水を貯める部分が壊れており、なんとかしようと悪戦苦闘していた。

「坊や、おじさんが直してあげようか」

小原にそう声をかけられた吉展ちゃんは、何の疑いも持たず、ついていってしまう。

『天国と地獄』を地でいく犯行

事件を起こす前の小原は、この南公園からほど近い御徒町（おかちまち）にある時計店に勤めていた。自身の仕事に対するだらしなさが原因で借金問題が積み重なり、犯行に及ぶことになったのだ。

問屋から仕入れ、店で販売するはずだった時計を個人的に売ってしまうなど、身勝手極まりない行為を続けていた。不正が明るみになり、総額一二万円の弁償を要求された。現在の貨幣価値に換算すると六〇万円ほどだ。店を辞め仕事も行き詰まり、もちろん金は手元にない。頭を抱えた小原は、事件を起こす四日前の三月二七日、金の無心をするため福島の実家へ向かった。しかし、過去に借金を踏み倒していたせいか結局顔は出さず、故郷の山野で野宿をして過ごし、三月三一日に虚しく東京へと戻っている。

上野駅へ降り立ち、不忍池（しのばずのいけ）のほとりを歩きながら思いついたのは、最近観（み）たばかりだった黒澤明監督の映画『天国と地獄』の登場人物と同じように、子どもを誘拐し身代金を得ることだった。

横浜を舞台に撮影されたこの映画は、貧民窟に暮らす主人公が豪邸の主（あるじ）に嫉妬心を抱き、身代金目的の誘拐事件を起こすというストーリーである。貧民窟は、横浜・黄金町で撮影された。昭和三〇年代から四〇年代にかけては娼婦や麻薬中毒者が町にあふれ、路上で野垂れ死ぬ者も少なくなかったと、往時売春を生業としていた女性から聞いたことがある。

日本経済は右肩上がりに伸びつづけていたが、裏を返せば、貧富の差が目に見える形で広がっていく時代だったともいえる。借金に喘ぐ小原にしてみれば、『天国と地獄』の世界は虚構ではなく、現実そのものに見えていたのだろう。南千住や入谷南公園周辺はもともと貧しさが剝き出しになった土地であり、つい最近までその名残は随所に残っていた。

貧民窟と東京外縁部

南千住は江戸時代には小塚原(こづかっぱら)の刑場があった場所で、明治に入って工業化が進むと、地方から人々が流入してくるようになった。そうしてドヤ街として知られる山谷の町が形づくられた。事件が起きた入谷南公園周辺から歩いて数分の場所には、明治時代のジャーナリスト松原岩五郎が潜入取材した下谷万年町(したやまんねんちょう)と山伏町(やまぶしちょう)がある。松原が著した『最暗黒の東京』(岩波文庫)から土地の記憶をたどってみたい。その記述は生々しい。

〃これぞ府下十五区の内にて最多数の廃屋を集めたる例の貧民窟にして、下谷山伏町より万年町、神吉町等を結び付たる最下層の地面と知られぬ。町家を俛(くぐ)りて一歩この窟(うち)に入り込めば、無数の怪人種等は、今しも大都会の出稼ぎを畢(おわ)りて或(あ)る者は鶴嘴(つるはし)を担ぎ、或る者は行厨(べんとう)を背負い、或る者は汗に塩食みたる労働的衣服を纏(まと)い、(中略)あるいは下駄の歯入れする老爺(おやじ)、子供だましの飴菓子売(あめがしうり)、空壜買(あきびんかい)の女連(おんなづれ)、紙屑(かみくず)拾い、往来諸商人(あきうど)、しかして、この窟(しま)の特産物たる幼稚園的芸人の角兵衛獅子(かくべえじし)等は、おのおのその看護りて蹌け転びつ〟

者に伴なわれて、茹蟹または蜀黍の焙り炙を食いつつ疲れて殆んど歩めざる足を曳きず

松原は下谷、さらには帝都三大スラムのひとつ鮫ヶ橋の残飯屋で自ら働くなどして、東京の貧民窟の姿を記した。引用した文章に出てくる「角兵衛獅子」というのは、新潟県月潟村をルーツとする門付芸のことだ。月潟村は越後平野の中にあって、大昔から洪水に悩まされてきた。安定した農作物の収穫もままならず日々困窮する村をなんとかしようと、角兵衛という者が室町時代、村の子どもたちに獅子舞を教え、芸として仕込んだのが角兵衛獅子の起源だという。その後時代は移り、月潟村の子どもたちは大人たちとともに、江戸を拠点に全国を渡り歩くようになっていった。

万年町と呼ばれる前は山崎町といわれたこのあたりは千束池がある低湿地で、もともとは東京湾の水が出入りし、人煙とは無縁の土地であった。しかし江戸に幕府が開かれると、戦場で土木工事や死体の処理を行う黒鍬組と呼ばれた軽輩の者たちによって干拓された。

干拓された千束池の西側は、上野の山の先だったため、山崎町と名付けられた。この土地に暮らしたのは、乞胸と呼ばれる大道芸人たちだった。江戸時代の乞胸にルーツを持つ万年町の貧民窟は、関東大震災で壊滅したのち整理されていき、南千住の山谷や江

東区の森下といった東京の外縁部に、新たな貧民窟ともいえるドヤ街が形成されていった。

角兵衛獅子に代表されるように、江戸時代から貧民窟に流れてきたのは、地方の人間たちだ。吉展ちゃん事件が起きたときには区画整理が進み、入谷南公園周辺に往時の面影はすでに薄れつつあったが、それでも戦後すぐに建てられた長屋がまだ軒を連ねていた。

ドヤ街の川俣軍司

華やかな高度経済成長の陰で周縁部に形成されていったドヤ街。そこで起きた有名な事件といえば、川俣軍司による無差別殺傷事件であろう。

一九八一（昭和五六）年六月一七日の白昼。寿司職人などさまざまな職を転々としていた川俣軍司は、タバコハウスと呼ばれていたドヤを出て、女子どもばかりに刃を向け、四人を殺害。二人に重傷を負わせたうえに、三三歳の主婦を人質にして中華料理屋「萬来」に立てこもった。

籠城から七時間後、突入した捜査員によって身柄を拘束され、逮捕された。事件発生当時から、下半身に何もつけていなかった川俣は、中華料理屋から連れ出される際、口には猿轡をかまされ、白いブリーフをはかされていたことから、人々に強烈な印象を残した。

川俣軍司は、利根川の水運で栄えた茨城の神栖の出身である。先祖はその地で船問屋の使用人をしていた。江戸時代には、利根川の川筋には無宿人が少なくなかったと第2章で触れたが、そうした漂流する人々の群の中に川俣軍司も位置づけられる。さらにそこから、東京のドヤ街へと流れた。川俣にしろ、小原にしろ、東京へと流れてきた男たちの姿を見ていると、そこに個人の意思はあまり感じられず、経済活動や社会という濁流の前に為す術なく翻弄される木の葉のように見えてくる。彼らは東京の町の一角にある吹き溜まりに流れ着き、事件を起こした。

三ノ輪〜東京球場〜円通寺、そして殺害

人により金の価値は異なるものだから一概にはいえないが、入谷南公園で吉展ちゃんを誘拐した小原は、現在の価値で六〇万円の弁償金のために破滅の道へと歩を進めようとしていた。かなりの小心者で、根っからの悪人ではなかったのだろう。図太い人間ならば、その程度の借金など気にせず、どこか他の土地へと流れていったにちがいない。小原にはそれができなかった。借金のことで頭がいっぱいになり、分別を失っていた。

事件を起こす半年ほど前から、小原は都電荒川線の荒川一中駅の近くで小料理屋を営む女性と同棲していた。彼女は、小原が事件を起こさなければ、将来の結婚も考えていたという。あるいは小原も、彼女との未来のため、目の前にある借金をなんとかしようと思いつめていたのだろうか。

幼くして両親を亡くしたその女性は横浜の出身で、芸者をしているときにパトロンを見つけ、小さな小料理屋を開いたのだという。世の中の本流から外れて生きてきた彼女は、東京の深い淀(よど)みの中にもささやかな幸せを紡げる場所を見つけた思いだったろう。そこで、小原という男に出会ったのだった。

吉展ちゃんを連れた小原は、自分の生活圏である三ノ輪(みのわ)方面へ向かった。途中立ち寄った公園で、吉展ちゃんを返すか殺すか一度逡巡(しゅんじゅん)したが、吉展ちゃんから、「おじちゃん、足が悪いんだね」と言われて決意を固めた。このまま返してしまっては、すぐに自分が犯人だと特定されてしまう。小原は殺害場所を探して三ノ輪界隈を彷徨った。

その間、吉展ちゃんは特にむずかることもなく、小原のあとをついてきたという。吉展ちゃんの人懐っこさが仇(あだ)となってしまった。

小原が向かったのは、南千住にあった東京球場だ。事件の前年に完成したばかりの東京球場は、大映のワンマン社長永田雅一(ながたまさいち)が、私財三〇億円を投じて建てたものだった。毎日大映オリオンズの本拠地で、夜になれば鮮やかなカクテルライトが下町を照らし、別名「光の球場」とも呼ばれた。

小原と吉展ちゃんが歩いたその日、シーズンは開幕前で試合は行われていなかった。光の灯(とも)らぬ球場の近くで小原は吉展ちゃんに手をかけようとしたが実行できず、さらに南千住界隈をあてどなく歩いた。

東京球場を出るときには、街はすっかり闇に包まれており、吉展ちゃんは「おうちにかえろう」と声をかけた。焦りはじめた小原が手を引いていったのは、行きつけだったバーのむかいにある円通寺の墓地だった。

さすがに歩き疲れた吉展ちゃんは、小原に寄りかかるように寝てしまった。小原は吉展ちゃんをうつ伏せにすると、巻いていたベルトを外し、そのか細い頸部(けいぶ)に巻きつけ窒息死させた。そして遺体を墓の唐櫃(かろうど)に押し込めた。

吉展ちゃんを殺害した小原は、それを秘して身代金を要求し、警察の警備の隙をつき五〇万円を奪って逃走。その後、二年にわたる捜査の末に逮捕された。警視庁には、「FBI方式」と呼ばれる専従捜査チームが結成され、名刑事と呼ばれた平塚八兵衛(ひらつかはちべえ)が捜査に当たった。広く情報の提供を仰ぐため、オリンピックを控え急激に普及していたテレビやラジオを通じて、小原の肉声が公開された。まさに、劇場型事件のはしりといえた。

戊辰戦争と東北にまつわる因縁の地

国道四号線沿いにある円通寺の境内に足を踏み入れると、黒い格子門が目に入ってくる。上野寛永寺の黒門がここに移されたのだ。近づいて見ると、門柱には至るところ虫に食われたにしては大きい、直径一センチほどの穴が空いている。弾痕だ。一八六八年、鳥羽伏見(とばふしみ)の戦いに端を発した戊辰(ぼしん)戦争において、薩摩、長州藩を主力とする西軍は幕府軍を打ち負かしながら東進し、四月一日には江戸城の無血開城に成功。戦わずして、幕府は西軍の軍門に降(くだ)ったわけだが、江戸の治安維持を担当していた彰義隊はそれをよしとせず、寛永寺のある上野の山にこもり、西軍に戦いを挑んだ。彰義隊の中には、千束池の干拓に関わった黒鍬組の子孫も少なからずいたという。

戊辰戦争の舞台となったこの門と小原との因縁に、私はおおいに興味をそそられた。

五月一五日に両者の戦端は開かれ、激戦地となったのが寛永寺の黒門付近だった。彰義隊は壊滅し、一日で戦闘は終わった。彰義隊隊士の死体を埋葬し菩提(ぼだい)を弔ったのが円通寺の住職であったことから、その後黒門は円通寺へ移築されることになった。上野の戦いの後、戊辰戦争は長州、薩摩藩を中心とする西軍と小原の出身地福島県の会津(あいづ)藩を中心とした東北諸藩との戦いへと移行する。彰義隊の生き残りの中には、東北での戦いに身を投じた者もいる。しかし結果、会津藩は白虎隊の悲劇に象徴されるように、西軍から完膚なきまでに叩きのめされた。

そして、戊辰戦争の血が染みついた黒門が移築されたこの寺で、約一〇〇年後、福島出身の小原が吉展ちゃんを殺し、埋めた。

この地に円通寺を開いたのは、平安時代に蝦夷を討伐した坂上田村麻呂だ。朝廷の命を受け、東北の蝦夷討伐において中心的な役割を果たした人物である。それから約三〇〇年の時を経て、福島とも因縁のある源義家がこの寺にやってきて、奥州清原家の内乱である「後三年の役」で討ち取った四八の首を供養する塚を建てた。

義家は、後三年の役以前にも、父頼義に従って豪族安倍頼時の乱鎮圧のため奥州に向かっている。その際、小原の故郷である福島県石川郡石川町母畑温泉付近に進軍。敵の襲撃によって馬が負傷し、温泉の混ざった川の水を使って手当をしたところ、不思議と馬の傷が癒えた。山の神の助けであると、温泉の湯元に母衣と旗を奉納したことから、この地は母衣旗と呼ばれるようになり、それが母畑の語源となった。石川の地名は、源義家の従者石川有光が恩賞として与えられたことから、その姓にちなみつけられたという。

この円通寺と小原の故郷との不可思議なつながりは、何を意味するのだろうか。単なる歴史の偶然とは切り捨てられない、土地の属性が生み出す数奇な物語を想像せずにはいられなかった。

南千住の地は、江戸時代奥州街道の通過点であり、小塚原の刑場も置かれた。江戸の玄関口であり、奥州への入り口でもあった。松尾芭蕉が奥の細道の第一歩をスタートしたのも、南千住の隅田川のほとりである。古来から、奥州と江戸や鎌倉、さらには京都を結ぶ中継点だったのが、ここ南千住という土地なのである。かつては、関屋の里と呼ばれ、平安時代には集落がすでに成立していた。古代から昭和まで脈々と、東北と東京を結ぶ土地の歴史は続いてきた。

ズーズー弁の記憶

鉄筋コンクリート造りの寺務所へ足を運び、吉展ちゃんが遺棄された墓の場所を尋ねると、「はい、こちらにどうぞ」まるで名所の案内でもするかのように先導してくれた。少し前に、小原を尋問で自白させた平塚八兵衛刑事を主人公にしたドラマがテレビで放送され、参拝者が増えているのだという。

肩を寄せ合うように墓石が並ぶ狭い墓地の一角に、小さな地蔵が置かれている。この地蔵の下の唐櫃に、吉展ちゃんは押し込められていた。私は地蔵の前でしゃがみ、手を合わせた。二年以上にわたって密閉された空間に放置されていた吉展ちゃんの遺体は白骨化し、検死を担当した上野正彦氏によれば、口からは二年で発芽するネズミモチの芽が出ていたという。

「すごい人出だったねぇ。遺体が発見されたときは墓地も閉鎖されていて、うちの家の二階から取材陣が写真を撮ったり、ビデオを回したりしていたんだよ。土足で家の中に入ってきたり、電話を使われたりして、マスコミにはいい思い出がないねぇ。NHKだけだね、あとからハンカチを送ってきたのは。他はどこもそれっきりだよ」

墓地の裏に事件当時から暮らす女性が言う。

円通寺の界隈を歩きながら、今から五〇年ほど前に起きたセンセーショナルなこの事件のことを考えていた。私はこの世に生を享けておらず、リアルタイムでは何も知らない。福島出身である小原と私のか細い接点は、幼心に異国の言葉にも似たズーズー弁を聞いた記憶だけである。ただそれだけに過ぎないのだが、それゆえに、私はこの事件のことが気にかかって仕方がない。単なる誘拐事件として片付けられない何かが私を刺激するのだ。

かつて、日本国内における地域差というものは、誰にでもわかる形で見聞きすることができた。思えば、テレビで東北弁を売り物にする芸能人もいた。しかし昭和四〇年代以降、高速道路や新幹線が開通したことにより、ヒト・モノ・カネの行き来は以前より広範になり、日本の社会はフラットになっていった。出稼ぎという言葉もほとんど死語になった。

四歳の幼子を殺めた小原という男の所業は断罪されて当然だが、彼の人間性だけに罪をなすりつけることには、釈然としない思いがどうしても残る。やはり、彼が生まれ育った時代と風土にこそ、事件の鍵は秘められているのではないか。こんな仮定が無意味なことは百も承知だが、もし小原が現代に生まれていれば、同じような事件を起こすことはなかったのではないか。

小原の生まれ故郷を見ておきたい。現在の景色に潜んでいるであろう彼が見たかつての風景を描き出し、それを感じ、凝視することによって、私なりにこの事件の答えを導き出したいと思った。

貧しい生活と不自由な足

小原の生家は、福島空港からほど近い山間地にある。周辺は古来、山岳修験の地として知られる土地だ。かつて福島空港のある場所にも観音堂と石室があったが、空港の建設工事に伴って移築されている。生家のある土地の字は法昌段、仏法が栄えるという地名の意味からも、山岳修験との関連をうかがわせる。実際に行者たちが修行した堂があったことが地名の由来だという。

法昌段に小原の一族が暮らしはじめたのは、小原の祖父の頃だという。おそらく明治時代のことだ。それまでは、このあたりに住むものは稀だった。小原の生家は、山が折り重なるこの地区でも、標高が高いところにある。それが意味するのは、生活条件が悪いということだ。山の斜面にある生家の周囲は、田畑を拓くことも困難で水利も悪い。有史以来、石川町周辺では阿武隈川や浅川を見下ろす河岸段丘の平地や谷間から集落がつくられていき、土地がいっぱいになると、山へ山へと人々は徐々に生活圏を広げてきた。ただでさえ耕地が少ない阿武隈高原の山中である。斜面にへばりつくように建っている生家の姿は、彼らが困難な生活を経て今日に至ったことを、物言わずとも雄弁に物語っていた。

小原保がこの地で誕生したのは、一九三三（昭和八）年のことである。その時代、ここ母畑を含めた東北の農村は暗い影に包まれていた。小原が生まれる四年前にニューヨークに端を発した世界大恐慌、さらには東北地方の大飢饉で農村はおおいに疲弊していた。大恐慌の影響で米価は五年前と比較して半分に、貴重な現金収入をもたらしていた繭の値段は三分の一にまで下落した。それにより農民は土地を手放し、土地のない家は娘を売ったのである。小原が生まれた二年後の一九三五年、東京の遊郭における娼妓の出身県で、福島県は全国第三位、六七九人だった。この時期、石川郡から海外に新天地を求める者も現れ、小原が生まれる前年には母畑村から五家族がブラジルへと渡っている。

福島における移民は、明治時代にはじまったが、その背景にはやはり凶作があった。知られているものでは一九〇五（明治三八）年の大凶作が有名だ。米は県平均で前年比五割の減収となり、十数万人が飢餓に苦しんだ。『ハワイの辛抱人』（前山隆、御茶の水書房）にはその凶作を経験した農民の証言が収録されている。

〝それはひどい凶作でしたぞ。暴風、ね。冷害、それから飢饉。それに日露戦争までやっておる、ねえ。苦しくなっちまって……。出稼ぎに行きようない所だから。ドモコモならんでしょうがァ〟

食料はなく、国内に働く場所がなくなった農民たちは海を渡った。その先がハワイであった。その年から三〇年後に凶作に襲われた福島の農民たちは、こんどはさらに遠いブラジルをめざした。

日本はその後、戦時色を強めていき、小原が小学校三年生のときに太平洋戦争に突入した。当然ながら、農村の生活は苦しいままだった。小原は生家から三キロメートルほど離れた小学校へ、一時間ほどかけて通学した。舗装されていない道を、他の子どもたちと同じように藁草履か裸足で歩いた。四年生の冬、怪我（けが）をした足の傷口から細菌が入り、骨髄炎になった。二度にわたり手術を受けたが片足は元通りにならず、それ以来足を引いて歩くようになってしまったのである。

子どもというのは残酷なもので、「小原は跛だ」と同級生から馬鹿にされるようになる。足の怪我が及ぼしたものは、外的な傷だけでなかったのだった。小原の内面は分厚い雪雲に覆われたようになり、明るさが奪われていき、学校も休みがちになった。

不運な骨髄炎が小原の人生を変える大きな分岐点となったのだ。

小原の幼少期を知る人物は誰かいないかと探してみた。生家からほど近い場所で、小学校時代の小原と遊んだという人物に出会い、当時の村のようすを交えながら、小原の人となりについて話してくれた。

「小原んところへはもともと道なんてなくて、人が歩いたりして、自然と道ができたようなもんだよ。このあたりの松林はもう夕方になると歩けねぇんだよぉ。狐がいっぱいいて、あとをつけてくるんだ。棒を持って歩かないといけなかったよぉ、狐は肉食だから襲ってくるんだ」

狐が人間を襲うとは聞いたことがない。私をからかっているのかとも思ったが、男性の表情は真剣だった。それほど人間より野生動物が多く、人里離れた土地だったということだろう。

「足の跛は、冬に氷が張った田んぼで遊んでケガしたのが原因だって聞いてるよ。歳はむこうのが上だったけど、小学校の時分には、よく一緒に遊んでくれたんだぁ。時計の職人になって須賀川（すかがわ）に行くまでは、いい兄貴分だったよ」

　学校は休みがちだったものの、家のまわりでは、怪我の前も後も変わらないつきあいを村の子どもたちとしていたという。ただ、村にいつまでもいるわけにもいかず、時計職人となるため須賀川や仙台などで働き、最終的には事件を起こすことになる東京へと向かったのだった。

「あの時代は、出稼ぎが当たり前だったからな。どこの家でも家族を残して東京へ出たもんだよ。小原だけが特別じゃなかったんだ。オヤジが家にいねぇから、子どもがグレちゃったり、おっかぁが他の男とできちゃって離婚したり、いろいろあった時代だよな。それでもまさかあんな事件を起こすとは思わねぇよな。あれさえなければ、今頃普通に暮らしているだろうに」

　高度経済成長期の農村の生々しい姿を、男性の言葉は伝えている。

　それにしても、なぜ小原は一線を越えてしまったのだろうか。

　詐欺や窃盗の微罪であれば、この村に帰ってくることができただろうし、刑場の露と消えることもなかった。

米の育たぬ土地と出稼ぎ

生家のあった場所では、親族が酪農を営みながら今も暮らしていた。

福島県の各地で酪農が広まったのは戦後のことである。石川町では、一九四七年頃から北海道の乳牛を移入して酪農がはじまった。

二〇一一年に福島で原発事故が起きた際、取材で入った浪江町の津島という阿武隈高原にある村で、ある酪農家の一家と出会った。その村は江戸時代に起きた天明の大飢饉により、村人の多くが息絶え、その後、相馬藩の領内や遠く越後からの移民たちによって再生した。

石川郡内にも江戸時代の飢饉の際に、やはり越後から移民が入った歴史がある。阿武隈高原にある両方の村は、同じような歴史を歩んできたといえる。

酪農家が暮らしていた津島村の家から車で一〇分ほど走った場所に、冷田という場所があった。

「ここは、昔は米が取れねぇで、稗しか取れなかったんだよ」

男性は、その地名に隠されていた謂れを教えてくれた。津島は高原地帯のため、気候は寒冷で、年の平均気温は青森県の弘前と同じくらい。冷田の場所は山影になるため日照時間も少なく、当時は米を栽培することができなかった。

さらに山へ分け入った場所には、戦後満州から帰国した人々が開拓した土地もあった。冷田よりさらに環境が悪く、斜面のため米はできず、トウモロコシや豆しか育てることができなかった。その光景を見たときに、私は小原の生家のことを思い出した。村の生活は厳しく、津島の人の多くは、高度経済成長期に東京周辺へ出稼ぎに出た。村の生活は厳しく、現金収入はタバコの栽培や養蚕ぐらいで、タバコの収穫時期までツケで食料品を買う者も少なくなかった。村では、出稼ぎに出ることは当たり前のことだった。

一方で、生活様式の変化が出稼ぎへ向かわせた側面もある。冷蔵庫やテレビ、さらには車といった消費財は、戦前の農村では必要のないものだった。現金は少なくてもそれなりに自給自足で生きていくことが可能だった。大量消費社会の波が農村に押し寄せ、人々の欲望を刺激し、出稼ぎへと駆り立てたのだ。高度経済成長期の前半は輸出が日本経済を牽引(けんいん)し、後半は国内における消費が経済を押し上げた。その一端を担っていたのが農村であった。

津島の男性は、かつて静岡県伊東市でのトンネル工事の現場へ出稼ぎに出たという。

「一カ月四〇日は働いたど」

月に五日の休みはあったのだが、日勤だけに飽き足らず、二四時間働きづめに働く日も週に三日はあった。

「トンネル作業は昼も夜もわからないべ。朝から夕方まで働いて、晩飯を食い終えたら、夜勤する者についていくんだ。今みたいにうるさくないから、そんなこともできたんだ」

村で現金収入を得られる国有林での仕事は日当三八〇円、トンネルでの作業は朝から晩まで働くと一〇〇〇円になった。現場で働いているのは東北から来た者が多く、今では考えられないエピソードを話してくれた。

「当時は、物も今みたいに流通してないだろ。だから伊東で夏ミカンを初めて見たヤツも多かったんだ。作業の合間に盗んできて、珍しいからって家に送るのまでいたよ。オラはそんなことしてねぇけどな。だけど田舎じゃしょっぱいもんしか食ってなかったから、夏ミカンは甘くて旨かったなぁ」

出稼ぎから帰ると、男性は一頭五万円の乳牛を二頭、さらに五〇ccのバイクを一台買った。ちょうどそれは、小原が事件を起こした昭和三八年のことだった。

牛二頭からスタートした酪農は高度経済成長の波に乗り、順調に頭数を増やしていった。この男性と同じように、いつしかどの家でも乳牛を飼うようになった。酪農が村に現金収入をもたらしたおかげで出稼ぎに出る者はいなくなり、村人の生活は劇的に変わった。

男性の話を聞いて、小原の親族も同じような道を歩んだのだろうなと思った。あの時代、誰もが薄氷を踏む思いで生きていたことが伝わってきた。

小原が道を踏み外したのは、当然ながら本人の責任である。しかし、この事件の要因を彼にだけ帰するのに違和感を覚えるのは、江戸時代から戦後まで積み重なってきた歴史が、小原という男を生んだのではないかと思えるからだ。私は福島を歩き、人生とは、己の力で切り開くのみならず、己だけではどうにもならぬ目に見えない因縁が複雑に絡み合って、導かれていくものではないかという気にもさせられた。

小原の墓が語るもの

生家から山を下った雑木林に、小原の眠る墓地があるという。水田が重なる谷を歩いていくと、区画整理されておらず、トラクターなどの農機具も入れないほど小さな田んぼに一人の老齢の男性の姿があった。ちょうど稲刈りの時期で、男性は鎌で稲を刈っていた。かつて、このあたりで普通に見られた景色である。

「おーっ、あの事件か、ずいぶん昔のことを調べてるんだなぁ、ご苦労さん」

稲刈りの手を休めて、男が言った。

「昔はみんな貧しかったから、大変だったよ。逆に今は便利になりすぎたから、ここでこうやって米つくってるのも俺ぐらいじゃないか」

どことなく昔を懐かしむような言葉は、時の流れを感じさせた。

農業が機械化された現在でも、いまだに手仕事で稲刈りをする老人の姿には、少しの土地も無駄にしないという強い意思がにじんでいた。

墓地は、田んぼの土地を削りとらないよう配慮したのだろうか、小高い丘の上にあった。

この墓地に足を運ぶ前、場所を教えてもらおうと、とある村人に声をかけるとこんな話をしてくれた。

「死刑のあと、兄貴が骨を持ってきて墓地に埋めたんだ。当時は卒塔婆(そとば)もなくて土盛りだけだったけど、しばらく前に一族の墓を新しくしてね。そのとき一緒に入れたって話だけどねぇ。ここで聞いたって言わないでくれよ。今も一族が住んでいるからあの事件の話はしないんだよ」

一九七一年一二月二三日、小原は宮城刑務所で死刑を執行された。三八年の短い人生であった。一九六五年に逮捕されてから、彼は拘置所の中で創価学会に入信し、土偶の会というグループに所属して短歌に親しんだ。考えてみれば、幼い日に足にハンデを負い、満足に学校に通えなくなり、一〇代で時計職人となった。文学に向かい合ったのは、拘置所での生活が初めてのことだっただろう。福島誠一の名で数々の短歌を残している。

みづからを浄む如く拭きみがく便壺獄の燈にひかるまで

亡き母の呼ばふ声かと思はるる秋をしみじみ鳴く虫の音は

晩成と云はれし手相刑の死の近きに思ふ愚かさもあり

明日の死を前にひたすら打ちつづく鼓動を指に聴きつつ眠る

最後の歌は、刑執行の前日に読んだ辞世の歌だという。これらの短歌を読むと、罪を悔い、誰のせいにしているわけでもない、小原という人間の心の清らかさが伝わってくる。彼を自白させた平塚八兵衛にも「真人間になって死んで行きます」という言葉を残した。

四〇年に満たない人生のなかで、小原は事件後まったくの別人に生まれ変わった。いや、もともと小原は機会さえ与えられれば、若い時分から文学に親しんだであろう。そう考えると、彼の犯した殺人は何だったのかという気になってくる。人間という生き物は、環境や風土、もしくは体験によって、いかようにも生まれ変わることができる。私

東京オリンピック前年の1963年に発生した吉展ちゃん誘拐殺人事件。
犯人の小原保は、吉展ちゃんを地蔵の下に埋めた

大施餓鬼
先祖代々供養
供養

たちは極めて曖昧な存在であり、自分自身のことすら実ははっきりとわからないのだと改めて思う。

後年の小原を見ていると、親鸞（しんらん）の『歎異抄（たんにしょう）』の一節が思い浮かぶ。「善人なおもて往生をとぐ、いわんや悪人をや」。この悪人には、いろいろな意味があるが、そのひとつの解釈に「己が悪人であると自覚し、善人になろうとする者」というものがある。それはまさしく小原の生き様そのものだなと思うのだ。

丘を登って墓地の前までやってきた。小原が東京で事件を起こしてから半世紀以上の年月が過ぎ、この土地の様相も様変わりした。道は舗装され、人々は出稼ぎにいく必要もなくなった。怪我から骨髄炎を患う子どもなど現在ではいないだろう。事件は人が手を下すものではあるが、時代によって引き起こされる——小原の墓がそのようにつぶやいているように思えてならなかった。

連続射殺犯永山則夫が生まれた網走

私はもうしばらく、高度経済成長期に東京へと出てきた者が犯した殺人事件を歩いてみたい気持ちになった。小原の事件で感じたように、事件の要因の大部分は、風土や時代の流れにあったのではないかという思いを、さらに確かめたくなったのだ。

足跡をたどりたいと思ったのは、一九六八（昭和四三）年一〇月から一一月にかけて、東京、京都、函館、名古屋で無差別の連続射殺事件を起こした永山則夫である。

私は眼下に原生林が広がる北の大地を見下ろしながら、飛行機で網走へと飛んだ。最寄りの女満別空港からレンタカーに乗り換え、永山の遺骨が散骨されたというオホーツク海を見ようとアクセルを踏み込んだ。

網走の街なかからほど近い浜辺で車から降りた。

外気に触れると、思わぬ寒さで身震いした。オホーツク海を渡ってくる風は、八月だというのにすでに晩秋の気配を漂わせていた。私は長袖シャツ一枚しか着ていなかったこともあり、予想外の寒さにたじろいだ。

一九歳で逮捕、一九九七年に死刑を執行されるまで、人生のほとんどを刑務所で過ごした永山の人生は、オホーツクの海に低く垂れ込めた雲のように限りなく暗い。

永山は一九四九（昭和二四）年、北海道網走呼人番外地で生まれた。青森出身の父親武男が腕のいいリンゴの剪定師だったこともあり、リンゴ栽培に力を入れはじめていた網走の呼人に招かれたのだった。永山が生まれる一三年前のことだった。

かつて呼人番外地と呼ばれた呼人は、網走湖のほとりにある。呼人でリンゴの栽培がはじまったのは明治時代で、地元の農家や武男の尽力もあり、戦争中の一九四二年には、呼人のリンゴ栽培は最盛期を迎えた。作付面積は一〇〇ヘクタール、ちょうど東京ディズニーランドほどの広さにわたってリンゴが植えられていた。その当時は永山一家の生活も安定していた。永山は八人兄弟の七番目だったが、彼より上の兄や姉は、女学校や高校を首席やそれに近い成績で卒業しており、後年の極貧生活からは想像もできない、地に足がついた生活を送っていた。

北海道らしい一本道が呼人の町を通り抜け、その両側には、食堂や小ぢんまりとしたビジネスホテルが距離を置いてぽつり、ぽつりと建っている。この地に永山の一家が暮らしていたのは、今から六〇年以上前のことである。関係者を見つけるのは厳しいかなとも思ったが、古めかしい食堂に入って永山の話を聞いてみることにした。夏だというのにストーブが焚(た)かれた店内には、セーターを着た店主の姿があった。

「永山さんのことか、それなら詳しい人がいますよ」

店主は思わぬことを言った。彼が紹介してくれたのは、今も呼人に暮らし、かつてリンゴ栽培をしていた加山さんという八五歳の男性だった。

「リンゴ栽培にどうしても専門家の助けが必要だということで、うちの親父(おやじ)が声をかけたのが永山さんでした。呼人でリンゴ栽培が盛んになっていったのは、永山さんの功績だったんです。当時は朝日という品種をつくっていまして、このあたりでは呼人のものがいちばん品がよかったんですよ。物静かな人でしたが、博打(ばくち)は好きだったですね。勝つと金時計をくれたり、人のいいところがありました」

リンゴ剪定師の一家としての生活は、だが戦争によって影が差しはじめる。一九四四年、武男は横須賀（よこすか）海兵団に召集された。横須賀は、後年永山が米軍基地に忍び込み拳銃を盗むことになる場所である。不思議な因縁が事件にはついて回る。

戦争が終わり、武男は無事帰ってきたが、出征前はあまり飲まなかった酒を浴びるように飲みはじめた。さらに博打に歯止めがかからなくなった。生活の乱れは、戦争ともうひとつ理由があった。加山さんが言う。

「リンゴ栽培が軌道に乗ってね。人間っていうのは薄情なもんで、最初は永山さん、永山さんって大事にしていたのが、商品が流通すると、あんまり必要とされなくなっちゃったんですよ。それで本人も面白くないものだから、博打にのめり込んでいっちゃったんじゃないでしょうか」

戦後しばらくして、本土のリンゴも技術改良などで多数出回るようになると、呼人のリンゴ栽培は下降線をたどるようになる。武男の仕事はさらになくなっていった。そうなると、博打は輪をかけてひどくなり、家にある味噌や野菜まで売ってのめり込んだ。一家の生活は母親が行商をして支えた。かつての落ち着いた生活は見る影もなかった。ちょうどその頃、この世に生を享けたのが永山だった。父親に代わって働く母親は家を空け、永山の面倒は長姉が見ていた。いびつな暮らしは、そう長くは続かなかった。永山が三歳のとき、長姉が心労から精神を病み、精神科病院に入院してしまうと、永山の面倒を見る者は誰もいなくなってしまった。

その翌年の一月、一家にとんでもない事態が起こる。母親が永山ら四人の子どもを網走に残して、青森へ帰ってしまったのだ。父親は相変わらず博打漬けの日々で、残された子どもたちは、魚市場に捨てられた魚などを拾って、厳しい網走の冬を越した。永山は『永山則夫　封印された鑑定記録』（堀川惠子、岩波書店）の中でこのときの状況を語っている。

〝寒くて、いつも腹がすいてたよ。次男と三男と三女がいてね、（中略）缶とかあって、小さな船があるところで、屑拾い、やってたのかな。それで三番目の兄貴かな、俺の肩をこうやって摑んでね、「俺ら、捨てられたんだ」って泣いてたみたい。（中略）それで、近くにチクワ工場みたいなのがあるんだ、そこへね、近所の子どもたちと一緒に二、三人で行ってね、僕だけ、僕だけにね、チクワくれなくて、それで指をくわえてたっていうか……〟

乞食（こじき）のようだった、とおぼろげな記憶を永山は語る。奇跡的に冬を越し、春の訪れとともに花見を楽しむ人たちが集まる公園は、兄弟にとって生き抜くための食料にありつく場所だった。ゴミ箱に花見客が捨てていった弁当や羊羹（ようかん）をあさって食べた。

ようやく福祉事務所が母親の居場所を見つけ、永山ら四人は青森の板柳町へと送られた。

父親は、数年後突然ふらりと網走から板柳に現れた。しかし、家の扉を開けたところで、永山の兄らが木刀で叩きすえ、敷居をまたがせなかった。父親は板柳を去り、永山が中学生のときに岐阜県垂井駅で野垂れ死にする。

四歳の永山が命をつなぐために魚を拾った漁港を歩いた。

後年、永山は獄中で数々の文学作品を書き記し、網走をテーマにした作品も残している。『なぜか、アバシリ』と題されたその作品で、網走での生活は苦しい思い出しかない、ほとんどよいことがなかったが、ただ精神を病む前の姉と一緒に過ごした日々だけは掛け替えのないものだったと記している。その思い出は終生彼の心から消えることはなく、死後は網走の海に散骨してほしいと遺言を残したほどだった。

刑の執行後、遺骨はこの海にまかれた。永山にとって海とは、姉との思い出そのものであり、ろくな出来事がなかった陸地から切り離された理想郷でもあったろう。

家庭環境と貧困が、永山の人生に暗いレールを敷いたのだ。

青森板柳を歩く

雨が降っていたと思ったら、雲間から陽が差した。しばらくしてまた雨。先ほどまで見えた岩木山（いわきさん）が稲光を落とした雷雲に隠れた。奇妙な空模様に包まれた日、私は永山が育った青森県北津軽郡板柳町を訪ねた。思えば、生まれ故郷の網走を訪ねたときも、八月にもかかわらず小雨まじりの天候で、長袖のシャツを着ても寒さを覚え、コートが必要なぐらいだった。まるで永山が空の上から私の取材を邪魔しているかのような気分になった。

JR板柳駅から歩いて数分の場所に永山が暮らしていたマーケットと呼ばれる長屋があるはずだった。永山の著書『木橋』（河出文庫）に記された地図を頼りにマーケットの場所を探すが、それらしき建物は見当たらなかった。通りがかりの男性にマーケットについて尋ねると、

「ほらっ、そこだ」

指差したのは、目の前にある駐車場だった。すでに跡形もなかった。取り壊されたのは数年前のことだという。

残念な思いを胸に抱えながら、昼食を取るため寿司屋に入った。カウンターに座ると、

店主にマーケットを見にきたのだと、こちらから声をかけた。

「何にもない街だから、壊さないでぇ、永山が生まれた場所っていって残しときゃよかったんだよ。太宰治ばっかり注目されるけど、太宰だって心中に失敗してたら、永山と同じ人殺しだったんだからさぁ」

店主の発言は単なる冗談でもなさそうだ。そして、町の商店街は寂れる一方だと言葉を継いだ。

「レコード店は閉店、書店は自己破産、スーパーマーケットは近くにディスカウントストアができてダメになった。パチンコ屋は百円ショップになったし、銀行は三つあったけど、ふたつになった。どんどんなくなってんだよ」

若者は都会に出たきり帰ってこない。町を活性化するには、永山というこの土地にとっての毒をも利用すべきだと彼は言うのだった。

昼食後、ふたたびマーケット跡に向かった。永山の記憶に耳を傾けたかった。近くで理容店を営む男性は、永山の兄と同級生で永山一家のことを覚えていた。

「当時はどこの家も貧乏だったけど、特に永山のところは貧乏だったよ。学生服もテカテカで、その日のメシにも困っていたんじゃないかなぁ。そんでも兄貴は明るい奴でね。皆を笑わせるタイプだったよ。野球のキャッチャーがうまくてな。永山は兄貴とちがって暗いタイプで友だちもいなかったから、いつも一人でいたよ」

永山には三人の兄がいたが、男性の言う兄貴とは次男のことだ。しかし、永山はその兄から執拗な暴行を受け、家の中には居場所がなく、幾度となく家出をした。その目的地は姉との思い出がある遠い網走だった。目的は果たせず、函館で補導されたこともあった。彼の孤独を理解できる者は、周囲に誰一人いなかった。

中学卒業後、永山は集団就職で東京へ出た。渋谷のフルーツパーラーをきっかけに二〇カ所も仕事を転々とした。そして上京から三年後、一九歳のときに連続射殺事件を起こす。

永山は、前掲の『永山則夫　封印された鑑定記録』において、貧しくとも人を殺めない者ばかりなのに、なぜあなたは人を殺めたのかと問われ、兄姉による馬鹿扱い、次兄のリンチが原因で、学校にちゃんと行っていれば事件を起こすこともなかったのではないかと答えている。

次兄はスポーツマンで気さくな一面もあり、成績も優秀だったが、家では永山に暴力を振るいつづけた。貧しさから修学旅行に行けず、家では仕事のため母親は不在、父親も行方知れず、思春期の多感な時期に家庭環境の乱れから精神的なストレスを溜めていた。その鬱憤を永山への暴力で発散させていたのだ。いってみれば、兄弟全員が被害者であった。

永山という人間を形づくった根底には貧困があった。

永山一家の貧困生活の象徴ともいうべきマーケットはなくなってしまったが、取材を進めていくと、マーケットと同じ造りの長屋が町の中に残っていることがわかった。言われた場所へ足を運ぶと、古ぼけた二階建ての木造家屋があった。長屋から一〇メートルほど離れた場所にはふたつのトイレ。長屋の中にはトイレがないのだ。外観にカメラを向けていると、二階の窓から老婆が顔を出した。

「何してんの？　悪い仕事じゃないだろうね」

一瞬何と答えようかと戸惑う。

「悪い仕事じゃないですよ。各地を歩いて古い家の写真を撮っているんです」

取り繕いながら、外観だけでなく室内を見てみたいと思った。この長屋だけが、永山が育った時代の空気をそのまま残しているのだ。

翌日あらためて長屋を訪ねた。外から「こんにちは」と声をかけると、「何ですか？」と昨日の老婆の声がした。ガラス戸に手を掛けると、鍵が掛かっていなかった。かなり強引ではあったが、永山の原風景を見たいという気持ちが私の手を動かした。ガラガラッという懐かしい音とともに戸をスライドさせると、ドアのむこうでは老婆が驚いた表情で私を見ていた。

「何かね？」

突然現れた不審者に老婆はあらためて困惑した表情で尋ねてきた。私は笑みを浮かべながら名刺を渡した。すると多少は警戒心を解いてくれたのか、私が何者かを知ると、間を置いてから老婆は少しずつ話してくれた。

「息子は五人いてね。みんな出稼ぎにいって帰ってこないよ。ここには一七年住んでるよ。三年前まで店をやっていたけど、今はやめて一人で住んでるんだ」

八〇歳になるという老婆の姿を見ていると、事件後も一人マーケットで暮らし、今から二五年ほど前に亡くなったという永山の母親にだぶって見えた。永山の母親も、永山が事件を起こさなければ、このように静かに長屋で暮らしていたことだろう。

永山の母親は亡くなる数年前、老人ホームに入り、最後はマーケットに戻ることなく息を引き取った。老人ホームに頼まれて時折彼女の髪を切りにいっていた理容師の話では、愛想のいい女性だったという。

老婆と話しながら四畳半ほどの長屋の一室に目をやると、ちゃぶ台のむこうにテレビが見えた。この小さな空間に大家族が暮らした時代があったのだ。永山が生きていた時代である。もはや、老人たちが余生を送る終の棲み家となっているこの長屋から永山は生まれることはない。この板柳の町にテカテカの学生服を着た少年の姿はない。ひとつの時代が終わったのだ。

かつてここ板柳では、馬小屋で生活しながら学校に通ってくる子どももいたという。

いわば貧困はありふれた光景でもあった。

長屋を後にすると、いきなり叩きつけるような大粒の雨が降り出した。

秋葉原事件が写し出す現代の見えない闇

私は板柳を後にすると、同じ青森出身で、二〇〇八年に秋葉原連続無差別殺傷事件を起こした加藤智大被告の生まれ育った土地へと向かった。

永山の事件から四〇年以上が経ち、漁港の魚を拾って飢えをしのぐような少年の姿は見られなくなった今日の日本。東北は貧困の象徴ではなくなり、経済的な豊かさは昔日の比ではない。それでも犯罪はなくなることがなく、むしろ陰湿化、暴発化している。事件から時代を見つめるため、青森市内にある加藤被告の実家周辺を歩いてみたかった。

青森市内の閑静な住宅街に加藤被告の実家はある。大通りに面し、すぐそばを八甲田山から青森湾に注ぐ川が流れている。永山が暮らした長屋とは大ちがいの住環境である。銀行員の両親の下、県下有数の進学校に通い、加藤被告は順風満帆に日々を送っていたはずだった。

「何であんな事件を起こしちまったんだろうね」

畑仕事をしていた近所の老婆がため息交じりに言った。以前は畑が広がる農村地帯で福田村と呼ばれたこの地区が宅地開発され、加藤被告の家族が引っ越してきてから、傍（はた）目（め）には何の問題もない一家に見えていた。少なくとも、加藤被告の日常には貧困の欠片（かけら）も見えない。

高校入学後成績が下降線をたどった加藤被告は大学進学を諦め、自動車に興味を持っていたこともあり岐阜県内の自動車整備を学ぶ短大に進学する。短大卒業後は、仙台市内で警備員、茨城県内では自動車工場などで非正規の仕事を転々とする。

事件を起こす直前まで働いていたのはトヨタ自動車の製造工場で、彼は期間工だった。

東名高速を都心から二時間ほど走ると、富士山を真近に眺める裾野（すその）インターに着く。さらに数分で加藤被告が働いていた工場が見えてくる。この工場ではさまざまな車種の車がつくられているが、最高級車は資格を持った者が受け持ち、加藤被告のような期間工は大衆車をつくるラインを任されていた。工場内における格差も加藤被告の心の中に影を落としたのだろうか。

工場から車で一〇分ほど、加藤被告が暮らしていたマンションに着いた。加藤被告のいた部屋には、すでに他の期間工が入居していた。ポストには宅配ピザのチラシが挟まれ、部屋の電気メーターがゆっくりと回っている。廊下からは、工場と同じように富士山がきれいに見えた。マンションの付近には畑が広がり、ぽつりぽつりと一軒家やマンションが建っている。目の前の戸建て住宅では、その家の主婦だろうか、女性が布団を干していた。

日々車を組み立てつづける単調な労働、どの部屋も画一的な造りのマンション、一人の労働者がいなくなっても、常にどこからか人は補充されて工場は稼働を続け、このマンションにも常に労働者がやってきて、皆同じような日々を送る。

そんな生活のなか、加藤被告はときに期間工の友人たちを伴い、事件を起こした秋葉原へと足を運び、得意気にメイドカフェなどを案内したという。

この場所を訪ねる前、秋葉原のメイドカフェに私も初めて入ってみた。メイド服を着た二〇歳前後のアルバイトの女性は、「何でこのアルバイトをしているの？」という私の問いに、「エンジェルだからです」と答え、年齢は三歳だと言った。私は一瞬わけがわからなかったが、この非日常性がこの街の魅力なのだろう。「ご主人さま」と気軽に話しかけてくる彼女たちと話すことによって、加藤被告はひとときの安らぎを得ていたのだ。

家電量販店の店員たちが張り上げる呼び込みの声ばかりが響く秋葉原の交差点に近づくと、被害者の遺族が置いていったものだろうか、乾いた花束が風に揺れていた。道ゆく人々は気がついているのか、いないのか、花束に目をやることなく足早に事件現場となった交差点を通り過ぎていく。

この交差点に加藤智大死刑囚の運転するトラックが侵入し、五人の通行人をはねた。
秋葉原連続無差別殺傷事件の始まりとなった場所

戦後から高度経済成長期へと続いた時代。日本人は、人間を救済してくれるのは経済的な豊かさであると信じ、焼け野原から出発し、マンションを建て、田畑をつぶし、ショッピングモールを各地に開いた。しかし、物は我々を救済してくれたのだろうか。人の心の闇は、かえって深くなっているように思えてならない。目に見える闇が消え、そのぶん内面に闇が深く巣食うようになってはいないか。

加藤被告の著書『解』『解+』（批評社）を手に取ってみたが、小原や永山のように己と向き合う真摯（しんし）な気持ちを感じることができず、彼の薄っぺらさだけが際立つばかりで、読むに堪えない内容であった。同じ東北出身者ではあるが、数十年の時代差で加藤と小原・永山の間には深い断絶がある。

間違いなく言えることは、戦後の日本が行き着いた先は、加藤のように己の心に積もった負の感情をコントロールする術も場所もなく、暴発することでしかリセットできない人間が生まれるような社会だということである。加藤がこの場所で事件を起こしたのは、何の偶然でもなく必然だったのだ。我々は、いつどこから刃が飛んでくるかもしれない時代を生きている。

秋葉原からほど近い上野はかつて東北の玄関口であり、石川啄木（いしかわたくぼく）が方言を聞きに歩き、小原や永山が初めて東京の地を踏んだ場所である。上京してきた東北出身者にとっては長らく特別な場所だったにちがいない。しかし今では東北の匂いは薄れ、外国人観光客ばかりが目立つ。雰囲気もすっかり変わった。

土地の匂いや記憶は、東北だけでなくこの東京からも消えつつある。

そしてカネが動くところ、ヒトもまた動く。ふたたび、東京のどこかで行き場を失った魂の暴発が起きるように思えてならない。

第6章

林眞須美と海辺の集落

和歌山カレー事件。冤罪を訴えている林眞須美死刑囚が生まれ育った海辺の集落

切り通しの先に現れた海辺の集落

岬の突端に向けて、車一台がやっと通れるほどの切り通しを歩いていくと、いきなり視界が開け、雨まじりの突風が頰を叩いた。眼下には白波が立つ海原が広がり、その右手には、ローマ時代につくられたコロッセウムを思わせる鉢状の急斜面に、小さな間取りの民家が、岩場に張りついた貝のようにびっしりと密集していた。

私はその集落をめざして歩いてきた。海と対峙しつつ、外界との接触を拒むかのように在る集落の姿は孤独な一人の人間のようでもあり、雨に打たれつつその景色を前に立ちつくした。

今では、車道ができ他の地区とつながってはいるが、以前は目の前の海をつたって船で外に出るか、獣道のような道を歩いていくしか、集落を出る方法はなかったという。この集落そのものが、海に浮かぶ一艘の舟のようにも見える。

集落は和歌山県にある。名前を矢櫃という。ヤビツと読み、地名の語源はアイヌ語との説もある。同じ地名は全国にあって、谷と谷に挟まれた土地を指すという。漢字の意味する矢櫃は、矢を入れた容器のことだ。目の前の集落を表す比喩としてはしっくりこない。むしろ大陸から次々と日本列島に人々が渡ってくる前に、列島の至るところに暮らしていたアイヌの人々が残していった言葉のほうが、この集落には似合っているように思えた。

この集落を訪ねたのは、アイヌ語の痕跡をたどるためではなく、侘しい景色を眺めるためでもない。夏祭りに出されたカレーを食べ四人が亡くなった和歌山カレー事件の林眞須美死刑囚がこの集落で生まれ育ったからである。漁業を生業とするこの集落の網元の娘だった彼女は、何不自由なく過ごしてきたという。事件発生当時は疑惑の人物と騒ぎ立てられ、今では冤罪を主張し、常にマスコミのスポットライトが当たっている女性である。

夏祭りの日に事件は起きた

事件が起きたのは一九九八（平成一〇）年七月二五日のこと。現場は、和歌山市園部の新興住宅地。毎年行われる夏祭りでは、住民たちがつくったカレーが振る舞われていた。いつもの年のように住民たちがカレーを口に運ぶと、次々と嘔吐や下痢の症状を訴え、六七人が病院に運ばれた。当初は食中毒と思われていたが、翌日になり入院先の病院で六四歳の自治会長、副会長五四歳、女子高生、小学校四年生の四人が死亡する事態となった。

警察が吐瀉物（としゃぶつ）や遺体を調べると、毒物である亜砒酸（あひさん）が検出された。捜査が進展していくと、林眞須美と夫林健治さんの周囲で、多額の保険金詐欺が行われていることが明るみになった。警察は林眞須美が亜砒酸を使い知人男性らの殺害を企てていたとして、カレー事件も林眞須美によるものだと疑ったのだ。事件から約二カ月が過ぎた一〇月四日、本件とは別件の知人男性への殺人未遂と保険金詐欺で彼女を逮捕する。そして一二月九日、夏祭りのカレーに亜砒酸を入れ、住民を殺害したとして再逮捕した。

事件発生直後から、警察が林眞須美と夫の健治さんを疑っていることがマスコミに漏れると、二人と子どもたちが暮らしている家のまわりには報道陣が殺到し、静かな住宅街はとんでもない騒ぎに包まれた。夫婦の一挙手一投足をおさえるため四六時中カメラが家に向けられた。取材とは名ばかりのプライバシーの侵害に怒った林眞須美がカメラに向かって水をかけるシーンが全国に流れた。その映像だけを見た者は、林眞須美を太々（ふてぶて）しい女性と思ったことだろう。

かく言う私も、かつては写真週刊誌のカメラマンとして、警察から漏れてくる情報に右往左往し、無遠慮に取材していた者の一人である。事件の捜査対象になっている人物に関する情報は、私が取材したかぎり新聞社やテレビ局が加盟する記者クラブを通じて漏れてくることがほとんどだった。

私はカレー事件の現場を知らないが、別の事件で、警察にぴったりとマークされている人物の張り込みをしたことがある。その人物は同僚を殺した容疑者として浮上した女性で、林眞須美のように日常をテレビ局が撮影し、テレビで流されるようなことはなかったが、警察だけでなく、新聞社や私たち雑誌の記者から追いかけられていた。

今にしてみれば、とんでもない取材をしていたなと思うが、その当時は逮捕の瞬間を逃してはいけないと必死だった。おそらくカレー事件が起きたときに写真週刊誌で仕事をしていたら、嬉々として現場に行っていたことだろう。だから私には、林眞須美の家を囲んだ記者たちを批判する資格はまったくなく、とやかく言うつもりもない。ただ、映像や写真を通じて、ひとたび疑惑の渦中にある人物として報じられてしまうと、刑が確定したわけでもないのに、すでに犯人のように扱われてしまうのはいかがなものかと思うのだ。過去の冤罪事件において、警察の自白偏重の取り調べやいい加減な証拠が問題となったことは数多いが、警察からの情報をもとに動くマスコミの報道体制も冤罪事件を産む温床となっているのは紛れもない事実である。

林眞須美は死刑囚として獄中にいるが、元夫の林健治さんはすでに保険金詐欺罪の刑期を終えて、和歌山市内に暮らしていた。連絡先を知り合いの編集者から聞き、取材の申し入れをすると、すんなりと受けてくれることになった。さっそく市内のマンションを訪ねると、そこにはテレビで見慣れた林健治さんの姿があった。

健治さんに聞いてみたかったことは、彼女が犯罪を犯したかどうかということより、林眞須美という女性はどのような人物だったのかということだった。

二人が出会ったのは、健治さんが三六歳、眞須美死刑囚一九歳のときだった。私は健治さんとは初対面だったが、気さくな性格なのだろう、あけすけに話してくれたのだった。

林健治さんの証言

「まぁ出会い言うたって、そんなに難しい出会いじゃないんやけども、たまたま僕はシロアリの仕事やっとって、今は亡くなった若い男の子が入ってきてね。その男の子が女遊びばっかりしてるような奴で、手帳見ても女の名前ばっかり書いてあるのよ。その中の看護婦に一人眞須美の友だちがおったんですよね。僕はその頃結婚しとったけど、まだ女遊びしたい年やし、んでまぁ林さんはお金もあるし、女の子紹介しよかいう話からはじまって、ほいで初めて看護学校の学生だった眞須美がですね、来よったんですよ」

既婚者であることは伏せて付き合いだしたという。

「嫁はんの実家が埼玉だから、ちょっと静養してこいゆうことで帰らして、ほいでその間に眞須美と。ほいだら頭いいんですよ、やっぱり。心臓外科のことまで知ってるんやから頭いいよね。ものすごいよね、やっぱり心臓とか脳はね、トップクラスですよ。まぁ歯医者とか産婦人科は最低クラスやろうけど。そんでまあ綺麗やしね。一メートル六五くらいの背あったし、痩せとったから。そいでお金持ってるし」

その当時、健治さんもシロアリ駆除の会社社長として経営は順調だったが、それでも眞須美の金の使いっぷりには驚いたという。

「ものすごい持ってるわけよ、実家が。びっくりしたね。そんときは僕もよう儲けとったから財布の中にギチギチに金持っとったけど、まぁ、お金欲しいだけくれる言うんですよ、親がね。なんでも、その買い物見たらびっくりするんですよ。まぁ言うたら、くだらんもんよう買うてましたよ。化粧水とか、普通は何百円かであるもんやけど、それでも化粧品や言うてね、一万五〇〇〇円ほどのもん買うんですよ。化粧落とすだけの薬ですよ。そんな金の使いっぷりで。そんでタクシーでですね、下宿していた大阪から和歌山まで往復するんですよ。一回六万円。夜の一〇時になったら深夜割増になるからよけい高い。それでもバンバン来るんですよ」

当時、眞須美は夜中に寮を抜け出してくるため、タクシーで和歌山を往復したのだという。

「だから二〇万くらいの金なんか二日か三日でなくなったですよ。タクシーでバーッと来て、そこらでコンビニ寄ったらもうないんですよ。ほんならもう当然食事代もないでしょ。そんなん金どうすんの、ちゅうたら、いやお父さんに電話すればすぐに銀行に入ってくる言うて。へー、ほんなん。そしたら嘘かホントか俺も関心あったから、こっから言うて電話したんですよ、眞須美が。『お父はん、ちょっとお金のうなったんで振り込んでよ』『なんぼならぁ』てなこと言うて『五〇ほど振り込んでぇ』ちゅうて、もうその明くる日に五〇入ってたんですよ。ほー、すっごいところの子どもやなぁって。ほんで初めて親に会わすから言うからね、僕を。ドキドキしましたよ、嫁はんおんのに」

いつの間にか、私は漫才のような健治さんの話に引き込まれていた。

「やばいですよ。ほんで漁師でしょ、相手は。で、兄貴は暴走族のリーダーですよ。誠会ちゅう暴走族の。親父は漁師の網元ですよ。んで和歌山ではおたく知らんやろうけど、辰ヶ浜ゆうたら、そこでいったん喧嘩起こしたら死体が上がってこんくらいの怖いとこなんですよ。沖にある馬の道ゆうとこに沈めたらほんまに上がってこんのですよ。藤山寛美やら俳優が一晩で四億、五億の借金つくったのもあそこですよ。大きな博打やっとんです。そういうところの網元ですよ。その網元の娘に手ぇ出してるんですよ。それも自分の嫁はんがいてんのをひた隠しに隠して。ほんで行ったら眞須美の婿どついたる言うてむこうは構えてるんですよ、鉢巻き巻いて。猫の子引っぱってくるみたいにうちの娘犯しくさって言うて、みんな棍棒持って立っとったですよ。そこへ行って、やったらまぁ、気に入られて、親父に。ほいでもう埼玉行ってた女と別れたんです。そんで眞須美の親父が家買ったろう言うて。当時アパート借りとったんですよ。アパートなんか住んどったらワシの友だち連れてったときに格好悪いから、家買え言うて、ほんで家買うたんですよ。三〇〇〇万くらいのローンで」

家を買ってすぐに、眞須美の父親が訪ねてきた。

「これ持っとけ言うて、スーパーの袋に入れて。なんかな思て中見たら、二〇〇〇万の金ですよ。ほんでそれボンとカウンターの上に置いといたんですよ。あとで、この金もろてええんか、言うたら『うん。ええ、ええ。もろうといたらええわ』って眞須美が言うんですよ。その頃から金の感覚なかったんです。ほんだ今度はそのあとに眞須美のお母さんが来てですね、健治さんこれて。見たら一〇〇〇万入ってんですよ。お母さん、これ昨日二〇〇〇万親父さんにもろうたですよ言うたら『お父さんはお父さん、私』てね。だから家買うた三〇〇〇万の現金をボンとくれよったわけですよ。そんなような家でした」

それにしても、何と浮世離れした一家だろう。健治さんの話はまだまだ続いた。

「家は漁師町やからそんなに綺麗なわけでも立派な家でもないんやけども、もう船は沖出て一回傾いたら一〇〇〇万、二〇〇〇万の売上げですからね。鯛(たい)獲り専門やったから。その当時バブルが崩壊する前やから、一匹獲ったら三万、四万で料亭がナンボでも買い取るんですよ。そりゃもうすごい金でしたよ。そんで家の一軒や二軒は漁業組合がぜんぶ金出すんです。なんぼでも金貸すんですよ。そんで売上げから何パーセントか取る、そういうやり方やから。博打で一晩で家とばしたかて、ナンボでも新しい家建つんですよ」

健治さんがびっくりしたのは、派手な博打だったという。

「すごかったねー。すごかった。僕らいくら遊んだ言うたって町なかの人間ですから。むこうの博打はすっごい。僕は眞須美の婿でしょ。正月に初めて行くんですよ、嫁はん連れてむこうの実家に。そしたら両親からなにから四〇人くらい集まってんですよ。そんではじまるなり一杯飲むんですよ。『健ちゃん、おまえは初婿やし、初めての正月やから今日はちっちゃい博打して遊ぼうや』言うて、ほいで『株札持ってこい』言うて株札持ってくるんですよ。で、『健ちゃん、眞須美の婿やから胴とって親せいよ』。四〇人の漁師が、『今日は細かいぞ』てなこと言うてる。そんときわし七〇万くらいしか持っとらんかって。細かい言うからまぁまぁ出そうか思てやったら、四枚、札ならべるでしょ。一人が一万ずつ張ってくんですよ。四〇人からいてるもんやから、それだけで一回に一六〇万の金が動いとるんですよ。わし、七〇万しかないんですよ。ほいでやって、もうビビってんですよ。そいでむこうみんなナキやロッポウでとまって、こっちインですよ、また目の悪いことに。ほんで七〇万しかないから、あと八〇万ほど足らんわけですよ。ほんだら眞須美のお母さんが、そーっと裏から一〇〇万、渡してくれたんですよ。それで払ろたよ。そいで帰りしな、初島いう信号あるんやけど、そこで眞須美の顔をパーンはたいて、『人をおんどりゃバカにしやがって、細かい細かい言うておまえ、なんでおんどりゃそれを先に言うとかんのや、嫁のおまえが男に恥かかしやがって』ってもうほんまに顔が紫色になるまでどついたんですよ。そりゃそうでしょ。ものすごい恥ずかしかったんですよ。そんでとにかく家へ帰って、『金庫になんぼ入ってんねん』言うたら三〇〇〇万ほど入ってる言うから二〇〇〇万持ってこい言うたんです。なにすんの、言うから今から敵討ちや、言うてほんで乗り込んで、そんで眞須美は親父に二〇万ほど小遣いもうとったらしいけどそれも全部巻き上げてしもて、四〇人の人間総固めで八〇〇万ほどいわして、ほんで帰ったったんですわ。ほんなら、あの眞須美の婿ゆうんは博打うちかありゃゆうような印象がついたんですよ」

　博打は正月だけでなく、年中行われた。高校野球なども対象になったという。

「だから箕島（みのしま）高校が甲子園でるときなんか、ひと口一〇万ですよ。ねえ、あの星稜（せいりょう）とやったときなんかものすごかったからね。そういうところで育ってるから、眞須美は。すごいでしょ。金の感覚はまったくないんですよ」

熊野水軍の末裔

林眞須美が生まれた集落の成り立ちに関しては、しっかりとした記録が残っている。元来集落などなかったこの地に人が住みはじめたのは、江戸時代初期の元和(げんな)年間のことだという。元和といえば、徳川家康が大坂城に豊臣氏を滅ぼし、太平の世となったことから、慶長より改められた元号である。元和偃武(えんぶ)と呼ばれ、徳川家の体制が盤石となった時代でもある。

紀州徳川家の祖徳川頼宣(よりのぶ)が紀州に入ったのは元和五年のことだった。西暦に直すと一六一九年、今から約四〇〇年前のことである。戦国時代から紀州は、根来衆(ねごろしゅう)に代表されるように、大名に統治されない地侍と呼ばれた半農半士の集団が、各地に割拠し独自の勢力として存在していた。それゆえに豊臣秀吉の紀州征伐に屈するまで、山深く海が迫った土地柄ということもあるが、紀州全域を平定する者はなく難治の国と言われた。天下の趨勢(すうせい)は決したとはいえ、紀州に御三家のひとつが置かれたことは、この地の統治がいかに難しく、幕府が重要視していたかの証でもある。

徳川頼宣は紀州に入るにあたって、地侍たちを藩士として召し抱える地士制度を定めた。地侍たちをそのまま野に放っておけば、反乱分子となる可能性があったからだ。

頼宣が紀州に入ってから間もなく、領内を巡る意味もあり、熊野神社に参拝したことがあった。その帰途、現在の東牟婁郡串本町津荷（ひがしむろぐんくしもとちょうつが）に暮らしていた漁夫の茂兵衛と茂大夫という者が水先案内人として頼宣の船に乗り込んでいた。

東牟婁郡といえば、中世から戦国時代の海を席巻した熊野水軍の拠点のひとつだ。津荷からほど近い古座（こざ）には、高川原（たかがはら）氏と小山（こやま）氏という水軍の領主がいた。両者は、源平合戦から信長、秀吉の時代まで、戦乱の時代を生き抜いてきたが、江戸幕府の成立により存在価値を失っていた。当然、不穏分子化する恐れがあり、頼宣は高川原氏も小山氏も地士として紀州藩士に取り立てた。小山氏は紀伊大島の遠見番所（とおみばんしょ）の役人として、海の警護を任せられていた。

ただ、水軍として両氏に仕えていた者たちが、すべて地士として取り立てられたわけではなく、村に残って漁師などをしながら暮らす者も多かった。津荷に暮らしていた漁夫の茂兵衛と茂大夫も、まさにそのような存在であったことだろう。

船旅の途上、頼宣は彼らが熊野水軍の末裔だと知り、その技能を活かす方法を思いついたのかもしれない。二人に和歌山城の喉元にあたる矢櫃に居を定め、海の見張りをするよう命じたのだった。生活の糧を漁から得るため、あま舟とあわび取り舟を三隻ずつ与えたという。こうして矢櫃は諸役御免の地となった。

茂兵衛と茂大夫は、くまとちよめという名の妻を伴い矢櫃に入った。それまで矢櫃に暮らす者はいなかったが、二組の夫婦から矢櫃の歴史がはじまり、諸役御免のお墨付きがあったこともあって人口は増え、明治に入る頃には八〇戸までになったという。

矢櫃の歴史は海原遥（はる）か離れた熊野灘（なだ）の小さな漁村からはじまり、その時間の積み重ねの末に林眞須美は生まれたのだった。

矢櫃は、領主の肝いりで移住した者たちが暮らしたことから、周囲の集落の人間からすれば、少なからずやっかみの気持ちもあるのだろう、ちがう地区に暮らす男性があからさまに言った。

「あそこは海賊だよ。言葉もちがうしな」

眞須美死刑囚が生まれ育った集落が、周囲の町や村と心理的な距離があったことがその言葉からわかる。事実、集落では和歌山弁ではなく、南紀方言が色濃く残っているという。

健治さんが語る矢櫃の人々の豪快さは、漁師という命がけの現場に生きることや遠い昔に水軍として命のやり取りをしてきた気質も影響しているのかもしれない。どちらにしても、漁船の安全が確保されたのは戦後しばらく経ってからのことだ。櫓（ろ）を使った人力の時代から漁師たちは自分の経験とカンだけを頼りに危険な海と向かい合ってきた。漁師の生き様は、定期収入を得られるサラリーマンとは当然異なるものだ。

今日では漁業だけでなく、近隣の工場へ働きに出る人も増えたが、それまでは多くの人が漁業で生計を立ててきたこの集落で、眞須美は網元の父親の豪快な生き様を目に焼きつけ生きてきた。高度経済成長期以降、日本人の中に埋め込まれている一億総中流の意識とは相容れない価値観の中で生きてきたのだ。

事件の舞台となった園部の歴史

カレー事件の現場となった和歌山市内の園部。南には紀ノ川が流れ、北に目をやれば、大阪との境をなしている和泉(いずみ)山脈が目に入ってくる。土地の歴史は中世の荘園にはじまる。紀ノ川は、今でこそほぼ直線的に和歌山湾へ注いでいるが、かつては蛇行しながら山沿いを流れていた。その名残で、紀ノ川沿いには池も多く、林眞須美が暮らした住宅地のまわりにも、いくつもの池や小河川が流れている。

紀ノ川流域では、弥生時代から稲作がはじまり、古墳時代に入ると和泉山脈の山裾には多くの古墳がつくられ、稲作を基盤とした有力者が存在したことを物語っている。さらに平安時代に入ると、京都や奈良の有力寺社の荘園となった。園部という地名も、大和朝廷に仕え稲作などに従事した者がいたことからついた名前といわれていて、土地の歴史は古代にさかのぼる。眞須美の生まれ育った矢櫃集落とは、同じ和歌山県とはいえ、土地が経てきた歴史はおおいに異なる。当然、人の気質もちがう。

今では公園となってしまっている眞須美が暮らしていた豪邸の跡地。あの豪邸は新築ではなく中古だったと健治さんが言う。

「買うたんは、事件がある三年ほど前やったね。一二五坪ほどあって、リモコンで門がサーッと開くしね、うわーいいなー、これがほんまに金持ちの家やなと思うたくらい、ほんまに立派な家やった。そこらの建売とちごうてね。ええ家やと、惚れ惚れしたね。まぁそれが失敗の元やったんや。いや、ほんとに」

この頃から、保険金詐欺を生業としていた二人は、園部では浮いた存在であった。

「朝まで麻雀して、昼間から外車乗って、サングラスはめて遊んでると。だから近所のもんはもうあれはヤクザやっていうね、そういうふうな雰囲気で。そこへ持ってきてこの事件に火ぃついたもんやから、あいつを犯人にして追い出したらヤレヤレやいうようなね。だから一気に加熱したんやなと思てるけどね、わしは」

カレー事件に関しては、動機もはっきりせず、目撃者はおらず、眞須美も一貫して否認しつづけている。眞須美も健治さんもまさか自分たちが逮捕されるとは思ってもいなかったという。

「情に厚い漁師町の出やから、なんやかんやゆうたって面倒見よかったから。だからマスコミの方を憎んだりとかそんなこともまったくなかったたし、なんぼ悪いこと書かれたって、なかなか憎みきれんのよな、やっぱり性格的に。それが仇になったんやなぁ。みんな家に入れてそうめん食わしたりなぁ。ほんで上手いこと言うてくるわ。俺らは、マスコミちゅうのはテレビか映画の中でしか見たことないし、現に目の前にやってきたらいろいろ面白いしな。最初は遊んでたからなぁ、人が四人亡くなってんのも忘れてしもうて。あんないろんな人がマイク持ってきたらええ格好になってしまうわ。『健治さん、私がここで飯食うてる間は犯人やないと思うからここで食うてんのやで』ゆうようなこと言うてくる。子どもも夏休みやったしなぁ。上にヘリコプターは飛ぶし、警察はうろうろしてるわ、水戸黄門は来るわ、月光仮面は来るわ。まあ面白かったね。ほんとにまぁ亡くなった方には悪いんやけども、初めての体験やから、そりゃ麻雀や競輪してるよりよっぽど迫力あったよなあ。すごい事件が起こったんやなと、まさかそんとき自分がお縄になると思うてへんから」

　取り繕うことなく話す健治さんの話しぶりを聞いていると、小悪人ではあろうが、カレー事件という陰惨な事件とはどうしても結びついてこない。

「眞須美は豪快なところで育ったもんやから、まさか人にごたごた言われたって、陰でこそこそ砒素盛ってなにするような、そんな姑息なとこやないんですよ。もうその場で喧嘩ですよ、あの町行ったらね。だからわし、最初の動機が解せんかったんやね。近所のもんに言われて激高して、そんでこそこそ意趣返しして、それはないやろうと」

　健治さんは、カレーに毒を入れる理由がないと話を続けた。

「金庫ん中に三億、四億の金があるでしょ。現金がね。そんで麻雀したり競輪したり外車乗ったりしてたらね、夏祭りがどうやとかね、そういうんじゃないんよね。もっとずーっと上にあがってしもて、話が。『今度の港湾の埋め立ては、どのくらいの工事になってんねん』『あれは国の予算が二三億出てて』とか、そんな話で『それリベートいくら入ってくんねん』『二億くらい入ってくる』とかそんなレベルで話やっとるわけ。病院の医者まで抱えこんで、『この足、なんとか日にちようならんのか』ってそういう話やってるときに、園部の人間と今度夏祭りでどうする、とかそんな話できやんわけよね。あの、無視してるってゆうんやなしに、もうそういうところに入っていきにくいわけ。なんかちゃち臭くて。今度みんなでサンドイッチつくって公園行って遊びますとか、もうそんなレベルじゃないんよね」

眞須美は、仕方なく地域の集まりに参加している状況だったという。

「あれは班長にされたからね、地域の。いやいや出とったね。あの日の昼頃、そうめんと寿司つくれ言うたら『私は今日は園部の祭りに出なあかんから、おまえの世話なんかしとる暇ないわ』言うて。そんなもん放っとけ放っとけ言うたくらいやからね」

彼らの思いとは裏腹に、警察による包囲網は徐々に狭まり、逮捕の日が近づいていた。

逮捕の朝

「朝六時やったね」

眞須美はどのようなようすだったのだろうか。

一九九八年一〇月四日、ついにその日がやってきた。

「すぐ帰ってくるから、言うてたなあ。だから一週間分くらいの服用意して、旅行にいくみたいな気持ちで。ほやけど、本人は何かしらの覚悟があったのかもしれん。一番上の長女にね、八〇〇万くらいする指輪、ランドセルの中に入れてたんを覚えてる。で、そのときに言うてたわ。『もし万が一お母さんが長いこと帰ってこんかったら、これをお金にかえて生活しなさい』って」

とにかく慌ただしい朝だったという。健治さんは、喜劇のひと幕を語るように、笑顔を浮かべながら続けた。

「いやいや、もう一気のせやったな。土足で入ってこられて、六時に。県警の奴らがヤクザみたいな格好でな、サングラスはめて。おまえ、これ保険金の逮捕状や、ちょっとこい言うて、ほんでテレビつけたらわしらが映ってるわけよ。生中継で」

健治さんの語り口に、思わず吹き出してしまった。マスコミは二四時間態勢で家のまわりを張り込んでいたこともあり、一挙手一投足がすべて全国に流れた。健治さんと眞須美は、子どもたちに満足に別れを告げることもできず、家を出ることになった。

「ほいで表出たら、ものすごい人やがな、もうあの沿道に。両脇抱えられてパトカーの後ろ乗せられたら、なんや袋みたいなもんかぶせる言うから、わしはいらんから、おまえがかぶっとけ、と刑事に言うてやったら腹どつかれたな。刑事が言うんよ。『ええ性根してるやないか、ワンラウンドいまはじまったばっかりや。警察入ったらおまえの息の根止めてやるからな』って」

警察は、保険金詐欺の容疑で二人を逮捕したが、最終的な目的はカレー事件での逮捕だった。警察の取った行動は、数々の冤罪事件の温床となってきたお決まりの別件逮捕であった。

健治さんの口ぶりからは、カレー事件に対してまったく身に覚えがなく、眞須美も関わっているはずがないと信じていることがうかがえた。だからこそ、警察や家のまわりで右往左往するマスコミの姿を、どこか他人事(ひとごと)のように見ていた節がある。

「袋かぶらしたかったんだろうけど、わしがかぶらんとそのまま行く言うたら、行くあいだ、人殺しやとか、むちゃくちゃ言いよったよなあ」

警察における取り調べも、健治さんの口調にかかると、にわかに滑稽な空気に包まれてしまう。

「やってないものはやってないしね。保険金は認めたけど、カレーなんかまったく知らんし。警察もこう言うたよ。頼むから認めてくれと。認めるんやなくても眞須美に殺されかけた言うてくれ、頼むからと。そんで八王子医療刑務所のパンフレットまで持ってきたよ。それでおまえ、落書きでええから書いてくれと。なんて書いたらええねんって言うたら、私は逮捕されて初めて眞須美に砒素飲まされて殺されかかったことがわかった。今はもう眞須美が憎くてしゃあないから極刑にしてくれと、これ書いて、そいで捺(なつ)印(いん)と署名してくれと。そんとき、刑事が八王子医療刑務所のパンフレットをパッと見して、ここに角川春樹(かどかわはるき)も入ってるからと言うとったよ。おまえも入れてやると。ほんで三つの保険金詐欺あるんやけど、ひとつだけにしてふたつ消してやるわと」

警察が持ちかけてきたのは、日本では認められていないはずの司法取引だった。我々の知らないところで、こうした不正がまかり通っているとは思いたくもないが、健治さんの話を聞いていると、密室における取り調べは多くの問題点を含んでいると言わざるを得ない。

「寿司とコーヒーが出ててね。取り調べも一時間から三〇分にしてやるからと。『先生、なんで証拠もないのにそんなもんでどうせなあかんねん』って言うたら、あほよ、これだけ世間が騒いでマスコミが騒いでんのに、今まで引っぱって保険金詐欺だけで帰しとってみい、わしらのメンツどうなんねん、って」

健治さんは取り調べに当たった刑事のことを先生と呼んでいる。

「しかし先生、メンツでひと一人の命取引したらあかんやろう言うたら、『どこの世界でもみなメンツで仕事やっとんねん、わしら、ゆうたらこれで上へあがっていくんや。眞須美は死刑、おまえはわしらの捜査に協力せんねやったら詐欺罪で一〇年打ってやるから。で、加重刑五割増やから、いっこも改心してないから言うて一五年や。五五歳で判決くらって一五年、仮釈なかったら七〇やで。心配せんでも眞須美骨んなってるわ、出てきたら』て」

聞いていて呆れてくるのは、警察による口からでまかせぶりである。

「先生、判決ゆうんは裁判官が決めるもんやろが言うたら、あほたれ、あんなもん黒い服着て三人座ってるだけや。あれなんで黒い服着てるか知ってるか言うから、何もんにも染まらんような色やからかと答えたら、あほ、そんなこと思てるからおまえら素人や言われるねん。あれはな、夏、蚊に刺されんために着てんねやと。実際の裁判のときに、わしそれ裁判官に言うたんよ。ものすご怒ったで。真っ赤な顔して」

眞須美を陥れようとする警察の汚さばかりが際立ってしまう。健治さんには六年の実刑判決が下された。

カレー事件の真犯人

それにしても、禁じ手の司法取引まで警察がこころみたというのは、この事件の犯人として林眞須美に確たる証拠がなかった何よりの証であろう。健治さんはインタビューの中で、カレー事件の真犯人の存在を匂わせるような発言をした。

「犬殺されたりとかな。それからお好み屋の犬小屋が放火騒ぎになったり、田んぼに毒流されて一年間米が取れんかったり、まぁそういうことはあったですよ。僕も最初は噂かと思っとったら、やっぱり実際あったみたいやな。最高裁の弁論でもそれ出してるよね。犬の死体解剖してる紀ノ川動物病院ていうのがあるんやけども、警察はそこまで行ってきたわけよ。そのカルテを警察が持っていってんのやけど、そしたら青酸カリなんよ、死因はね。ただ新聞で報道されてんのは二匹やけど、実際は一六匹死んでるわけなんよ。そんでその犬小屋までが放火されてるわけ。だからその犯人がいてるわけなんよね、園部の中に。だからカレーは眞須美やけど、犬殺した青酸カリは関係ないんやというのはあかんやろ。やっぱり犬殺した人間をとにかく捕まえんことには。そんでその青酸カリがどっから入手できたんかということを調べないと。私は犬は青酸カリで殺したけども、カレーに砒素は入れてないでって言うんやったら、眞須美より状況悪うなってくるで、その人間は」

捜査への不満は続いた。

「これはもう、眞須美は絶対やってないからね、犬だけは。うちは平成七年にあそこに引っ越したけど、犬の件はそれ以前からやから。そういう奴がまだ園部にウロウロしてんのに、眞須美だけがカレー事件の犯人ってそれはないやろって。犬殺されたことも住民が警察に言うたらしいけど、それは隠しとけと言われたそうや。それは出すなって。カレー事件が起きたとき、警察に町内会の主婦がみんな呼ばれてね『眞須美さんが着ていたTシャツは黒やった』と言い切った人間は、みな証言者から外されてるんですよね。そんで白一色になった」

健治さんは、事件当日の目撃情報すらも情報操作されていると言った。裁判がはじまり、死刑判決は出されたが、林眞須美が冤罪ではないかという声は小さくない。

「最初ね、〝平成の毒婦〟と呼ばれた一〇年前は、もう何書いても本が売れたらしいですよ。今は落ち着いたでしょ。ほんでこれが再審無罪になったらまた何書いても売れるんですって。だからメディアはね、あのキャラクターをあのまま沈めるっていうのはもったいない、あんだけの商品価値が、あのまま死刑執行されたらひとつも面白くないと言う。ひとつの企業ですからね、メディアも。売れてナンボじゃないですか。そういうふうに言うてるんです。だけど僕もまぁ、はっきり言うてあんまり期待してないね。支援集会で三カ月に一回集会に出て眞須美の無実がどうたらこうたら言うてる本人が、あんまり期待もしてないし、支援集会の方とはあんまり付き合いもしてない」

それまで勢いよく新喜劇の役者のように言葉を並べていた健治さんが、眞須美の再審請求に関する話になった途端、それまでの声音とは打って変わり、通夜の席でしんみりと首を垂れる参列者のような雰囲気になった。元妻の無実を疑ってはいなくても、司法の場で無罪判決を勝ち取ることは難しいと思っているようだった。

しばし間を置いてから、健治さんは己を奮い立たせるようにふたたび話しはじめた。

「こないだ漁師町へ行って話を聞いたら、保険金詐欺は眞須美と健ちゃんはやってるけど、カレーはやってないってみんな言うてるね。二〇年ほど前に眞須美と結婚式あげるときにはね、まさか将来死刑囚になるとは思うてないし。ただ言えるのは、両親が亡くなっとってよかったなと。両親が生きとったら大変なことや。仮に、死刑囚として刑が執行されて亡くなったって僕から言うたら、すべての人に終わりがきますしね。だから大きなこの課題残して歴史に残るんかな、とか思ったりするんですよ、この事件はね。まぁ言うたら悪いんやけど、足利事件にしたっていったんはみんな自白してると。それじゃあちょっとこれ、眞須美はどうなんねやと。眞須美は女だてらに自白もしてないやないか。なんで刑事が怖いんや、眞須美はそれ以上の取り調べ受けとるやろがと。やってないことを言おうと思ったらかなり難しいよ。いくら警察が誘導したってね、さっぱりわかってないんですもん、やってなかったら。それをある程度詳細に話しやるゆうことは、ほんとはこれやってんちゃうかという、悪い意味ではね」

カレー事件というのは、人間の心のいちばんじめじめとした暗い部分が引き起こしたものではないか。いってみれば、人間関係の歪みであるとか、土俗的な匂いが漂っている。健治さんの話を聞くかぎり、林眞須美という女性は、そうした感情から事件を起こす人間とは思えない節がある。

保険金詐欺という行為は彼らの心の卑しさによって引き起こされた。ただ、保険金をせしめる行為は彼女たちにとって生業であり、冷静な損得勘定が必要となる。何の金にもならず、リスクしか生まない無差別毒殺をする動機が見当たらない。

私は健治さんに礼を言ってアパートをあとにし、ふたたび矢櫃に向かった。

改めてあの景色を眺めてみたいと思ったのだ。

矢櫃に残る唯一の宿

矢櫃の集落を歩いて、海辺に出た。両岸には崖が迫る。集落の人は林眞須美についてどのような感情を持っているのだろうか。

集落の中で出会った七〇歳の女性が言う。

「お母さんが保険の外交員をやっていて、優秀でしっかりしてたな。眞須美は小さい頃、よく海で遊んでいたけど、あんまり目立たない子だったんじゃないかな。昔は子どもたちがいっぱいおったこともあったしな。だけどもあの事件は眞須美はやってないんじゃないか。何かに巻き込まれたような気がするな」

幼少期に関して特に覚えていることはなく、どこにでもいる普通の子どもだったということもあるのだろうか、眞須美は無実であろう。やはり同じ集落で生きてきたということもあるのだろうか、眞須美は無実であろうと言った。

「眞須美のお母さんが、結婚するときに反対してたのは覚えてるわ。年が離れているやろ。眞須美は、気の強くない優しい子やったよ。和歌山のほうに行っても、たまに帰ってくると、『おばちゃん来たでぇー』って顔を出してくれてな。事件に関しては、テレビや新聞で見てるだけやけども、やっぱやったのは、眞須美じゃないって思うんだ」

私が黙ってうなずいていると、眞須美の話題から、集落の昔話になった。

「今じゃ、観光客はかなり減ったけど、昔は夏になると、ようけお客さんが来た。どの家も民宿をやっていたぐらいだったよ」

ひと気のない集落からは、かつての姿を想像することは難しい。当時を偲ばせるものとして、四軒のホテルが目についた。現在営業しているのは一軒の国民宿舎のみで、あとの三軒のうち二軒は廃墟となり、残りの一軒は新興宗教の施設になっている。ちなみに廃墟となっている一軒が、眞須美と健治さんが結婚式をあげたホテルである。健治さんはそのホテルについてもインタビューで語ってくれた。

「そこへ僕はしょっちゅう麻雀しにいってね、僕が骨折やったのもあそこなんです。骨折の偽装事件、やびつ荘事件っていうのはあそこ。結婚式やったホテルでひっくりかえってね。でも打撲じゃ金にならんいうことで、家帰ってバットで叩き割ったんです。『氷で足すべらして叩き割ったって一瞬や、それやったら割れ』と、金属バットで思い切りやられたんですよ。泉ちゅう男にね。『健治さん、そんなもん少々割ったってね、ものの五秒。五秒で四〇〇〇万やで』って言うから」

健治さんの景気のいい口調とは裏腹に、小雨まじりの海辺の集落は、人の気持ちをどこまでも暗くさせる。

この集落の周辺にはホテルばかりではなく、みやげもの屋もかつては並んでいたというが、今ではどこにも見当たらない。かつて集落へは、車道は通っておらず、子どもたちは、四キロメートル離れた学校へ歩いて通ったという。

しかし、車道が通ると海水浴客が訪れるようになり、この海と向かい合ってきた集落は外部の人間たちがもたらす現金で潤いはじめた。それと同時に、集落の人々は漁ばかりでなく、町へと働きに出るようになった。

「土木関係、工場なんかやな。ここには食料品を売る店もないし、車を止めとく場所もない不便なところだから、漁師をやらない若いもんはみんな出ていくようになった。そんでも眞須美のお爺さんは、年を取っていたのもあったけど漁師を続けて、鯛や伊勢海老を取るのが上手かったんよ」

現在一五〇軒ある民家のうち六〇軒が空き家となり、暮らしている住民の半分以上が六五歳以上の高齢者だという。高齢化社会の大波が、この小さな海辺の集落を襲っているのである。

この日、私は集落を望む高台にある国民宿舎に泊まろうと思った。予約はしていなかったが、足を運んでみた。がらんとしたロビーで、応対してくれた男性従業員に宿泊したい旨を告げる。

「お一人さまですか？」

従業員の問いかけにうなずくと、思いもしないことを言われた。

「申し訳ありませんが、男性一人のご宿泊はお断りしているんです」

「どうしてですか？」

「こちらの決まりですので。申し訳ありません」

どう見ても、部屋は空いているように思えたが、私は宿泊を諦めざるを得なかった。

なぜ断られたのか、その理由が気になった。翌日、ふたたび集落に足を運んで、昨日話を聞いた女性に思い当たることはないか尋ねてみた。

「たまに自殺する人が出るんで、単身の客は泊めないようにしているんじゃないか。男一人でやってきて、自殺するのがいるんだと」

どこで自殺するのか、詳しい場所は教えてくれなかったが、集落の裏側や灯台のある宮崎ノ鼻と呼ばれる岬は断崖絶壁である。観光客が減り廃墟が目立つ陰鬱な景色は、人生に別れを告げたい者を呼び寄せてしまうのだろうか。

土地と人間の宿命

私は矢櫃から、眞須美の一族出来の地である東牟婁郡の津荷へと足を運んだ。背後には山が迫り、目の前は海である。矢櫃ほどではないが、この土地でも人々は、必然的に海とともに生きてこざるを得なかった。

津荷の海と集落を見下ろす小高い丘に登ってみた。常緑樹の濃い緑色をした葉の先に集落、さらにむこうには深い紺色をした海原が見える。

この土地の自然の営みを眺めていると、人間の運命とは、生まれたときにはすでに決まっていて、どう足掻いても逃れることはできないのではないかという気になってくるのだった。

海から離れ、土塊（つちくれ）の中へと足を踏み入れたとき、林眞須美は蔦（つた）に絡め取られる運命であった。時代が彼女をそこに導いたわけだが、彼女に流れる血は、そこに暮らす人々とは相容れなかった。

江戸時代まで、日本人の九割は農村で土にまみれながら暮らしてきた。土にしがみつき、天候に左右され、ときに飢饉で命を落とし、貧しさゆえに赤子の間引きも当たり前のように行われてきた。お上（かみ）に従う他なく、受動的な生き方を強いられた。

それに比べて、海に生きた和歌山の漁民たちは鰯（いわし）や鰹（かつお）、さらには鯨といったさまざまな獲物を捕らえることに長（た）け、日本各地の海辺に移住した。代表的な土地では、千葉県の外房や長崎の五島（ごとう）列島などが挙げられる。今もそれらの土地には、紀伊半島から移住した漁民たちの墓が残り、子孫たちが暮らしている。その生き様は、土地から土地へ自由に移ることが叶わなかった農民たちと比べると天と地の差がある。彼らは領民たちを縛る封建体制の中でも、比較的自由に生きることができた。

そう考えると、農民と漁民は、同じ日本という国に生きていながら、まったく別世界の住民のようにも見えてくる。

人間という生き物も、土地に根を張る木々のように、幾重にも繰り返された血の積み重ねや風土からは逃れることはできない。

戦後日本は経済の力によって、過去のしがらみや因習、伝統といったものを力ずくでフラットにしてきたわけだが、人の営みは、道路にアスファルトを敷くようにそう易々（やすやす）

と均一化などできはしない。どことなく磯臭い津荷の海の匂いと葉の色は、土地と人間の宿命を物言わずして伝えているように思えてならなかった。

第7章　宗教と殺人

1963年から1964年にかけて連続殺人事件を犯した西口彰死刑囚が暮らしていた集落。近くには西口が幼い時に通った教会もあった

五島列島・中通島へ渡る

昼過ぎに長崎港を出たフェリーは、うなぎの寝床のように細長い長崎湾を進んでいく。潮風に晒され曇りガラスのようにくすんだ窓越しに海を見やると、白波ひとつ立っていないべた凪だった。

私は飛行機がどうも苦手で、初めて東南アジアに出ようと思った二〇歳の頃、船便はないかと調べたほどだ。中国などへ向かうフェリーはあったものの、かつて南洋と呼ばれた東南アジアを結ぶフェリーは存在しなかった。ただ、ひとたびインドネシアやフィリピンなどへ渡れば、二日も三日も海原を走るフェリーがあり、幾度となく乗船した。今回は数時間の船旅だが、海原を走ることに変わりはなく、心なしか晴れやかな気分になってくる。

外海の角力灘に出ると、大河を流れる笹舟といっては大袈裟だが、フェリーは上に下に揺れはじめた。海の様相も、先ほどまでの凪いだ水面とは打って変わって、大きく波立っている。この荒れた角力灘の景色を見ていると、室町時代末期から江戸時代初めにかけて、南洋から日本をめざしたポルトガルやスペインの船乗りたちにとって、長崎湾がいかに天然の良港に思えたかがよくわかる。

フェリーは、五島列島の中通島へ向かっていた。島は十字架のような形をしており、隠れキリシタンの島としても知られる。この島を訪ねようと思ったのは、昭和三〇年代に五人を殺害し、さらには十数件の詐欺や窃盗をはたらきながら九州から北海道まで逃避行を重ね、一九六四（昭和三九）年に逮捕された西口彰の故郷だったからである。

大胆かつ無節操な殺人、強盗、詐欺

大胆にも弁護士や大学教授を名乗り、巧みに人を騙しての犯罪行脚だった。最初の犯行は、福岡県で犯したふたつの強盗殺人である。一九六三年一〇月一八日、国鉄日豊本線苅田駅西側の山道で専売公社職員が殺害されているのが発見された。さらに同日、田川郡香春町の仲哀峠でも運送会社社員の男性が殺害されていた。

西口は行きつけの理容店の女主人が金を必要としていると知り、彼女の気を引くため、現金を奪うべく二人を殺害したのだった。西口には妻子がいたが、元ストリッパーの女性と同棲しながら、理容店の女主人にも手を出そうとしていた。事件前に被害者と一緒にいる西口の姿が目撃されていたこともあり、容疑者として浮上する。

全国指名手配された西口は、強盗殺人から一週間後、香川県の高松と岡山県の宇野を結んでいた宇高連絡船のデッキに靴と遺書を残して、投身自殺を偽装する。強盗殺人で奪った約二七万円を使い果たすと、広島に現れ、養護施設に寄付するといって電気屋からテレビをせしめ質屋に売りさばき、逃走資金とした。その後、広島からさらに東へ向かう。一一月一五日、京都大学教授と偽り宿泊していた浜松市内の連れ込み宿で経営者の母と娘を殺害し、奪った貴金属など約一四万円分を質入れする。一二月、首都圏に姿を現した西口は、逮捕された息子のために保釈金を持参し拘置所に面会に来ていた母親から、五万円を奪い逃走。

次は北に向かった。福島のいわき市の弁護士から弁護士バッジなどを盗むと、北海道の苫小牧(とまこまい)に現れ、旅館の女中に東大卒の弁護士と名乗り、盗んだ弁護士バッジを見せびらかした。翌日、道内で逮捕されている息子の弁護士だと名乗り、一万五〇〇〇円を騙し取る。

ふたたび首都圏へと戻ると、都内で弁護料を詐取し、栃木県では旅館の無銭飲食、千葉県では弁護士から寸借詐欺。一二月二〇日、巣鴨(すがも)のアパートで弁護士を強殺し、現金、時計、洋服などを奪う。年が明けて一九六四年の元旦、西口は熊本県玉名(たまな)市の教誨師(きょうかいし)宅に現れた。その家の一〇歳の女の子が、派出所の人相書きにそっくりだと見破り、二カ月半に及ぶ犯罪行脚は終わった。

日本の犯罪史を振り返っても、全国を股にかけて大小さまざまな犯罪をここまで立てつづけに犯した者は見当たらない。全国の警察が連携して一人の犯罪者を追いかけた最初の事件でもあった。

信仰を隠して生きたキリシタンの末裔

西口は大阪で出生したが、本籍地は五島列島中通島である。一家はカトリックで西口も幼いときに洗礼を受けた。敬虔（けいけん）な信者であった父親の影響で、中学は福岡のミッションスクールに通うが中退、その後窃盗、詐欺を繰り返し、殺人事件で逮捕されるまで刑務所に四回入った。

逃亡犯というと、ドヤ街などを転々とし、世の中の陽の当たらぬ場所をひっそりと歩くような印象を受けるが、この男は、社会的地位の高い大学教授や弁護士を名乗り、世間を堂々と歩いた。盗んだ弁護士バッジを身につけていたことから、周囲も彼を信頼してしまった。彼と関わった人間は、熊本の女児を除いて誰も、人を殺めた者だと見破ることはできなかった。

西口一家の信仰であるカトリックは、歴史をたどれば、室町時代に九州、畿内を中心に全国へと広まったが、江戸時代に入ると、一転禁教令が出され、信仰を棄（す）てない者たちは情け容赦なく刑場の露と消えた。五島列島においても、カトリック信者は受難の時を過ごさざるを得なかった。信仰を隠しつづけた者たちもいれば、見てくれだけは仏教徒になった者もいた。

　結論を急ぐわけではないが、私には、詐欺を重ねた西口の生き方は、身を偽るということにおいて、信仰を隠し世の中の流れに従うことを強いられた先祖たちと、二重写しに見える。煮え湯を飲まされた先祖たちは、仏像に手を合わせてキリスト像を踏めば死を免れることができ、こっそりと信仰を守ることができた。殺人者が弁護士に扮(ふん)するという一見すると究極の喜劇のような逃避行は、権力に無自覚にひれ伏す人間心理の滑稽さを利用している。

　西口の犯罪は、風土と密接につながったものなのではないか。そんな思いで、海原を眺めていると、いつの間にか白波が消え、凪いだ海のむこうに黒い島影が見えた。中通島の奈良尾(ならお)港に着いたのだ。ここ奈良尾は、林眞須美の章でも少し触れたが、江戸時代、和歌山の漁師たちが鰹などを獲るために住み着いたことで、開けていった。

葡萄酒の密造を禁じる看板

　中通島を十字架に喩えると、奈良尾港は縦軸の一番下の部分で、宿をとった青方(あおかた)の町はちょうど十字の中心部分に相当する。港からバスに乗ると、すぐに山道に入った。車道は海を見下ろすように山の中腹を縫っていて、カーブを曲がるたびに、午後の斜光に照らされた海原はその顔色を変えていく。
景色に目を奪われているうちに視界が開け、青方の町に着いた。と、バスの停留所で思わぬものを見つけた。壁に貼られた時刻表、その横に釘で打ち付けられた一枚の看板がそれだ。今ではほとんど見かけないホーロー引きで、赤茶けた錆びが浮かんでいた。数十年は時を経ていることだろう。書かれている文言が、この島の風土を痛々しいほどに物語っていた。

〝ぶどうでお酒をつくってはいけません　税務署〟

葡萄でお酒といえば、ワインである。「最後の晩餐」において、イエス・キリストは、一二人の弟子たちに、パンを自分の肉、ワインを自分の血だと言って、ともに食した。以来キリスト教徒にとって、パンとワインは信仰に欠かせないものとなった。
日本人が葡萄で酒をつくりはじめたのは、室町時代のことだという。中央アジア原産の葡萄は奈良時代に日本に入ったが、生食されただけで、酒の醸造には使われなかった。諸説あるが、日本で初めてワインが飲まれたのは一四六六年のことで、京都相国寺鹿苑院の僧侶が記した『蔭涼軒日録』に南蛮酒を飲んだとの記述がある。さらに時代が下ると、フランシスコ・ザビエルが布教をするうえで、当時珍陀と呼ばれたワインを振る舞ったという記録がある。

停留所の看板は、葡萄とわざわざ原料を特定しており、中通島にキリスト教徒がいかに多かったかがわかる。この看板は戦後すぐのものだろう。戦後混乱期の密造酒といって頭に浮かぶのは、日本各地の朝鮮部落でつくられたどぶろくである。もしかしたら、キリスト教の信者たちも、ただ信仰のためだけでなく、生活の糧を得るために密売したのかもしれない。

カクレキリシタンと潜伏キリシタン

宿は青方の町の中心部にある木造旅館だった。二階の和室で旅装を解き、西口が育った集落を訪ねることにした。国の重要文化財青砂ヶ浦天主堂からほど近い場所である。

宿の庭に、旅館の主人の姿があった。道順を尋ねるついでに、西口の話を振ってみた。

「何のことかと思ったら、ずいぶん古い事件だね。名前は知っとるけど、どこの生まれだかまでは知りません。もう関係者も生きてなかろうに」

呆れたような口調で言うのだった。私が集落の名を告げると、

「ほー、それはまた。ここから行くならバスしかなかですよ。だけど、そんなに本数がないですから、よかったら、そこの軽トラを使いなさい」

　中通島に来るまで、熊本県の天草（あまくさ）を歩いてきた。かつて東南アジアを中心に海を渡った日本人娼婦「からゆきさん」の痕跡を求め、今富（いまとみ）という地区で聞き込みをしていると、一見（いちげん）の取材者である私をわざわざ家に招き、昼食をご馳走（ちそう）してくれるということが、一度ならずあった。暑い夏の盛りということもあり、それは、冷（ひ）んやりとした素麺（そうめん）であった。天草だけでなく、ここ五島でも、人の優しさとよい意味での他人との間の垣根の低さが感じられる。それは、天草や五島列島が日本の片隅ではなく、玄関口として、異国の人間たちを受け入れてきた歴史と無縁ではないだろう。

「ガソリンだけ元の通りにしといたらいいから、好きに使って」

　主人の好意に甘えさせてもらい、軽トラで島を回ることにした。エンジンをかける前に、さらにもうひとつ、カクレキリシタンの存在について尋ねてみた。

「今もぽつぽつ、おるよ。監視の厳しい時代には、仏教や神道の中に紛れておったけど、隠れる必要がなくなってからは集落を離れた人が多いな。道路を走っていけば、家がぽつん、ぽつんと建っているのが見えるから。そういうところが、カクレの家だよ」

　主人は、カクレキリシタンのことをカクレと言った。

江戸時代迫害にあったキリシタンたちは、大きくふたつに分かれる。潜伏しているうちにカトリックと仏教や神道が融合した独特の信仰を持つようになった者たちをカクレキリシタンといい、カトリックの教義を護(まも)りつづけ、明治になって禁教が解かれたとき信仰を公にした者たちを潜伏キリシタンという。

カクレキリシタンの多くは、明治時代になってもカトリックには戻らず、独自の信仰に留まった。西口の一家は、カトリックに復帰しているから潜伏キリシタンということになる。

西口彰が通った教会

軽トラを操って、島を北上した。宿の主人が言ったように、ところどころ民家が孤立して建っている。あれがカクレの家だろうか。三〇分ほどで青砂ヶ浦の教会に着くと、遠く東シナ海の海原に陽が沈もうとしていた。信仰の固さを表すようなレンガ造りの教会が、西日に照らされていた。明治時代に建てられた教会は、潜伏キリシタンたちの信仰の象徴である。幼い頃の西口もここへ通った。教会の扉が開いていたので、中に入った。外観はレンガ造りだが、内部の柱には木が使われ、木が放つ柔らかな心地よい香りに包まれている。窓にはめ込まれたステンドグラスには西日が当たり、信者が座る長椅子に鮮やかな色彩を浮かび上がらせている。

教会は明治時代初期にはこの地にあったが、一九一〇（明治四三）年、教会建築で知られる中通島出身の鉄川与助により建て替えられた。苦難の歴史が、美しい教会となって結実したともいえる。建物は小ぢんまりとしているが、荘厳な教会を目の前にすると、感慨が胸に迫る。

なぜキリシタンの人々は三〇〇年の迫害に耐え、信仰を護りつづけることができたのか。キリスト教が九州で広まったのは、九州の大名たちが、当時南蛮と呼ばれたヨーロッパの先進技術などを手に入れるために利用した、というのがひとつの説だ。それと、戦乱の時代、弱い立場の庶民が不安に苛まれていたのも大きな理由であろう。人々は、現実の苦しみからの救済を、既存の仏教や神道からは感じられなかった。神の下に誰もが平等で、神を信じれば死後に平安が訪れるといったキリスト教の教えは、人々の気持ちを摑んでいった。時代が下り、教義が自らの権威を貶めるものと幕府が感じたことから、キリスト教は弾圧の対象となったわけだが、人々の心に宿ったものは、どんな苛烈な手段によっても消し去ることはできなかった。当時の人々の暮らしは、命がけで信仰を心の礎にしなければならないほど過酷だったということか。

今日、幕府は形を留めていない。一方、人々の魂の結晶は青砂ヶ浦教会として現存している。政治体制とはかように脆い砂のようなものにすぎないことを物語っている。

教会を出て、西口についての記憶を誰かに尋ねようと歩いてみた。教会の目の前に広がる海辺で、犬の散歩をしている初老の男性と出会った。

「西口彰の事件のことを調べているんです」

一瞬きょとんとした男は、しばし間をおいて口を開いた。

「あー、何でまた。昔のことですね。それなら、そこの集落の出身だって聞いていますが」

男は、背後に迫った鬱蒼と常緑樹が生い茂る山を指差した。長細い平屋が数軒見える。闇に包まれつつある斜面に建つ家からはかすかに光が漏れていた。

「あそこに行けば、何か知ってる人がおるでしょう」

そう言うと、男は鼻息の荒い犬を連れて去っていった。

老婆とオロナミンC

翌日、ふたたび軽トラを借りて青砂ヶ浦教会からほど近い集落を訪ねた。中通島では、わずかな平坦な土地だけでなく、山の斜面にも民家が点在している。島全体が、海から突き出た巨大な岩のようにも見える。海を背にして細い山道を登った。道の両側は段々畑。幾重にも重なった畑のひとつに、白い頬被り(ほおかむ)りをして背骨の曲がった老婆の姿があった。この老婆の他に、人の姿はない。容赦なく降り注ぐ夏の陽の下で、視界の先の老婆が何だか幻影のような気がしてくる。畔（あぜ）を歩いて近づくと、雑草を抜いているようだった。

「こんにちは」

老婆が振り返った。きっと何十年と陽の下で畑仕事をしてきたのだろう。その顔は、島の赤土のような色をしていた。

「こんにちは。あら、どちらからですか？」

いきなり現れた私の姿に少し驚いたようだったが、口調は凪いだ海のように穏やかだ。小さな集落ゆえに、老婆が西口の親族である可能性もあったが、包み隠さず西口の生家のあった場所が知りたいと伝えた。

「わざわざ東京から？　よう来たね、こんな山の中へ。私が嫁いできたときには、もうここにはおらんかったけど、行ってみるか？」

老婆は畑仕事の手を休めて、ついてこいと言うと、背は丸まっているものの軽い足取りで来た道を引き返し、斜面の中ほどにある自分の家へと向かった。西口の生家跡は雑草が生い茂り、鎌が必要なのだという。老婆はわざわざそれを取りに家まで戻ってくれたのだ。

「これどうぞ」

鎌を片手に家の中から出てくると、冷えたオロナミンCを一本、振る舞ってくれた。

「さぁ、行こうかね」

私が飲み終わるのを見届けて、老婆は山道を登りはじめた。五分も歩かないうちに畑はなくなり、道が雑草に覆われた。右手に持った鎌で老婆が草を切り払うと、獣道のようなか細い道が、草いきれの匂いとともに顔を出す。

「マムシが出るから、音を立てていかないと危なかよ」

それにしても、畑仕事を中断し、飲み物を振る舞い、ついさっき顔を合わせたばかりの見ず知らずの男のために時間を割いてくれる彼女の優しさには、感謝の念しか浮かばない。

夏草の群れをかきわけて進みつづけると、かつて家があったことの証である石段が目に入ってきた。その石段を上がると、家一軒分ほどの空き地が斜面に広がっていた。

「ここですよ」

空き地の一角には木の板やトタンといった廃材が重ねられていた。解体された西口の生家の部材である。その先には、最近増えたというイノシシを捕らえるための檻が仕掛けてあった。

「悪さばかりしおる。あいつらは頭がよくて、なかなか入らんのよ。上手いこと罠のサツマイモだけ食っていきおる」

憎々しげに言い、仕事があるからと畑へ戻っていった。草むらに消えゆく老婆の背に目をやると、夏草の間から海が見えた。草がなければ、もっと眺めはいいにちがいない。西口の瞼にも刻み込まれていた景色だ。眼下の湾は奈摩(なま)湾と呼ばれ、広がった湾奥が湾口に近づくにつれ狭まる天然の良港である。いまも波ひとつ立っていない。鄙(ひな)びた漁港があるだけの湾だが、歴史は古く、平安時代には中国大陸をめざす遣唐使船が風待ちをした。さらに時代が下ると、倭寇(わこう)の拠点にもなった。

しばらく西口の生家跡でたたずんでいると、いつの間にか奈摩湾のむこうに夕日が沈みはじめた。日が暮れたら道なき道を戻るのも難儀なことなので、老婆が鎌で切り開いてくれた道をたどることにした。

畑には、すでに彼女の姿はなかった。赤銅色(しゃくどういろ)に染まった奈摩湾を眺めながら先ほどの家の前まで行き、塀越しに「ありがとうございました」と声をかけた。

「いま、風呂に入っとるから。気をつけていきなさい」

入植キリシタンの二重苦

西口が育った集落をはじめ、五島列島に今日まで信仰が根強く残っているのは、江戸時代に同じ長崎県の外海地方からキリシタンの入植者がやってきたのがきっかけである。外海地方は、遠藤周作の小説『沈黙』の舞台となった土地だ。戦国時代の領主大村純(おおむらすみ)

忠が熱心な信者となり、領内の神社や寺を破却して、領民たちにキリシタンになることを強いた。

江戸時代中期以降、五島列島では大虫害による飢饉が起き、農村の人口が激減する事態に見舞われた。その窮地を打開しようと、五島列島全体を治める肥前福江藩八代藩主の五島盛運が一七九七年、大村藩に移住を要請した。その際、信仰を頑なに護ってきた大村のキリシタンたちの間で、五島に行けば信仰の自由があるという噂が広まり、約三〇〇〇人の人々が海を渡った。そうした人々の中に西口の祖先がいた。

外海地方ではほとんどの住民が、幕府による禁教令以降も信仰を失わなかった。禁教令から約四〇年間ひそかに信仰を続けていた住民たちは、一六五七年、郡崩れと呼ばれる大弾圧により摘発された。大村藩は禁教令以前、領主自らが熱心な信者であったという引け目もあり幕府の命令に従い積極的にキリシタンを取り締まった。郡崩れでは、六〇三人が捕らえられ、一〇〇人はキリシタンから転向したことで釈放、残りの人々は斬罪に処せられた。刑吏たちが首を切るのに疲れ、キリシタンたちをムシロに包んで、生きながら海に投げ捨てたほど容赦がなかった。

郡崩れ以降、大村藩内での詮索は厳しくなり、踏み絵や五人組による監視だけではなく、キリシタンの墓までも破却された。江戸時代以前の墓も例外ではなく、領内すべてのキリシタン墓が壊され、土を掘り起こし、骨は海に捨てられた。しかし、外海地方からキリシタンが消えることはなかった。『外海町誌』はその理由についてこのように記している。

〝ここは西彼杵(にしそのぎ)丘陵地帯の外側にあって城下から遠いこと、山の斜面が急傾斜して海に落ちる地形で、土地はやせて狭く、交通も不便なため藩の監視も厳しくなかったのではないかとも一応は考えられるけれども、それよりはむしろこの立地条件の悪さから来る生活の貧しさがキリシタン信仰の尊重を失わせなかったのかも知れない。すなわち、人間存在の価値（生き甲斐）を物質的なものに求め得ず、精神的なものに求めた、とも考え得るであろう。

しかし、もっとも大きな理由はバスチャンの影響によると考えられる。宣教師が殉教してしまってキリシタンの指導者がいなくなったころ、この地方にはバスチャンという、すぐれた日本人伝道者が活動していたという〟

バスチャンとはセバスチャンのことで、三世紀に殉教したローマ帝国の軍人の名前である。セバスチャンとは、トルコのアナトリア地方のスィヴァス人という意味になる。スィヴァスという地名は今もある。かつては小アジアと呼ばれ、シルクロードの要衝として栄え、迫害を受けたキリスト教が最初に根を下ろした地域でもある。その土地出身の男の名を洗礼名とした日本人が、一〇〇〇年以上の歴史を経て、幕府の弾圧のなか、生死を顧みず布教を行った。

バスチャンと呼ばれた日本人の名前は定かでなく、長崎県深堀町(ふかほりまち)の出身で、ジワンという神父の弟子となり、外海地方を伝道して歩いたという。郡崩れからも逃れたが、潜伏先を密告され、長崎桜町の獄に入れられ、三年三カ月、七八回の拷問を受けたのち打ち首となった。

バスチャンは、伝道中にバスチャンの暦と呼ばれるキリシタン暦、十字架、ツバキの大木の幹にバスチャンが指先で十字架を刻んだ霊木、さらには、預言を残していた。預言には後に神父が大きな黒船に乗ってやってくること、どこでも大声でキリシタンの歌をうたって歩ける時代の到来、自分たちを迫害する仏教徒などが、キリシタンに道をあける時代が来るといったもので、後に宗教が自由になる時代が訪れることを言い当てていた。バスチャンの預言などを心の糧にしながら、外海地方のキリシタンたちは、五島への移住に希望を見出したのだった。

キリシタンたちが海を渡った理由は大村藩の政策にもあった。大村藩領は海が迫り耕地が少なかったこともあり、人口増加を防ぐため、次男以降の子どもは間引きするように強制していた。カトリックにとって、中絶はタブーであり、間引きなどもっての外である。五島に行けば、間引きを強制されることがなかったことも彼らの背中を押した。

公式には、一七九七年、福江藩からの申し出によりはじまったことになっているが、一七七二年には七〇名の農民たちが海を渡り、五島列島の福江島三井楽村淵之元に居着いた。現在の、カトリック三井楽教会のあるあたりである。

〝五島へ五島へみな行きたがる　五島はやさしや土地までも〟

こんな戯れ唄がうたわれるほど、五島は憧憬の地であった。しかし、極楽を夢見た人々の希望はもろくも崩れた。漁獲量の多い入り江やわずかばかりの平地には先住者がいて、キリシタンたちには、山間の猫の額ほどの土地か、海辺であっても漁業に向かない土地しか残されていなかった。中通島においては、西口の生家のあった場所のように、斜面に集落を築かざるを得なかったのである。五島に渡ったキリシタンたちは、このような言葉も残している。

〝五島は極楽、来てみて地獄〟

西口の暮らした集落に田んぼはなく、必然的に農業だけでは食っていけず、キリシタ

潜伏キリシタンが山の中に築いた墓地。今では荒れ果てている。
西口が暮らした集落からほど近い場所にある

ンはときに海に出てイワシなどの小魚を捕り、半農半漁の生活を送った。そんな厳しい生活を慰めたのが、信仰であった。

信仰のために故郷を捨てたのは、なにも日本のキリシタンばかりでない。一六二〇年にイギリスからメイフラワー号に乗ってアメリカ東海岸に渡ったピューリタンの人々がいる。

カトリックとプロテスタントという宗教的な対立の中から祖国を離れたピューリタンと、外海地方から五島へと渡ったキリシタンは社会背景もちがうことから、同じように捉えることはできないかもしれないが、理想の地を求める心理は同質のものである。

信仰に生きるということは、美しい側面もあるが、一方で己の殻に閉じこもるという負の側面もある。アメリカに渡ったピューリタンたちが、食糧難で次々と命を落としていくなか、彼らを助けたのはネイティブ・アメリカンたちだった。ピューリタンにジャガイモなどの食料を与え、栽培方法を教えた。その次の秋、食料を収穫できた喜びに感謝したことが、今日のサンクスギビングデーの興り(おこ)である。ピューリタンを助けたネイティブ・アメリカンたちは、その後迫害の対象となり、今ではアメリカ社会のマイノリティーという立場にある。恩人でもある彼らを社会の片隅に追いやった行為の背景には、神との契約という免罪符がなかったか。

ネイティブ・アメリカンからしてみれば、ピューリタンは純粋な人々ではなく、単なる侵略者なのである。宗教が持つ独善性というものは、今日も続くキリスト教社会とイスラム教徒の対立などからも解消されたとは言いがたい。むしろ激しさを増している。純粋にひとつの宗教に染まっていけば、他者を拒絶するようになる。そこに宗教の宿痾（しゅくあ）がある。

ミッションスクールは中退したものの、犯罪行脚を重ねる合間にも教会に通うなど、西口もまた敬虔なカトリック信者だった。

最初に窃盗罪で保護処分を受けたのは一九四一年六月、一六歳のときだった。日本が国家をあげてアメリカとの戦争の道へ突き進む半年前のことだ。その翌年には詐欺罪で少年刑務所に服役している。国家が天皇というアイコンの下に国民を団結させようとするなか、その秩序に抗（あらが）うかのように彼の犯罪歴はスタートした。

終戦の翌年西口は結婚し、子どもにも恵まれたが、生活は落ち着かない。一九四八年に恐喝罪で逮捕、五〇年に出獄。当時は大分の別府にいて、進駐軍相手にバーを経営するなど羽振りもよかったという。しかし、それも長くは続かず、進駐軍の二世と偽り詐欺をはたらき五二年に逮捕、五年の実刑判決を受ける。五七年に出所するが、その二年後には詐欺罪で逮捕され二年六カ月の判決。さすがに家族から愛想を尽かされ、六〇年に協議離婚。六二年に刑務所から出獄すると、九州各地を転々としながらヒモのような生活を続けていた。その翌年、連続殺人事件の皮切りとなる事件を福岡県行橋市で起こすのである。

「もはや戦後ではない」と誰もが高度経済成長を謳歌するさなか、無軌道に犯罪を重ねつづけた西口の人生を俯瞰してみると、そこには、世間の常識であるとか枠組みを超越した独自の精神世界が存在しているようにも思える。生来、自分の拠りどころだった「神こそが絶対である」というカトリックの信条を独自に解釈し、どんな罪を犯そうが神によって裁かれ、赦されるとでも考えたのだろうか。

都上りの歌

翌日も軽トラを借りて、西口が育った集落へとアクセルを踏んだ。集落からほど近い山にキリシタンの墓地跡があると主人から聞いていたので、向かってみることにした。

車を降りて、急峻な山道を一五分ほどかけて登っていく。山道の両側は常緑樹の森だったが、目を凝らすと、石垣がところどころに残されている。キリシタンの集落跡だ。過疎化が進み、入植以前の森に戻ってしまったのである。昨日目にした西口の生家跡とだぶって見えた。この土地からさらにあらたな極楽を求めて、人々はどこへ旅立ったのだろうか。

昼なお薄暗い樹林がいきなり開けた。森に囲まれた約一〇〇メートル四方の斜面が墓地跡だった。もともとは、人目を憚る（はばか）ように森の中に墓地がつくられ、人口が増えるにしたがい規模が大きくなっていったように見える。しかし、今では数柱の十字架を残して墓は移転し、石で区切られた区画だけが往時の面影を残す。墓地の石は海辺から運んできたのだろう。つるつるとしていて、波に洗われていたことを物語っていた。西口の祖先もこの墓地に埋葬されていたはずだが、今となっては何の手がかりもない。

　墓地の斜面を登っていくと、眼下に穏やかな奈摩湾が見渡せた。キリシタンたちは、キリスト教がもたらされた西方をむいて眠っていた。新上五島町（しんかみごとうちょう）は、昭和三〇年代には約四万六〇〇〇人が暮らしていたが、現在ではその半分以下の約二万人に減少している。人がいなくなれば、墓を守る者も当然いなくなる。墓石が消えた墓地の姿は、町の変化を物語っていた。江戸時代、外海地方のキリシタン墓地はことごとく破却されたと記した。墓石の消えた墓地の姿は、経緯はちがえど、奇しくも当時の墓地を再現しているかのようだった。

　山の中腹にある墓地跡からふたたび山道を下って、西口が幼い頃に通っていた青砂ヶ浦教会に立ち寄った。教会の前まで来ると、駐車場には車が止まっていて、人の気配があり、ミサが行われていた。子どもたちの歌声がオルガンの伴奏にのって聞こえてきた。

「幸せな人神を畏れ、主（しゅ）の道を歩む人」

エルサレムへ巡礼する人々の「都上りの歌」と呼ばれる詩篇の一節（一二八篇）である。捕囚生活を終えたイスラエルの民衆が、神を畏れて暮らすことが幸せな生き方であると謳うこの詩は、まさしく、この島で生きてきたキリシタンたちの生き様を表した言葉といってもいい。

あどけない歌声を耳にしながら、ふと思った。もちろん、西口もこの詩を知っていただろうし、吟じたことだろう。西口が犯罪行脚を続けることができたのは、逆説的にその信仰心の篤さゆえだったのではないか。

西口は、手前勝手に独自の世界をつくり、世の中の規範である法律の垣根を越えていった。それは西口だけに限ったことではなく、宗教の歴史自体が闘争の歴史なのだ。現に、中東における紛争は今も続き、日本に目を向ければ、キリスト教が広まった戦国時代には、一向宗の信徒らが封建領主を倒し、国を支配することもあった。現代でもオウム真理教によるテロなどが記憶に新しく、宗教が引き起こす事件は日本史だけを振り返っても枚挙にいとまがない。

老婆の塩

中通島を去る前日、私はふたたび西口の生家跡を訪ねた。相変わらずイノシシを捕らえる罠の檻は空っぽで、アブがしつこく顔のまわりを飛び交った。

その帰り、世話になった老婆に礼を言うため家へ足を運んだ。「こんにちは」と声をかけるが反応がない。出かけているのかと思いつつ、もう一度呼びかけると、家の中から物音がした。

「昼寝をしとったが」

老婆がひょっこり顔を出した。手には初めて会ったときと同じように、オロナミンCが握られていた。それまでどこか重たい気持ちでいた私だったが、思わず心が和んだ。受け取ったオロナミンCをひと息で飲み干し、礼を言うと、彼女は小さなビニール袋を差し出した。

「これを持っていきなさい」

見ると、袋には真っ白い塩が入っていた。塩は邪悪な魂を追い払う聖水に利用されるというが、老婆には私の肩口に西口の顔でも見えたのだろうか。道中の安全を願って、その塩を手渡してくれた彼女の心配りが嬉しかった。私はふたたび頭を垂れて老婆に別れを告げると、塩の入ったビニール袋をカバンの中に仕舞い、山道をゆっくり下った。

目の前に広がる奈摩湾は、今日も変わらず波ひとつ立っていなかった。

長崎へと戻る船の中、なぜ西口は詐欺や殺人など犯罪を重ねていったのか、答えを導き出したいと思った。西口の一家は生活に困窮していたわけでもなく、息子をミッションスクールに通わせるなど裕福といってもよかった。物質的に満たされない思いから、犯行に及んだわけではない。弁護士や大学教授などと身分を偽り、社会的に地位の高い職業の者をほぼ無条件に受け入れる日本人のブランド信仰を逆手に取った。他人の心を見透かしたうえでの犯罪行脚である。

先にも触れたが、その姿はキリシタン信仰を隠しながら踏み絵を踏んだ隠れキリシタンたちの姿とどうしてもだぶってしまう。語弊があるかもしれないが、迫害を受けたキリシタンの末裔だったことも、彼の行いの根源に潜んでいるように思えてならない。神に赦しを乞いながら、殺人を重ねた。西口の犯罪にもまた、風土が色濃く反映されていると私は思う。

宗教者と殺人者

宗教者の死刑囚として、オウム真理教の教祖麻原彰晃（あさはらしょうこう）のことはずっと気にかかっていた。なぜ私は宗教と縁のある殺人に興味を持つのか。それは、私の祖母が新興宗教の信者だったことにも関係がある。大正生まれの祖母は、戦後の混乱期に息子を病気で亡くした。それが入信の理由だった。一族全員から猛反対されたが、彼女の意思は固かった。その思いの裏側には、我が子の命を奪った戦争への怒りと既存の宗教への不信があったという。

祖父は戦時中、中国に出征していたが、無事帰国すると、祖母はすぐに着ていた軍服など戦争に関わるものはすべて焼き払ったという。心に鬱屈したものを抱えているときに、その新興宗教と出会ったのだった。私が中学生のときに祖母は亡くなったが、死の直前まで毎日朝と夕、読経(どきょう)をあげつづけた。元気な頃には、信者の集会に私を連れ出した。学校の体育館ほどの講堂は信者であふれ、甲高い読経は蟬(せみ)の鳴き声みたいに響いた。私にも読経をあげるように言ったが、まったく興味は湧かなかった。

祖母は交友関係が広くなかったので、信者仲間との交流が唯一家族以外の人間と会う機会でもあった。ある日、家にやってきた信者の女性が、私の目を見て真剣な表情で言うのだった。

「南無阿弥陀仏(なむあみだぶつ)と念仏なんて唱えちゃいけないよ。念仏を唱えたら、地獄に落ちるからね」

四〇年近く前の出来事だが、その口調と表情ははっきりと覚えている。彼女は他の宗派を貶める発言をして、己の宗派の偉大さを教えたかったのだろうが、私には、薄気味の悪さだけが心に残った。地獄という言葉に反応した私は、それ以降、気になってその宗教が発行する新聞を眺めるようになった。世界平和だ何だと、耳ざわりのよい言葉とともに、他宗派への罵詈雑言が堂々と載っていて、仲間に対する寛容さと同時に他者への排斥性が如実に表れていた。

宗教との縁の薄さを表す葬式仏教という言葉があるが、幼い頃の我が家はそれとは正反対だった。常に読経が響き、私は宗教というものが持つ独善性に胡散臭さを感じていた。

その後、人生を重ねるなかで、アジアを中心に旅を続けた。フィリピンやタイといった東南アジアでは宗教は日常とともにあり、教会や寺に頻繁に足を運ぶ人が少なくない。そこで目に見えぬものに対し頭を垂れる人の姿に美しさを感じたこともあった。一方で、教会にしろ、モスクにしろ、寺院にしろ、宗教施設は、貧者の暮らすスラムと比べると、これが同じ人間がつくりあげたものかと思うほど、建築に雲泥の差があった。それらの宗教施設が、宗教にすがる人々の喜捨からできていると思うと、心のどこかで、宗教に対する醒めた感覚がさらに増幅した。

いつの時代も人間の心をとらえてやまない宗教は、ときに美しくもあり、醜悪でもある。青砂ヶ浦教会で見たステンドグラスのように光の当たり方によってさまざまな色を見せる。敬虔な姿で神に頭を垂れていた人間が、銃や刀を手にして、命のやり取りをすることもあるのだ。

宗教者と殺人者は同義語なのではないかという思いさえ湧いてくる。

麻原彰晃の生まれた土地

ＪＲ八代駅の改札口を出ると、駅前は人通りもまばらだった。近くに化学工場でもあるのか、薬品の匂いが鼻につく。一九五五（昭和三〇）年三月二日、ここ熊本県八代市で、オウム真理教の教祖麻原彰晃こと松本智津夫は生まれた。当時の住所は八代郡金剛村。市の中心部から車で二〇分ほど走った場所である。八代は干拓の町として有名で、金剛村も球磨川河口の干拓によってできた村だった。

八代における干拓の歴史は江戸時代にさかのぼる。八代海に広がる干潟は人が暮らす場所ではなかったが、球磨川河口の広大な干潟に目をつけたのは、築城と土木事業に手腕を発揮した加藤清正であった。その後、一六三二年に肥後に入国した細川忠利は、清正の政策を引き継ぎ、干拓事業を行った。細川氏の入国から、明治・大正を経て昭和四二年まで約三〇〇年間干拓は続き、干拓地は一万町歩にもなった。八代市に広がる八代平野の三分の二が江戸時代以来の干拓地であるという。麻原が生まれた揚新地と呼ばれた干拓地は一七六四年、江戸時代に開かれた。見渡すかぎり起伏のないのっぺりとした干拓地には、表情のない地形とは裏腹に人々の夢や欲望が詰まっている。

麻原の父親も夢や希望を干拓地に追い求めた一人だったのだ。

八代市内から車で、麻原の生家のあった場所を訪ねた。市内から球磨川を渡ると、遮るものは何もない干拓地に出る。彼が通ったという小学校の近くで農作業をしていた、麻原よりは年齢が上と思われる初老の男性に声をかけてみた。

「麻原の生家の場所を探しているんですが」

麻原という名前はやはりタブーなのか、男性はしかめ面をして、ぶっきらぼうに「川むこうだよ」と言い放ち、そっぽを向いた。

私がいるのは麻原が生まれた干拓地であり、男性が言う川むこうというのは、球磨川の対岸、私が滞在していた八代市の中心部のことである。そんなところに麻原の生家はないはずだが、男性の態度から事件の大きさをあらためて感じずにはいられなかった。

こんどは、私と同世代と思われる男性を見かけたので話しかけてみた。すると、その男性は嫌な表情を見せることなく、生家の場所を教えてくれた。最初に尋ねた男性がいた場所から一〇〇メートルも離れていなかった。あの男性は麻原の近親者だったのだろうか。それ以外に拒絶する理由が見つからなかった。

生家の場所を訪ねると、六歳で盲学校に通うまで暮らしていた家はすでになく、空き地となっていた。麻原は一九六一年に生家のすぐそばにある金剛小学校に入学したが、その半年後に熊本市内にある盲学校に転校し、幼くして親元を離れた。

麻原は左目がほとんど見えなかったものの、右目の視力は1・0近くあったという。

そのため盲学校に通う必要はなかった。しかし麻原には全盲の兄がいて、将来自分と同じように全盲になったときに、鍼灸（しんきゅう）の技術だけでも身につけさせておきたいと考えた彼が、盲学校に入ることを薦めたのだという。

もうひとつ家庭の経済的な問題もあった。それが盲学校に通わせた第一の理由なのかもしれない。というのは、盲学校に通えば、経済的に困窮していた麻原の一家には、国からの補助金によって、寄宿舎の食費が免除される。九人兄弟を抱えた麻原の両親にとって、一人分の食費を浮かせられることは死活問題と言ってもよかった。

入植者としての厳しい暮らし

麻原の父親は、一九四〇年代に揚新地に入植すると、湿地に生える葦草（よしくさ）を利用して畳屋をはじめた。葦草は、もともと干潟であった八代の名産で、当地で栽培されて五〇〇年以上の歴史がある。麻原の父親が干拓地に入った頃、葦草栽培の本場だった岡山から動力織機が導入されて、八代の葦草の生産量は急速に伸びていた。そうした時勢も麻原の父親を干拓地に向かわせたのだろう。しかし、麻原の一家だけでなく、この土地での生活は厳しかった。生家近くに暮らす男性に話を聞いた。

「昔は麦が主食で、米はあんまり食えなかった。痩せた土地だから、生活は大変だったよ」

干拓地という土地柄、大地は塩を含んでいることもあり、稲作には向かなかったのである。

一九五七年、麻原が生まれる二年前に開かれた金剛干拓地という干拓地がある。そこには、九州だけでなく、遠く長野県から入植する人々もいた。戦後の混乱がひと段落した時代とはいえ、貧しさに喘ぐ人は今より多く、干拓地に入って、人生をやり直そうとする者も少なくなかったのである。『金剛干拓誌』に入植した人物の手記を見つけたので、抜粋したい。

〝一雨降れば、干拓地の水田は、まったくの泥沼と化し、一週間も冠水したままである。しかも、日照りが続くと、田ん圃はからからに干上がってしまい、亀裂が生じて手の施しようがない。(中略)苦労して植え付けられた苗も、水不足や塩害のため枯れてしまい、真っ赤になっている。まったく目も当てられないありさまである。関係者は、一体どうすればよいか、と、呆然として立ちすくんでいる〟

当時の生活の厳しさが偲ばれる記述だ。

この手記を読んだときに、ここ八代を訪ねる前に歩いてきた福岡県八女のことを思い出した。なぜ八女を訪ねたのかというと、ライブドアの元代表取締役で、証券取引法違反で逮捕されたホリエモンこと堀江貴文(ほりえたかふみ)の故郷だったからである。八女市龍ヶ原(たつがはら)という場所に生家がある。もともとは日本軍の飛行場で、戦後になってホリエモンの祖父が入植したのだった。

「うちは八女のストレンジャーです」

「日経ベンチャー」誌のインタビューでホリエモンはそう発言している。その言葉に彼の出自が集約されていた。

戦後直後の一九四五（昭和二〇）年一〇月、引揚者及び戦災者救済のために戦時中飛行場であった土地への入植者募集が行われ、ホリエモンの祖父はこれに応募し、現在実家のある場所に居を構えた。

ホリエモンの祖父と同時期に入植した近所の男性が言った。

「まったくとんでもない土地でね。サツマイモを植えても親指ぐらいにしか育たない。雨が降れば、ぬかるんでしまって一輪車も使えないから、自分たちで担ぐしかない。とにかく苦労しました。ホリエモンのところはお婆(ばあ)さんがよく働いていました。農作業だけでなくアメを売ったりしてね」

まさしく祖父母の血の滲むような苦労の末に、ホリエモンが生まれてきたわけだ。実際、開拓団の中には、厳しい生活の中で命を落とす者やあえなく立ち去る者も少なくなかった。一九四六年に二六戸だった入植者家族は、一九七〇年には一五戸と半分近くに減っている。

隣近所と地縁、血縁関係の薄い入植者の村という、干拓地と似た風土の中で育ったホリエモン。そうした環境で育ったことが、臆することなく閉鎖的な企業集団ともいえるプロ野球界や放送業界への進出をめざしたことにつながった面はなかったか。

地縁や血縁を気にしないといえば、ホリエモンが有名になったとき、彼を訪ねてきた当時の八女市長との面会を断ったこともあるという。

ホリエモンの実家を訪ねると、チチエモンが大きな庭の手入れをしていた。くりっとした愛嬌(あいきょう)のある目の中にも鋭さをたたえた眼光で、チチエモンは言った。

「わざわざ来てくれたのに申し訳ないが、一切ノーコメントなんです」

近所の人の話では、ホリエモンが拘置所に収監されたとき、チチエモンは差し入れを持って訪ねたが、息子が実家を訪ねてくる姿はここ最近見ていないという。

日本経済の開拓村ともいえる六本木ヒルズに暮らすホリエモン。東京でも彼は異端者であった。

そして、オウム真理教という新興宗教を立ち上げ異端を極めた麻原彰晃。

両者の生きた土地は軌を一にする。

智津夫は、と語る老婆

麻原の生家からほど近い場所に、墓地があった。少しでも土地を農地として使うためか、墓石は一列に並んでいた。そして、どの墓石も正面はすべて海に向いていた。その姿は、故郷を捨てて干拓地に向かった人々を彷彿とさせ、物悲しさが漂っていた。

麻原の一家は、九人兄弟のうち三人が目に障害を持っていた。麻原と年齢が一一歳離れた全盲の長兄は、写真家藤原新也のインタビューの中で、幼少の頃、生家近くの水路で、貝や海藻を採って食べていたことから、兄弟に眼病が多いのは水俣病によるものではないかと証言している。家から目と鼻の先にある水路は八代海につながり、さらに水俣湾へとつながっている。水俣病の原因となったメチル水銀は、妊婦が大量に摂取すると胎児に影響を及ぼし、中枢神経などに障害が出ることが立証されている。目に障害が出る可能性も十分に考えられる。水俣病云々は措いておくとしても、当時汚染されていた八代海から貝などを採って食べなければならないほど、一家の生活が困窮していたことを物語っている。

盲学校へ通った麻原は、二〇歳まで寄宿舎で過ごし、その後熊本と東京を行き来しながら、二二歳のときに東大法学部をめざすと言って東京の予備校に通いはじめる。その予備校で妻となる石井知子と出会う。

この頃から宗教へ傾倒していき、阿含宗（あごんしゅう）へ入信する。宗教に興味を持ったのは、長兄から創価学会や阿含宗に関する本を薦められたことからだという。三年ほどして麻原は阿含宗を脱会する。理由は、永代供養などの金を請求する金権体質だった。一九八三年夏、鳳凰慶林館というヨガ教室を開設、後にオウムの会と改名し、オウム神仙の会を経て、オウム真理教へと至る。麻原はヨガの修行者から、宗教家へと変貌していった。

麻原の記憶を求めて、私はさらに集落の中を歩いてみた。麻原と同年代と思（おぼ）しき人たちに話しかけてみるが、幼少時代にこの土地を去ってしまった麻原のことを覚えている人には出会うことができなかった。

何人かに声をかけ、麻原一家のことを覚えている老婆にようやく出会うことができた。

「お父さんは悪か人ではなかったよ。腕のいい職人さんだった。事件のだいぶ前には、仕事を辞めていたけどね」

オウム真理教の麻原彰晃は、金剛村の松本智津夫として老婆は記憶していた。

「麻原彰晃じゃなかばってん。智津夫は、何度か青山弁護士とここに来ていたよ。小屋みたいだった家も大きくしてね。子どもの頃のことはよく覚えてないんだよ。毎日仕事に出ていて、家におらんけん」

老婆の記憶では、麻原の一家は大陸からの引揚者だった。

「おじいさんが満州から引き揚げてきて、炭坑夫をしていたおじさんのところで世話になってね。ここに来る前はお父さんも炭坑夫をしていたみたいだよ。それからここで畳屋をはじめたんだよ、田はなかったから農業はしてなかった」

もし引揚者であれば、戦後にここへ来ているはずだが、麻原の一家は日米開戦の前年に移り住んでいる。老婆は記憶ちがいをしているのかもしれないが、私はあえて聞き流した。

話を聞き終えて挨拶をして立ち去ろうとすると、老婆がぽつりと言った。

「智津夫は、可哀想な子だった」

老婆は何を思いその言葉を洩らしたのか。近所の住人として、幸せとはいえない麻原の幼少時代に思いを馳せてその言葉を洩らしたのだろうか。世間では稀代の悪人でしかない麻原彰晃だが、彼が生まれ育った土地では、世間とはちがった眼差しで麻原を見つめる人の姿があった。

麻原彰晃こと松本智津夫死刑囚は死刑判決が確定してから、一一年一〇カ月後の二〇一八年七月六日、刑が執行され刑場の露と消えた。人間は死を迎える時、走馬灯のように人生が駆け巡るというが、彼の瞼には故郷の景色は現れたのだろうか。

日本の風土とオウム真理教

オウム真理教が急速に勢力を拡大していったのは、一九八〇年代の半ばから後半にかけてである。日本はバブル景気の真っ只中(ただなか)にあった。バブル期の世相を私なりに思い返してみる。実家は肉屋を経営していたこともあり、あの頃はひっきりなしに客が訪れていたことが記憶に残っている。年末には、山積みになっていた贈答用のハムが三日もかからず売れていた。中学生の私にも世の中が浮足だっているような雰囲気が感じられた。

モノと金があふれた時代にあって、すべての若者がかならずしも春を謳歌していたわけではなく、精神的に満たされない者も少なくなかった。太平洋戦争の敗戦で価値観が一変し、よくも悪くも大衆は精神的な支柱を失った。一九六〇年代から七〇年代にかけては、学生運動が若者たちの精神的な支柱として機能した。しかし政治の季節が終わると、若者たちの支柱となるものは、端的に言ってしまえば、モノとカネしかなかった。

その潮流に違和感を覚える者や、時代に乗り遅れ社会の片隅にいる者たちの思いを既存の宗教は代弁することができなかった。日本の若者たちは、持たざる者ではなく、持つ者ゆえの悩みを抱えていたのだった。

その時代、仙人のように姿を現したのが麻原彰晃だった。麻原はダライ・ラマとの面会や空中浮揚ができるといった触れ込みで、世間の注目を集めていた。高校生だった私は、麻原がテレビに出演したことをはっきりと覚えている。ビートたけしの番組で、いつもは軽妙な話しぶりのたけしが、その日は神妙な顔をして麻原の説法に耳を傾けていた。おそらくその番組を見た者たちは、麻原がひとかどの人物であろうと思ってしまうような扱いだった。

麻原のメディア戦略も功を奏し、オウム真理教は一万人以上の信者を獲得するに至る。それと同時に、ひとたび信者になれば脱会を認めない姿勢が、社会問題となっていった。一九八九年には脱会を希望する信者の救済に動いていた坂本堤弁護士一家殺害事件を起こすなど、狂気の側面が顔をのぞかせはじめるのである。

一九九〇年、衆議院選挙に麻原をはじめ二五人が立候補するが、すべて落選すると、麻原は非合法な手段、つまり武力に訴えることを決断する。自分たちの理想とする王国の建設を進めるには、合法的な手段では無理だと考えたのである。

麻原は、富士山麓に取得した土地で小銃や化学兵器を製造し、一九九四年には松本サリン事件、翌年には地下鉄サリン事件とテロ行為を行い、国内を未曽有の混乱に陥れた。オウム真理教の行ったことは、狂気の沙汰以外の何物でもない。しかし、イワシの頭も信心からという宗教の本質から考えると、信者たちにしてみれば、麻原が教祖として存在している以上、彼の教えは絶対であり、真理そのものなのである。

キリシタンたちは、江戸時代を通じて幕府の権威を認めず、神のみを信じたことから弾圧されつづけたが、彼らはその信仰を棄てなかった。ではなぜ、今もオウム真理教を引きついだ教団があれほど社会から批判され、地域から追い出されるなどしても、日本から消えないのだろうか。答えは単純明快である。彼らの持つ教義に惹かれる者がいるからだ。

オウム真理教の教義はヒンドゥー教をベースにしたもので、その根本は、カルマと輪廻転生である。カルマは、日本語では業や因縁と訳される。輪廻転生とは生まれ変わりのことである。現在の自分の置かれている状況は、前世や過去に成したことが現れた結果であり、現在の行いが来世の己の在り方を決めるというのだ。死後、よき来世を迎えるために、よりよきカルマを積まなければならないということである。その信仰は特別なものではなく、今もインドやネパール、タイなどでは普通に見られる考え方である。教義のベースは極めて普遍的であり、人生におけるひとつの指針となるといっていいだろう。ただ、その修行と称した行いにＬＳＤなどの薬物や電気ショックなどを利用し、洗脳することによって金銭を巻き上げたことが、いかがわしさを生んだ。

宗教心を抱き修行を志したならば、何も教団に頼らず個人が日常で実践、意識すればいいだけの話なのだが、日本では宗教に関する話題は学校や家庭において、タブーといってもいい。宗教に対する無垢さが、多くの若者がオウム真理教に染まってしまった理由の一端であろう。日本の社会状況が変わらないかぎり、オウム的なるものが消えることはないだろう。今後も、次なるオウムが生まれてくる可能性は十分にある。

戦国時代のキリシタンしかり、戦後急速に日本に広まった新興宗教しかり、その根っこにあるのは、簡単にいってしまえば、国家社会を論じる大乗仏教とは異なり、個人の救済に主眼を置く教義である。新興宗教は、個人主義の広がりとともに社会に浸透していったのだ。

麻原は、いつ宗教に興味を持ったのだろうか。

生まれついての弱視、貧しさ、己の置かれた立場に劣等感や不平等な思いを抱いていたことは容易に察しがつく。その心の隙間を埋めるために宗教が必要だったとしたら、彼もまた日本のどこにでもいる普通の人間であったということだ。

宗教に救いを求め、ヒンドゥー教をもとに教義をまとめ、それが時代状況によって若者たちの共感を呼んだ。しかし、いざ教祖となると、いつしか己の金銭欲や性欲を満たすものに変質していった。

彼の生き様というのは、極めて人間臭い。

麻原の故郷で出会った老婆の言葉が心に沁みる。

「智津夫は、可哀想な子だった」

彼女は解脱者でもなく、宗教家でもない、人間松本智津夫の生の姿を評してそう言ったのだろう。その言葉は、我々日本人の一人ひとりに投げかけられているようにも思えた。

第8章　戦争と殺人

栃木県西方町。小平死刑囚は食糧が手に入ると女性を誘い、
この山林に連れ込み強姦した後、殺めた

人肉食いの記憶

「ミヨ　トーカイノソラアケテ……」

目の前にいるフィリピン人の老人は、私が日本人だとわかると、一九三七年に作詞作曲され、国威発揚のために広められた愛国行進曲を口ずさんだ。名前はイメリオ・マヨールさん（八五歳）。

「戦争がはじまる前から、日本人が何人かこの街にも住んでいてね。山田という同年代の友達がいたんだよ。学校では日本語も勉強させられて、唄も歌わされたんだ」

ここはルソン島北部の山村カバヤン。バギオから車で五時間ほどかかって村に到着した。山深い土地ではあるが、日本統治時代には、日本人が暮らしていた。戦争末期になり、日本の敗色が濃くなると、米軍の攻撃の前に為す術なく敗走を重ねる多くの日本兵たちが流れ込んできた。

マニラから撤退し、ルソン島北部に追いつめられた日本軍は、すでに指揮系統が崩壊し、食糧の配給はなく、すべて自活しなければならなかった。そうした状況のなか地元住民たちは、日本兵による人肉食いを目撃した。日本兵たちは地元の住民たちを襲ってその肉を食らっているとの噂も流れていた。

混乱状況の戦争末期、マヨールさんは反日ゲリラに身を投じた。

「日本人に恨みはなくて、友達もいたからむしろ親しみを感じていたけれど、祖国を解放するために日本軍と闘うことを選んだよ」

衝撃的な光景を目にしたのは、終戦間近のことだったという。

「むこうの河原を見てください」

マヨールさんは、私たちがいる場所から二〇〇メートルほど離れた眼下の河原を指差した。

「朝だったか、昼だったか、時間はまったく覚えていないんだけど、河原で、二人の日本兵が何かにしがみついていた。警戒しながら近づいてみると、彼らは死んだ日本兵のふくらはぎのあたりにかぶりついていた。私たちが近づいても、逃げることすらできなかった。衰弱して歩けなくなっていたんだ。なんとか生きるために、最後の手段として人肉に食らいついていたんだと思うよ。私たちは三人でパトロールしていたんだけど、おぞましい光景に耐えられなかったんだろう、仲間の一人がその場で日本兵を射殺したんだ。仲間の気持ちも十分理解できたが、殺された日本兵も仕方なしに食べていただけだから、本当に哀れだったよ」

友軍の兵士にかぶりつきながら息絶えた日本兵。まさに生き地獄である。今から七〇年以上前に、そのような出来事がルソン島のこの静かな山村で起きていた。

私がルソン島北部、日本軍人肉食いの村を歩いたのは、今から一〇年以上前のことだ。それからというもの、戦争によって引き起こされたさまざまな事件に興味を持つようになった。戦争が招いた地獄は、兵士たちが出征したフィリピンだけでなく日本国内にも存在した。

群馬県で起きた人肉鍋事件

上信越自動車道を下仁田（しもにた）インターチェンジで降り、山あいの国道を一路信州方面へと走る。両側に見える山々が目的地の南牧村（なんもくむら）が近づくにつれ徐々に迫ってきて、いつの間にか道は山の峰を縫うようになっていく。

下仁田から信州へと向かう県道四五号線は、江戸時代中山道の脇街道として多くの旅人たちが行き交った。江戸時代には砥石（といし）の産地としても知られ、街道を通って江戸へと運ばれた。常に賑わいを見せた往時の街道の姿は、車の交通量も少なく廃屋も目につくような現在のようすからはにわかに想像しがたい。

この村で起きた事件というのは、戦中から戦後すぐにかけての食糧難が生んだ悲劇であった。食糧が尽き、飢餓状態に置かれた女性鈴木龍が娘のトラを殺害し、その肉を鍋にして家族で食べてしまったのである。戦争中の食糧難は、日本兵だけでなく一人の女性を人を食う羅刹に変えた。

両側に山が迫った谷沿いの道を車で走っていくと、斜面にへばりつくように家が建つ集落に出る。わずかばかりの斜面に農地を切り開き、先祖代々生き抜いてきたであろうことが、村の風景からはうかがえた。集落の中を車で回ってみたが、人の姿はない。南牧村は住民の平均年齢が日本一高いことでも知られる、いわゆる過疎の村である。家のまわりだけでなく、畑にも人影は見えず、毛無岩と呼ばれる岩山の見事な姿と澄んだ青空だけが目に入ってきた。しばし景色を目に焼きつけた後、ふたたび集落の中を流してみた。

庭で、車を洗っている男性をやっと見つけた。五〇代と思しき年齢から推察するに、男性は事件のことは知らないだろうが、噂話ぐらいは聞いているだろう。

「こんにちは、事件の取材でこのあたりを歩いている者なのですが」

「はあ、何のことでしょう？」

事件という言葉で、戦時中の忌まわしい村の記憶を呼び起こしてくれないかと思ったが、淡い期待は裏切られた。そうこちらに都合よく取材は進むものではない。気を取り直して、話を続けた。

「戦争中に、この村である女性が人肉を食べてしまった事件のことを取材しているんです。何か話は聞いていないですかね」

「はあ、聞いたことがないですね」

「どなたか、戦争中のことを覚えていらっしゃる方はいませんかね」

「それなら、うちのオヤジに聞いたほうがいいでしょう」

男性は車を洗っている手を休めて、「こっちに来てください」と手招きした。庭を見渡せる部屋では、父親と思しき人物がテレビを見ていた。

「戦争中の話？　まあ、そんなところに座ってないで部屋に入りなさい」

思わぬ申し出に喜びを秘して、テーブルを挟み父親と向かい合った。

「部落の中をうろちょろしてたのはあなたかい。不審な男がいるから気をつけなさいって、役場に連絡しようかと思ってたんだよ。最近は振り込め詐欺だなんだかで物騒だからな」

人の気配はなかったが、集落の中を車で走っていた時点で目をつけられていたのだった。

「あなたは本当に取材で来たんだよな。何かちがうことでも考えているんじゃないのか」

老人の疑いの言葉に、思わず声を上げて笑ってしまった。名刺を渡すと、しばし見つ

めてから、

「うん。わかった」と言って、話を聞こうという姿勢になってくれた。

「人肉事件のことについて、当時を知る人にお話をうかがいたいと思いまして」

老人は、やはりそのことかという顔をした。

「何で、そんな昔の事件のことなんか追いかけてるのよ。大騒ぎになった事件だけどさ」

「戦争から七〇年以上が過ぎて、あの時代は遠い過去になってしまったかもしれませんが、今の時代では想像もつかない事件だけに、記憶のある方から話を聞いておきたいんです」

「事件のことを話しても、このあたりじゃ誰も喜ばないし、まだ関係者もいるしな」

老人は積極的に語りたそうでもなく、かといって完全に拒絶しているわけでもなかった。

「村の人からしてみれば迷惑な話ですよね。これは私の勝手な気持ちなんですが、どうしてもあの事件を目撃した人に話を聞いてみたいんです。ただ、そのためだけにここへ来たんです」

「そうか、ここで話を聞いたってことは、誰にも言うなよ」

老人は心を決めたようで、湯呑(ゆの)みに入った茶を口に含み喉を湿らせてから、語りはじめた。

それは彼が少年だった頃のことである。

「山から下りてきたら、おトラさんの家のところで警察官が土をふるいにかけているのがちょうど見えたんだよ」

山で薪拾いを終えて山道を下りてくると、普段は見かけない光景を目にした。何人もの警察官がおトラさんという一七歳の少女が暮らしていた家のまわりの土を掘り起こして、何かを探しているのだった。終戦から三カ月ほどが過ぎた一九四五年一一月のことだった。

「事件なんて滅多にない村だから何やってんのかなぁって思ったんだよ。そうしたら、おトラさんのことを母親のお龍さんが食べちゃったらしいって噂が村中に流れて、驚いたんだ」

事件を起こした龍は、天野今朝吉（あまのけさきち）という男性の再婚相手だった。年齢は三二歳。彼女は小学校卒業後、村で蚕（かいこ）の繭を煮る仕事をしていた。一九三五年、二二歳のときに最初の結婚をし、あさ子という名の一女をもうけるが、夫と折り合いが悪く二年後に離婚。翌年あさ子を連れ、同じ集落に暮らす天野今朝吉の後妻となった。今朝吉にも亡くなった妻との間にやす、トラ、みつよ、満雄の四子がいた。今朝吉と龍はさらに二人の子どもをもうけ、子どもは七人になった。龍と血がつながっていない三人はトラを除いて奉公に出された。

家には今朝吉夫婦、龍の長女あさ子、トラ、今朝吉と龍の間にできた二人の子どもの六人が暮らしていた。今朝吉は土地なしの日雇い労働者で、一家の生活は厳しかった。いま話を聞いている老人の家から五〇メートルほど離れたところにゲートボール場があるのだが、そこに家があった。

「食うや食わずの時代でね、米なんて取れないところだから、みんなイモとサツマイモだけで。そのイモだって供出しなければならなかったから、生活は苦しかったよ。今朝吉さんの家はいちばん大変だったと思う。家だって荷物を置く小屋みたいなもんだったけど、それだって自分で建てることができなくて、部落の人たちが建ててやったんだ」

一家の経済的な貧しさは、今朝吉の性格に起因するところもあったという。今朝吉は食い物に困らないと、日雇いの仕事に出なかった。そして、今朝吉の次女トラも精神的な障害を抱えていて、人と満足に話すことができず、学校にも通えていなかった。

「昔は今とちがって、学校に通わなくてもとやかく言われる時代じゃなかったから。集落にはトラさんだけじゃなくて通ってない子どもは多かったけど、トラさんはボーッとして、家の前によく座っていたよ。今朝吉さんはほとんど家にいて、傍から見たら怠け者なんだろうけど、生まれつきそうだったわけじゃない。もともとはここから歩いて三〇分ほどの集落に暮らすけっこうな家の出だったんだ。人に騙されたとかで財産を失って、それ以来、頭がおかしくなっちゃったわけじゃないけど、無気力になってしまった」

当時の新聞報道などによると、今朝吉は低能であると書かれていて、老人の見解とは大きなちがいがある。彼を間近で見ていたこの老人の言葉に、私は信憑性を感じる。

松本清張は、この事件にただならぬ衝撃を受けたのだろう、事件をモチーフにして『肉鍋を食う女』という小説を書いている。作品の中で彼は、一家のことをこのように記している。

〝朝吉は少し低能で、怠け者であった。日傭だが、仕事に出たり出なかったりした。百姓するにも土地を持たないのである。女房というのは三十三歳だが、朝吉のところへは連れ子をして来ている。巡査は、この家の前でいつもぼんやり佇んでいるトラという娘の姿がないのに気がついた。トラも精神薄弱な上に盗癖がある。年齢は十七だが、身体は大人のように大きかった〟

新聞報道などを素材として描いているのだろう。財産を失い廃人同然になってしまった今朝吉が感じていた人生への絶望は、どこからも感じることはできない。

龍は血のつながっていない今朝吉の子どもを奉公に出していたと先に述べたが、今朝吉の次女トラだけは奉公に出さなかった。弁護士池田正映（いけだしょうえい）の著書『群馬県重要犯罪史』（高城書店）によれば、トラは三歳の頃、かつて脳膜炎と呼ばれた髄膜炎を患った後遺症で、学校はおろか家事もままならず、配給されるわずかばかりの飯を食らうだけの存在になってしまった。

一九四四年の暮れ頃には、今朝吉はほとんど日雇いの仕事に出なくなった。龍は、食糧が配給されると後先考えずに浪費してしまい、計画性がまったくなかった。近所から少しばかりの小麦などを分けてもらい、その日その日をしのいでいる始末だった。

『群馬県重要犯罪史』によると、一九四五年三月二六日、ついに近所からもらった米や麦が底をついた。昨晩つくったみそ汁も、今朝吉が朝一人で飲み干した。同居している四人の子どもに与える食事がなく、子どもたちはしきりに腹が空いたと訴える。隣の家から先日麦を借り受けた際に、「もうこれきりだ」と告げられ、他に借りる当てもなく、真から窮してしまった。

午前八時頃、トラは居間の炬燵（こたつ）に一人、動く気配もなく座っていた。胃腸を病んでいたこともあり、日に日に痩せ衰えていた。その姿を見た龍は、トラの命はどうせ長くないから、殺害してつぶし、自分の腹を痛めて産んだ三人の子どもに食べさせたほうがよいと思うに至ったという。

三人の子どもたちに薪を拾ってくるように告げ、外に出した。午前一〇時頃、トラと二人だけになると、相変わらず炬燵に座っていた彼女を立たせ、居間にあった戸棚の仕切り板にその首を押し当て、後ろから両手で押さえつけた。龍は二〇分にわたって手を離さなかった。

トラが息絶えたのを確認すると、布団に寝かせ、龍はすぐに解体に取りかかった。彼女にとってトラは血のつながらない娘であり、わずかな食糧を浪費するだけの邪魔者でしかなかった。

家にあった包丁と鋸(のこぎり)を使って、頭と手足を胴体から切り離した。次に臓物を取り出し、胴体を上下に二分した。頭と足首は庭先に埋め、手足や胸、臓物を囲炉裏にかけた鍋に入れて調理した。

外から帰ってきた子どもたちには山羊(やぎ)の肉だと言って、三日間にわたって食べさせた。その日、久しぶりに日雇いの仕事に出ていた今朝吉が、黙ってその肉を食べたのか、それとも手をつけなかったのかは定かではない。

トラの肉を食べたことによって、今朝吉の一家は、とりあえず命の灯を絶やさずにすんだ。

我が国では、古くは日本書紀の中に人肉を食べたという記録が残っている。

〝郡国(くにぐに)、大水い出て飢ゑたり。或(あ)るいは人相食(あいく)らふ〟

欽明天皇二八（五六七）年、古墳時代後期のことだ。

さらに江戸時代の天明の飢饉では、特に被害が激しかった奥羽地方を旅した博物学者の菅江真澄の記録が『菅江真澄遊覧記』に残されている。現在の青森県内のとある村で草むらに人骨が積み重なっているのを目撃した菅江真澄に、村人が言った。

「自分の産んだ子、あるいは弱っている兄弟家族、また疫病で死にそうなたくさんの人々を、まだ息の絶えないのに脇差で刺したり、または胸のあたりを食い破って、飢えをしのぎました。人を食った者はつかまって処刑されました。人肉を食った者の眼は狼などのようにぎらぎらと光り、馬を食った人はすべて顔色が黒く、今も生きのびて、多く村々にいます」

人間は飢餓状態に陥ったとき、生き抜くためには、たとえ肉親であっても手をかけ食すということを、村人の言葉は表している。龍が取った行動はおぞましいことではあるが、人間の誰もが胸のうちに内包している本能なのかもしれない。

人肉鍋事件は、半年ほど経って発覚した。一九四五年秋のことだった。終戦後、村に駐在していた巡査が村人の戸籍調べをするために一軒一軒を回ったのがきっかけだった。

「前橋に親戚の家があって、おトラさんはそこに子守りには出ていたんだよ。実際は何事もなく帰ってきてたんだけど、龍さんは『空襲で死んだ』って答えたみたいだな。そう言われたら、あの当時は調べようがないもんな。近所だって誰もわからなかったんだから」

　事件発覚当時のことを思い出しながら、老人は語った。五五三人が亡くなった前橋空襲は一九四五年八月五日に起きている。巡査は龍の言い分に納得せず、さらに問い質（ただ）すと、彼女は食べたと告白したのだった。

「実際に食べるために殺したのかは、誰もわからないんだよ。だって時間が経っちゃってるもんな。あの時代はみんな栄養失調のような時代だから、ある日コロッと死んじゃって、それを食べたのかもしれない。村では、『龍がトラに勝った』なんて悪く言う人もいたけれど、みんな他人事じゃなかったんだ。食事にサツマイモが一本出れば、ご馳走の時代だったんだよ。龍さんがおトラさんを殺したことになってるけど、もしかしたら、栄養失調のせいでよろけて倒れただけで、食べずに埋めた可能性だってあると思うんだ。だって、誰も龍さんがおトラさんを殺してるところを見てたわけじゃないんだから」

　少年だったとはいえ同じ時代を過ごした者として、彼の言葉は龍に対して同情的だ。戦中戦後の食糧難の時代を生き抜いてきた老人は、人肉事件に関しては今も半信半疑のようだった。

「だけどよ、今の時代のほうがひどい事件があると思うよ。それに比べると、小さな事件、可哀想な事件なんだよ。あんまり大げさに取り上げてほしくないな」

龍は逮捕され、実刑判決を受けた。一方、今朝吉と子どもたちは村で暮らしつづけた。

老人は、その後龍の子どもたちに降りかかった知られざる悲劇を話してくれた。

「もう昔のことだから、何歳だったかははっきり覚えていないけど、今朝吉さんと龍さんの間にできた二人の子どもも、結局食いもんがなくて亡くなってんだぁ。お姉さんがお守りをしてたけど、母ちゃんが刑務所に入って面倒が見切れなくてなぁ」

今朝吉一家は、まさに一日一日を生き抜くために必死だったわけである。そう考えると、本意ではなかっただろうが、トラは己の身を犠牲にして幼い兄弟の命を救おうとしたともいえる。しかしそれは叶わず、結果的に三人が命を落とすことになった。

人肉を食べるという行為は、飽食の現代から見るとショッキング極まりないが、当時の状況を考慮に入れると、どこで起きてもおかしくはなかった。その証は、老人が今朝吉や龍を責めない態度に表れているように思えた。

今朝吉一家は事件後も村に暮らし、つい数年前まで、事件当時は奉公に出ていた今朝吉と先妻の間にできた男性も暮らしていた。男性に土地はなく、村の農家の手伝いや炭焼きなどをしていたという。刑務所から出た龍は下仁田市内の寺に引き取られ、そこで余生を過ごした。

今朝吉一家が暮らした家から目と鼻の先に墓があるというので訪ねてみた。つい最近つくられたと思われる真新しい黒い墓石には、白い文字で今朝吉の名前が刻まれていた。ただ墓誌には、忌まわしい事件を起こした龍と、人身御供（ひとみごくう）となったトラの名前は刻まれていなかった。私は、この地を今も彷徨っているであろうトラの冥福を祈りつつ手を合わせた。

今朝吉の家があったゲートボール場に人の姿はなく、外れに一本のナラの大木が植わっていた。おそらく一家が暮らしていた当時からあったであろうその木だけが、事件の記憶を宿している。

小平義雄の連続殺人事件

「終戦後は何といっても、食糧が女の心をいちばん動かしました。私はそれを利用したのです」

戦後の食糧難の時代、七人の女性を栃木県や都内のひと気のない山林へと誘い出し、次々と強姦したうえ殺害した小平義雄の言葉である。

小平が犯行に手を染めたのは、一九四五（昭和二〇）年五月から翌年八月にかけてのこと。明るみに出た犯行以外に、三〇件以上の余罪があるとも言われ、実際どれだけの罪を犯したのかは、すでに刑場の露と消えた小平のみが知り、闇の中である。

終戦前から食糧は欠乏し、都市に暮らす人々は着物や時計など金目のものを持って、郊外の農村地帯へと野菜や米などの買い出しに出かけた。米軍キャンプなどから出た残飯が闇市で売られた時代でもあった。

その日を生きるため血眼になって食糧を求める人々の群れの中から、めぼしい女を見つけては声をかけて、小平はその毒牙にかけたのだった。

食糧難という言葉は、今の日本においては死語であろう。ただ少なくとも七〇年前を生きた人々の心には深く刻まれている。

戦後直後の食糧難はなぜ発生したのか。戦前の日本の食糧自給率は八〇パーセントほどで、あとの二割を中国や朝鮮半島、タイなどからの輸入で賄っていた。日本国内だけで、自国民を養えるだけの米を収穫することができなかったことが理由の一端にある。一九四一年に米英連合国と開戦し戦域が拡大、農作業に従事してきた若壮年層の男子が戦地へ出征したことが食糧事情を悪化させた。さらに、日本へ物資を運ぶ輸送船団がアメリカの攻撃によって沈められ、米の輸入が滞っただけでなく、農薬も不足した。当時、農薬は満州などで製造され、日本に輸入されていた。米の収穫量は一九四五年の時点で開戦時の六割ほどしかなく、輸入米も入らなくなったことから、都市部には米が回ってこなくなったのである。

そもそも日本が米を自給できていたのは江戸時代までで、明治時代に入ると工業化と人口増加により自給率は低下していく。その後日本は、資源を求め満州や南方に進出していくわけだが、その根底には、食糧を求めていたという事情もある。日本が欧米列強にならって富国強兵の道を歩みはじめたときから、後に掲げられる大東亜共栄圏は理想だけではなく切迫した現実を切り開くひとつの手段でもあった。世の中の大きなうねりの中で人々は翻弄され、その間隙を突くような小平の犯罪が生まれることになる。

足尾銅山の恩恵を受けた土地

小平が生まれたのは一九〇五（明治三八）年一月二八日、日露戦争開戦の翌年だ。大国ロシアを相手に勝利し、日本は世界の一等国に仲間入りしたと、人々が鼻高々になっていた時代である。一方で、都市部ではスラムが形成され、下谷万年町では木賃宿が急増、資本主義化による光と影がくっきりとした輪郭をつくりはじめていた。

小平が生まれた村は、日本の近代化とは切っても切れない因縁があった。

村からひとつ峠を越えると、そこには足尾銅山がある。江戸時代初期に開かれた足尾銅山も、中期にはすでに銅が掘り尽くされ、明治に入ると廃鉱同然であった。その足尾銅山を古河市兵衛（ふるかわいちべえ）が買い取った。ヨーロッパの採掘技術を駆使して採掘すると巨大な鉱脈が見つかり、日本の国家財政を支えるほどの銅を産出するようになる。明治政府にとって、銅は生糸に次ぐ重要な輸出品目となった。当時ヨーロッパを中心に電線や電話網の整備が急ピッチに進んだことや、砲弾の先端に銅合金が不可欠だったことから、世界の市場で銅は高値で取引されたのだった。

産出された銅は小平の村を通って現日光市の今市に集められた。村は銅山を行き来する者たち相手の商売で活況を呈した。さらには銅を精錬する精銅所ができたことで、村と足尾銅山は一衣帯水の関係となる。日光方面から銅山へ向かう際は人の足頼みであり、夕方になると峠越えを諦めた旅人たちの宿が必要になる。小平の生家も含め、村のほとんどの家は宿屋を経営していた。『日光市史史料』第六集には村人たちの証言が集められている。

〝足尾に行く人は、一般の旅人も商人も全部ここを通ったから、足尾とは切っても切れない関係であったわけです。上り二里、下り三里の道で五里の道は夜になると通れないから、部落の個人の家は、その当時は皆宿屋になったわけです〟

明治日本の産業革命は、小平の村にも及んだ。一方で、銅山開発が進むにつれて、銅山から流れ出た鉱毒が渡良瀬川（わたらせがわ）流域を汚染した。国家を支える銅山の採掘が最優先され、鉱毒被害者たちが顧みられることはなかった。足尾銅山に隣接していた松木村は、鉱毒の被害によって廃村となり、村人たちは小平の村に移住してきた。小平が生まれる三年前のことだ。

帰化人と修験者による開発の歴史

足尾銅山が明治時代になって再開発されるまで、生家のある村は山深く、標高も高いため米は取れず、稗や粟、麦などを常食とする貧しい土地であった。ただ、この地に人が暮らした歴史は古い。八二六（天長三）年には村の鎮守である磐裂神社が造営されている。磐裂神社は明治時代の廃仏毀釈によってつけられた名前で、それまでは妙見神社と呼ばれていた。妙見信仰は、古代バビロニアに起源を持つといわれ、彼の地の遊牧民たちが北天で動かない北極星を道標として利用し、神と崇めたことに端を発する。バビロニアから中国へと伝わり、朝鮮半島を経て日本にも伝播した。日本には七世紀に伝わり、百済や新羅からの帰化人たちが信仰し、後に彼らが関東地方の開発に携わったことで広まっていったといわれている。

八世紀以降、日光は勝道上人などの山岳修験者たちによって開かれた。源流をたどっていくと、山岳修験は日本のシャーマニズムと大陸から伝わってきた道教の神仙思想とが融合しながら発展してきた経緯もあり、帰化人たちとも結びついていく。修験者たちは、鉱物に関する知識も豊富で、日本各地の鉱山開発の先駆けとなった。日光周辺には足尾銅山だけでなく、金精峠など鉱山とつながりのある地名も多く残されていることから、修験者たちが日光周辺を歩き、鉱山開発に携わっていたことは疑うまでもない。

帰化人たちの関東入植で重要視されたのは、鉱山開発である。埼玉県秩父において銅が発見されたのは七〇八年のことで、そこから東国の開発がさらに進んでいく。大和朝廷は、七一六年に武蔵国に高麗郡を設け、一八〇〇人の高句麗人を移住させた。日光が勝道上人によって開山されたのは七六一年だから、これも東国開発の流れに沿った動きともいえよう。村にある神社は彼らとのつながりによって造営されたと推察できるのではないだろうか。

最初の殺人と「淫獣」の手口

この集落で小平は一八歳まで暮らした。尋常小学校卒業後はしばらく実家で過ごしていたが、二年ほど東京に出て働いた後、実家に戻り古河電工で仕事を得た。その間、特に問題は起こしていないが、一八歳のとき海軍に志願して以降、凶暴な一面が顔をのぞかせるようになる。

海軍の横須賀海兵団に配属となり、横須賀の色街で初めて女を知る。その後軍艦に乗艦し各地で女を買うようになった。本人曰（いわ）く、日本人に似ているフランス人がお気に入りで、一晩で四、五回やったと逮捕後に警察で供述している。売春婦を買うばかりではなく、海軍時代には中国の大沽（ターク―）で、暴行殺人の萌芽ともいうべき強姦を犯している。供述によると、中国人の民家へ押し入り、まず父親を縛り上げて隠れている娘を出させ、強姦したうえで性器を切り取ったという。妊婦の腹を突き刺し、赤子を出したこともあった。そのような残虐行為を五、六人にやったという。軍隊時代の残虐行為は彼の心に宿っていた暴力性に火をつけた。

海軍除隊後、二七歳で小平は最初の結婚をする。ただ他に女をつくり妊娠させたことが妻にばれ、結婚四カ月で妻は実家へ帰った。未練があった小平は妻の実家へ押しかけ、戻るように説得する。拒絶されると鉄棒を持って忍び込み、妻の父親を殺害し、他の家族六人にも重傷を負わせ殺人罪で逮捕された。懲役一五年を言い渡され、小菅刑務所に収監された。

一九四〇年、恩赦により刑務所を出所すると、一九四四年、前科を隠して再婚する。

その前年、小平はのちに国内で最初の暴行殺人を起こす大森の海軍第一衣糧（いりょうしょう）廠に職を得ていた。東京への空襲が本格化すると、妻を郷里の富山へと疎開させ、小平は衣糧廠に住み込むようになる。

この衣糧廠時代、最初の犯罪を犯すまで、商売女から素人の女まで取っ替え引っ替えに情交を重ねた。供述調書の中で小平は性欲と女についてこう語る。

〝女と関係するときは自分の性欲を満足させるだけです。ただ性欲を満たせばいいんです。女が満足しなくても構いません。その女のことはすぐ忘れてしまいます〟

当時の新聞に淫獣と書かれた小平だが、その性欲は止(とど)まるところを知らなかった。性欲を満たすだけでなく、女を犯した後殺意が芽生えるようになったのはどういう理由があったのか。

人に殺意を覚えたのは、軍隊時代大連(ターリエン)に駐屯したとき、付き合っていた女性が浮気し、殺そうと思ったのが最初だという。そのときは軍籍だったため思いとどまった。日本で犯した最初の殺人では、妻を取り戻すため、その父親を殺害した。軍隊時代に中国人女性を強姦し殺害したことからはじまり、殺人はすべて女絡みだ。抑えられない性欲が殺人の根底にあった。

連続暴行殺人の幕開けとなる衣糧廠時代の殺人は、その施設で働く女性を口説いたところ、断られたことに端を発する。カッとなった小平は馬乗りになり女性の首を絞めると、その興奮で射精した。気を失った女性が蘇生するまでタバコを吹かし待った。息を吹きかえした女性は観念し、自ら服を脱いだ。その後関係を持ち、小平は強姦の発覚を恐れ、彼女に手をかけ殺害、施設の庭にあった防空壕に埋めた。一九四五年五月のことだった。

この事件では小平以外の男性に嫌疑がかかり、その隙に衣糧廠を辞めた小平は、栃木や都内で標的となる女の物色をはじめるのである。最初の暴行殺人で逮捕されなかったこともあり、強姦した女性を殺してしまえば事件は露呈しないという自信を得た小平は、これから約一年のあいだに、さらに六件の暴行殺人を重ねていくこととなる。

大森海岸三業地をゆく

小平が働いていた海軍第一衣糧廠はもともと「悟空林」という割烹で、戦中は海軍に接収され、戦後は米軍向けの売春施設となった。小平事件の現場から米軍の性欲処理の場へ。性を巡る因縁がついて回る。

京浜急行大森海岸駅の改札を出て、東の方角へと足を進めると、国道一五号線が京浜急行の高架と並行して走っている。国道沿いにはマンションが建ち、大森海岸という地名とは裏腹に海は目にすることができない。先の大戦まで時計の針を戻してみると、この場所には絵はがきにもなった松林と海岸が広がり、景勝地として文人墨客に愛された。

明治二〇年代に料理屋が軒を連ねるようになり、三〇年代になると芸妓屋(げいぎや)が店を出しはじめ、「大森海岸三業地」と呼ばれるようになった。三業地とは、「芸妓屋」「待合い」「料理屋」が営業を許された地域のことで、警察によって指定された歓楽街である。芸妓屋とは、芸者を置いていた置屋のことで、芸者は純粋に芸を売るだけでなく、中には「不見転(みずてん)」と呼ばれ、相手かまわず体を売る者もいて、待合いは今でいうラブホテルのような役割も果たしていた。日本各地にあった三業地に売春はつきものであった。愛人のペニスを切断した阿部定(あべさだ)が事件を起こしたのも、東京荒川区にある尾久(おぐ)三業地の待合いだった。

ちなみに戦前のことであるが、私の母方の祖父は、ここ大森三業地に畳職人として出入りしていた。悟空林と関わりがあったのか、すでに祖父は亡くなっているので定かではないが、私に流れる血とこの土地との不思議なつながりを感じずにはいられない。

小平が事件を起こした悟空林の隣には、戦後東京で最初の米軍向け慰安施設となった「小町園」が建っていた。悟空林と小町園のあった場所は現在マンションとなっている。裏手は「しながわ水族館」である。小町園と悟空林は、皇居から見ると都の南の外れであり、東京の婦女子を米兵から守るための防波堤とするには打ってつけの場所であった。ほど近い場所には、鈴ケ森(すずがもり)刑場がある。刑場は江戸を守るための結界の役割を果たしたわけでもあるが、時代が下って、ここ大森に性の防波堤が築かれたのも江戸時代から続く地縁と無関係ではないだろう。

マッカーサーがトレードマークのパイプをくわえて神奈川県厚木飛行場に降り立つ二日前の八月二八日、マッカーサーの露払いをする先遣隊一五〇名が沖縄から厚木に入った。それを待っていたかのように前日の八月二七日、小町園に三〇名の女たちが到着した。彼女たちを送り込んだのは、日本政府によって創設されたＲＡＡ（特殊慰安施設協会）だった。

女性たちは、ＲＡＡが新聞に掲載した女性従業員募集の広告を見た戦争未亡人や、空襲で家族を失った寄る辺なき者たちだった。広告には、米兵相手の慰安婦募集とは書かれておらず、衣服、食糧、住宅の保証など好条件に惹かれて応募してきたのだ。

戦前から小町園で働いてきた女中が、米兵を相手にすることになった三〇人の女たちの姿を目にした記録が『証言昭和二十年八月十五日』（新人物往来社）に収録されている。

〝いよいよ、明日の二十八日、厚木へ進駐軍の第一陣がのり込むという、その前日になって、お店の前に、二台のトラックがとまり、そこから、若い女のひとばかり三十人ばかりが、おりて、なかへ、ぞろぞろ入ってきました。（中略）その女のひとたちが、進駐軍の人身御供になる女だ、とすぐ分り、私たちは、集まって、いたましそうに、その人達を見やりました。

モンペをはいているひともいますし、防空服みたいなものをつけているひともいます。ほとんど、だれもお化粧をしてないので、色っぽさなど、感じられませんが、しかし、何といっても、若い年頃のひと達ばかりですから、一種の甘い匂いのようなものが、たゞよっていました。

このひとたちは、みんな素人のひとでした。（中略）銀座八丁目の角のところに、新日本の建設に挺身する女事務員募集の大看板を出して集めたひと達ですから、進駐軍のサービスをするという事は分っていても、そのサービスが肉体そのもののサービスだとは思わなかったひと達もいて、なかには、そのときまで、一人も男のひとの肌には触れなかった生娘も何人かまじっていました〃

女たちの姿が瞼に浮かんでくるような記述である。マッカーサーが厚木に降り立った日、五人の米兵たちが現れた。特に問題を起こすことなく事をなすとチップとタバコを置いて帰っていった。五人の米兵がその経験を兵舎で語ったのか、翌日からは多くの米兵が集まり、大混乱の様相を呈した。土足で入ってくるのはまだかわいいもので、なかには女であれば見境なく事務員にまで手を出そうとする輩もいた。日に日に混乱はひどくなり、一〇人以上の米兵を相手にするのは普通で、朝から晩まで六〇人を相手にし、病院に運ばれ絶命した女もいたという。

戦争と性――その濁流の跡

米兵たちに体を売ると知らずに小町園で働いた女たち、絶命した女たちが、「食糧が手に入る」と小平に騙され、強姦されたうえに殺害された女たちの姿とだぶって見える。どの女たちにとっても、毎日が生存競争であった。紛れもなく、時代の濁流に翻弄された人々なのだ。

小平には妻と子があり、妻は事件が発覚したとき、まったく信じられなかったという。「別冊新評　悪徳行動学入門」には小平の予審調書が掲載され、小平の夫婦関係や犯行手法が記されていた。

「家ではエロの話しをするようなことはありませんでした。小平とは私の兄嫁の知った方の口ききで結婚しました。（中略）私にはとても親切でした。私さえ腹をたてなければいい親切な人でした。（中略）小平は性欲が強いと思います。先夫に比べて小平の方が性欲が強いと思いますが、私は耐えられないというほどではありませんでした。関係はすぐして簡単にすませます。普通です。性交中私をいじめるようなことはありませんでした。夫婦別居の間は私は小平を信じていました。そんなによその女と関係があるとは思いませんでした。事件が新聞に出されてからもまさかあの人がと思い、信じていたので驚きました」

妻の知らぬところで小平はまったく別の顔を持ち、誰もが一粒の米を懸命に掻き集めていたとき、性欲を満たすことに全力を注いでいた。

二人目の殺人は一九四五年六月二二日のことだった。衣糧廠で一人目の女性を殺めてから一カ月も経っていない。東武鉄道栃木駅で被害者の女性三〇歳を目撃し、情欲を催した。「米を安く売ってくれる農家がある」と声をかけると、女性が誘いに応じたため、彼女と駅から乗り合い自動車に乗って約一・六キロメートルほど離れた山林へと連れ出した。付近に民家はなく、小平の挙動がおかしいと感じた被害者が立ち去ろうとすると、背後から襲いかかり、殴打したのち暴行に及んだ。そのときのようすを小平はこう供述している。

「まず女を殴り、次いで頸をしめて仮死状態にします。女はビンタをパンパンと三つ四つくらわせると縮んでしまうのです。機先を制するといいますかね」

戦後すぐ、買い出し列車で農村に食糧を求めた女たちにとって、小平のひと言はこの上ない魅力を持った言葉であった。少しのイモを手に入れるために遠方の農村へ足を運び、買い出しをする者が増えるにつれて、農家も簡単に食糧を出してくれなくなっていった。それゆえに、知り合いの農家を知っているという小平の言葉は、天からのささやきと言ってもよかった。

それにしても、妻の前では凶暴な素振りをおくびにも出さず、家庭においては子煩悩で、よき夫の一面を見せていた小平は、なぜ殺人鬼となり、七人もの女を犯し、殺したのか。

「人面獣心」と小平は供述調書で述べている。本件は、内村鑑三（うちむらかんぞう）の長男で著名な精神科医の内村祐之（ゆうし）が精神鑑定を行っており、『日本の精神鑑定』（みすず書房）にその鑑定内容が収録されている。

〝酒もたしなまず映画等の趣味もなく、収入の多くを買淫に費し、乏しい食糧までを女性の歓心を得ようがために使っていた小平の衝動生活は、性欲一本に集中されて、しかもその程度のはなはだ高いものであった。そして彼は、性的快感をさらに高めるべき新しい刺戟（しげき）として、新しい女性を絶えず求めていた。たまたま相識の女性の宮○の帰郷に際して、彼の生来の悪癖たる暴力が発揮され、強姦の発覚を恐れてこれを絞殺、遺棄するに至ったが、この残虐行為が単に隠匿の目的を達したのみならず、この際の性感がかつてないほど強烈なものであったので、さらに同様の方法によって後続の犯罪を繰返すに至ったものであると。——すなわち意識的には目的のための残忍行為であるが、実質的には性感を高める狭義の嗜虐症（しぎゃくしょう）的意味をもふくめた行為であったと見なすことができる〟

事件を犯す前から常に女を漁色していた性欲の強さに性格の凶暴性が加わり、犯し殺すことがこの上ない快感になったのだと、内村は分析している。凶暴性に関しては、性格検査において「腹が立つと、どこだろうと、誰の前だろうと、すぐ夢中になって、自分の言ったことも覚えがなくなってしまう」という感情の暴発性を指摘された。普段は人当たりもよく、温和だが、ひとたび気に食わないことがあると感情を抑制することができず、爆発的に激しい言葉を発したという。そうした行為をはたらいても、反省と後悔の念がほとんどなく、けろっとしていた。犯した罪をすぐに忘却し、約一年の間に七人もの女を殺めたこともうなずける。人面獣心という小平の言葉が、事件そのものを的確に言い表していた。

小平の故郷を歩く

観光客で賑わう日光東照宮の門前を過ぎると、車の交通量は減り、緑濃い山々が目の前に迫る。私は小平が生まれ育った村へと向かっていた。村は細長い谷の中にあった。

車を走らせながら、話を聞けそうな人はいないかと目を凝らしていると、国道から一段高い土手に麦わら帽子をかぶった老人が座っているのが見えた。私は車を止め、すぐに老人のいる場所へと向かった。目の前には濁りない紺碧の水をたたえた貯水池が広がっている。古河電工が精銅所で使う電力を自家発電するために、中禅寺湖から引いた水力発電所のダムである。

「こんにちは」

私の声を耳にすると、老人はゆっくりとした動作で振り返った。

「小平義雄の事件で取材に来たんです」

老人はぽかんとした表情をした。同じ村に暮らした者として、小平義男のことは当然知っているだろう。だが、同時に最大のタブーでもある。何も話したくなくて惚けているように見せかけているのかと思ったが、まったくの見当ちがいだった。

「あっ、人を殺した小平さんのところの義雄さんのことか」

世間では小平と呼ばれているようだが、〝おだいら〟と呼ぶのが正しい。

老人は合点がいったのか、何の躊躇いもなく話しはじめた。

「今も親族は住んでるよ。この部落にはおだいらさんは多いんだ。わたしゃまだ小さかったから直接遊んだりしたことはなかったけれど、亡くなったうちの叔母なんかはよく義雄さんと一緒に遊んだって話を聞いたな。まぁ小さいときのことだから、特別何も他の子どもとは変わったところはなかったみたいだけどな」

今も親族が暮らしているという実家の場所も面倒がらずに詳しく教えてくれた。小平が暮らしていたときと変わらぬ場所にあるという。

小平の実家へ歩いていくと、年月を重ねてきた日本建築の家が目に入ってきた。明治時代、小平の父親はこの村で旅館を経営していたが、村でいちばん繁盛していたときもあったという。

「こんにちは」と声をかけると、家の中から「はーい」という若い女性の声がした。玄関の引き戸越しに取材で来たんですと言うと、何の屈託もなく、「どうぞ」と言った。引き戸を開けると、心地よい杉の香りが漂ってきた。広々とした土間は、かつて旅館を経営していた名残だろう。女性は私が、まさかこの家から出た殺人者のことを取材に来たとは思っていない。すんなりと迎え入れてくれた。もしかしたら、彼女は小平義雄のことを知らないのかもしれない。私は彼女の快活さを前にして、「事件」という単語を発することができなかった。

どういう経緯で彼女がこの家に嫁いできたのかは勿論（もちろん）知るよしもなかったが、小平とは親族ということもあり、つい数代前の殺人者のことは知っていると考えるのが普通だろう。

「集落の歴史を調べているんです」

当たり障りのないところから、会話をはじめた。

「たまにそういう方がいらっしゃるんですよ」

彼女は笑みを絶やさず、話を続けた。

「うちは旅館を経営していたと聞いています。このあたりにも昔は何軒も旅館があったみたいです。昔のことは、私はちょっとわからないんですよ。義理の父なら詳しいんですけどね」

義理の父親とは、小平の甥っ子に当たる。近くの畑にいるという。彼女との短い会話の中で、小平のことを切り出すか逡巡したが、結局私は尋ねなかった。いや、尋ねることができなかった。彼女の見知らぬ者への警戒なき態度を見るかぎり、小平のことに関して取材を受けたことなどないのだろう。彼女の心を乱すことを躊躇った。取材者としては失格である。

最後までにこやかだった女性に礼を言い、小平の実家を後にした。

彼女に言われた畑は、一〇〇〇年以上の歴史がある磐裂神社の素朴な社の目の前にあった。白い軽トラックが止まっていて、畑では初老の男女が畑仕事に勤しんでいた。小平の甥っ子夫婦だろう。私は社に手を合わせて気を鎮めてから、夫婦の近くへと歩いていった。

「こんにちは」

と、畑で作業をしていた銀縁のメガネをかけた丸顔の男性に声をかけた。

先ほどの女性とは打って変わって、笑顔はない。顔に緊張が走るのが見てとれた。この土地でよそ者が訪ねてくるといえば、一族の汚点を探る者しかいないと感じているのだろうか。小平事件のことは生々しい記憶として心に刻み込まれているにちがいない。

「なんでしょうか」

探るような目つきで尋ねてきた。

「事件について調べているんです」

男性の顔が、先ほどにも増して険しくなった。私はまだ小平の「お」の字も告げていなかったが、すでに男性はすべてを悟っていた。こちらから質問を投げかける前に口を開いた。

「戦中の生まれですからね。当時のことは、よく覚えていないんですよ。両親が言うには、この辺の村は都会に比べたら、食糧に困るようなことはなかったらしいですけどね。米は取れないところでしたけど、麦はありましたから、すいとんばっかり食べたのはよく覚えています」

親族の犯した事件には一切触れず、断片的に覚えている当時の生活について話してくれた。

男性の態度や話しぶりから、あの事件の重さが十分伝わってきた。事件についての思いを聞かずとも、もういいだろうという気持ちになった。事件は今も生々しい記憶を残している。男性に礼を言うと、畑を後にした。

小平を見た少年

　私は小平が女性を殺めた現場を訪ねてみた。小平は一〇件の暴行殺人で起訴されたが、そのうち三件は証拠不十分で、七件が有罪となった。他にも小平によるものではないかと思われる事件がいくつもあるのだが、それらは小平が否認したことにより起訴されなかった。七件の事件のうち三件は栃木県内で起きている。

　栃木市西方町（にしかたまち）真名子（まなご）、二人目の被害者が殺害された土地である。訪ねたのは晩夏を過ぎた頃ということもあり、刈り入れを待つ黄金色の稲がたわわに実っていた。その光景からは食糧難という言葉もはるか遠い過去の言葉のように思えた。

　殺害現場は、雑木林が広がる長坂峠の昼でも薄暗い場所である。現場近くに暮らす七〇代の男性が当時のことを覚えていた。さらに驚くことに、小平とも会ったことがあるという。

「いい男だったよ。峠の手前に小さな長屋があって、そこに小平の愛人が住んでいてね。当時はまだ自分は小さかったから、てっきり夫婦だと思ってたけどね。愛想がよくて、坊やなんて声をかけてくれてさ」

　名刑事平塚八兵衛が小平事件を担当しているが、彼の回顧録である『刑事一代』（新潮文庫）を読むと、栃木に東京で不倫関係にあった沖山さんという女性が疎開し、そこを小平が買い出しをかねて訪ねたことから足がついたとの記述がある。

〝いなか道に建っている一軒家だ。小糸さんとかいう沖山さんの疎開先だ。小糸さんからも「たしかに小平が沖山さんをたよって、何回か買い出しに来た」という証言を得た。買い出し先も、何軒か紹介したっていうのさ、小平に。それでヤツが買い出しに行った先を一つずつつぶしたら、時計と米を交換した家があったのさ。この家は柏木さんといってな、カイロ灰を作っていた。（中略）柏木さんとこで、小平は米と引き換えに時計を差し出したんだ。この時計ってのが、ズバリ宮崎光子さんの被害品だった。これだけの事実がありゃあ、ヤツも自供しないわけに、いかねえだろう。ゲロしたよ〟

小平は数回にわたって、この土地に疎開していた沖山さんの元を訪ねている。沖山さんは、もともと東京の目黒に二人の娘と暮らしていて、小平は沖山さんとの関係だけでなく、娘たちにも食糧を与えるなどして喜ばせ、手を出していた。沖山さんの疎開後、小平は池袋で彼女の娘と偶然再会し、母親の疎開先を聞き出したのだった。

各所で愛人をつくってきた小平は、結果的に色欲に己の首を絞められることになった。死体が遺棄されていた現場について尋ねると、興味深い話をしてくれた。

「現場はゴルフ場から近い場所にあるんだけど、昔ゴルフ場を造成するときに幽霊騒ぎがあってさ。重機の運転手が土地を造成しているとき、女の姿が見えたって言って逃げ出したなんてこともあったよ。峠には、今も夜になると女の人が立っているなんて話をよく聞くよ。霊感のある人には見えるらしい。うちの息子なんかも、あそこの峠は通りたくないって言ってるよ」

幽霊は、小平に殺害された女性にちがいないと男性は言った。

七〇年以上経っても、小平の起こした事件は、この土地にしっかりと記憶されているのだった。

腹を空かせ、その日その日をしのぐために小平についていき、弄ばれたうえに殺められた女性は、さぞかし無念だったことだろう。それゆえ今も成仏できず、腹を空かせたまま、この渇きを知らない時代を彷徨っている。そして小平自身も人々の記憶の中に、まるで生き霊のように生きているのである。

闇は日常の一寸先にある

戦争による食糧難の時代が訪れなければ、龍はトラを殺めることはなかっただろう。貧しいながらも、つつましく生きていくことができたはずである。

それは小平事件にもいえることで、女性たちが食糧につられて犯され殺されることもなかった。さらにいえば、フィリピンの山村でマヨールさんが日本兵の人肉食を目撃することもなかった。

それらの現場を今日歩いてみても、凄惨（せいさん）な事件の匂いはどこからも漂ってこない。一見、事件は遠い過去のようにも感じられる。ただ、私が当たり前だと思っている平穏な日常も、ひとたび戦争や災害が起きればもろくも崩れ去り、災いが容赦なく降りかかってくることだろう。

戦争の悲劇は、爆弾が破裂し人命が失われることだけではなく、空気のように存在すると思っていた平穏な日常が簡単に崩れ去ることにある。

今の日本を包み込んでいる日常が、いつまでも続く保証はどこにもない。いつの日か、私が誰かを殺め、食すかもしれないし、その逆もまたしかり。日常の一寸先は闇であることを、戦争にまつわる事件は訴えかけているのである。

私もあなたも、まだ食さずに、食されずにすんでいるにすぎない。

第9章　差別と殺人

1968年2月、在日韓国人の金嬉老が立て籠もったふじみや旅館。
看板の右上が事件の現場となった部屋である

金嬉老行きつけの理髪店

「真っ赤なスポーツカーに乗って鳥打ち帽をかぶって派手な色のシャツを着て、オシャレで粋な人だったよ」

二〇一〇年三月、韓国・釜山（プサン）で亡くなった金嬉老（きんきろう）の思い出を語るのは、静岡県掛川市内で理髪店を営む男性だ。金嬉老は掛川から七〇キロメートルほど離れた静岡市清水区の生まれで、事件も同区で起こしているが、事件前掛川市内に暮らしていた時期があった。

　事件が発生したのは一九六八（昭和四三）年、今から五〇年ほど前のことで、彼のことを記憶している人物と出会えるか心配だったが、まったくの杞憂（きゆう）だった。身だしなみにこだわっていた金嬉老は、二週間とあけずにこの店に来ては散髪していったという。店主に心を開いていたのだろう。

「スポーツカーにはいつも二丁のライフルが積んであって、『おまえも撃つか？　河原で撃つと気持ちいいぞ』なんて言われたこともあったね」

おそらくその銃は立てこもり事件に使われた猟銃M三〇〇だろう。事件以降、規制が厳しくなったが、今も市場に出回り、狩猟に使われている名銃だ。金嬉老は、M三〇〇の弾倉に改造を施し使っていた。

日常的に銃を持ち歩くなど一風変わった面もあったが、人に対しては親切で、面倒見もよかったという。そんな彼の性格を物語るエピソードを店主が教えてくれた。

「一度朝鮮人の女の子を預かってくれと頼まれたことがあって、一人前になるまで面倒を見たんだよ。そうしたら感謝してくれてね。パチンコで勝ったと言っては、理髪代が二〇〇円だった時代に五〇〇円のチップを従業員全員に置いていったよ」

その少女は金嬉老の知人の娘だった。金嬉老曰く、どの店でも朝鮮半島出身だという理由で、受け入れを拒まれつづけたのだという。そうした経緯もあり、店主が彼女を受け入れ、しっかり理容師として育ててくれたことに感謝しつづけたという。

「とにかく義理堅い人でね。私の店には事件の前まで来てくれてたんです。幼い頃の話なんかもしていましたよ。日本人に馬鹿にされたって。学校では生徒だけじゃなくて、先生にまでからかわれたってね。だけどあの人が偉かったのは、ここ掛川では決して弱い者イジメはしなかった。このあたりでは仲間もあんまりいなかったみたいだけど、私は何ひとつ悪い思い出はないんですよ」

どこの都市でも似たところがあると思うが、店主の話によると、昭和四〇年代の掛川ではみかじめ料を要求するヤクザが幅を利かせていて、飲食店ばかりでなく、商店街の洋服屋などにも顔を出しては金品を要求することがあったのだという。そうした連中に対して、金嬉老はしばしば毅然とした態度で追っ払っていたという。

そして、金嬉老が静岡市清水区内で暴力団員の男二人を射殺し、寸又峡（すまたきょう）の温泉に立てこもったニュースが流れたとき、店主はいつものように開店の準備をしていた。

「あの頃、木島則夫のモーニングショーっていうのがやっていたんですよ。それを毎朝見ていたんですけど、寸又峡の旅館に立てこもりなんて、物騒なことが起きたなって見ていたら、金岡さんがインタビューを受けているんで、驚いたのなんのって」

金岡というのは、金嬉老の通名である。

「だけど、まさか人を殺すとは思わなかったよね。日本人の私にはわからない葛藤があったんでしょう。相手のヤクザに朝鮮人だなんだと言われて、頭に血が上っちゃったって聞いて、残念なことになったなって、驚くと同時に思ったんだよね」

金嬉老の知られざる一面に触れたような気がした。

母親がやっていた掛川の店

金嬉老の母親が掛川駅前で料理屋をやっていたというので、店主に礼を言ってそちらに向かうことにした。歩き出してすぐ、電柱の陰からいきなりスーツ姿の恰幅（かっぷく）のいい男が現れ、私の前に立ち塞がった。

「おいっ、さっきから何の話をしているんや？　今さら余計なことを聞き歩いているんじゃないぞ」

　私と店主の話をどこかで聞いていたのだろう。かなり高圧的な口調で言うのだった。男の言葉には関西の訛りがあり、静岡の人間ではないようだった。果たして何者だろうか。金嬉老はすでに鬼籍に入ったが、今でも知られてほしくない事実があるのだろうか。何かを隠している男の態度が逆に気になった。

「金嬉老の事件を振り返るということで、話を聞いて歩いているんですが」

　てらいもなく取材をしていることを告げる。

「金嬉老の親族は今も掛川に暮らしているから、そこを訪ねてみると、いろいろとわかることがあるやろう」

　男は何か安心したのか、高圧的な口調が収まった。それればかりか、わざわざ金嬉老の一族が経営している焼肉屋の場所を教えてくれたのだった。しかし、収まりがつかないのは私のほうだ。男は何に反応していたのか。

「何か金嬉老のことで知っていることはありませんか」

　男は、聞いてくれるなとばかりに顔の前で手を振って、足早に去っていった。殺害された暴力団員の仲間なのだろうか。それにしても、五〇年前の事件が今も人々の心の中にしっかりと刻み込まれていることを思い知らされた。そこかしこに生々しい傷跡がぱっくりと口を開けている。

掛川駅北口を出て、西の方向に歩いて五〇メートルほどの場所に、クラブやバーが入ったどこの街でも見かける雑居ビルがあった。かつて、金嬉老の母親が経営する料理屋があった場所だ。小さな飲み屋が密集する猥雑（わいざつ）な一角であったというが、今では、そうした面影はどこにも残っていない。飲み屋が入った雑居ビルが、この一角が刻んできた歴史をかろうじて今に留めているにすぎない。時の流れのなかで事件を取り巻く景色は色褪（いろあ）せてしまったが、しかし、掛川駅の周辺を歩いただけでも、人々の記憶の中に事件ははっきりとした像を結んでいた。

やはり金嬉老の起こした事件というものが、個人の諍（いさか）いを飛び越え、民族や国家の軋轢、差別というものと地続きだったからなのだろうか。

在日韓国・朝鮮人という存在を意識したのは、いつのことだろう。はっきりと思い出せないほど、私には縁遠い存在だった。もしかしたら、金嬉老が金岡という通名を使って、韓国人であることを隠していたように、身近にも在日の人間はいたのかもしれない。それほど見えにくい存在であった。

在日の人間を初めて知ったのは大学時代のことだ。その人物は部活の後輩で、通名を使っていたこともあり、彼の口から韓国人であるということを告げられなければ、私はまったく気がつかなかった。

その後輩との出会い以降、在日の人物から出自を打ち明けられたことはない。現在日本には、約五〇万人の在日韓国・朝鮮人がいる。先の大戦中の一九四四年には二〇〇万人近くが日本に暮らしていたが、祖国へ帰還したり、日本国籍を取得したことなどによって、現在の数になった。

在日韓国人の金嬉老が事件を起こしたのは、私が生まれる四年前のことだ。金嬉老と自分のあいだには何の接点も見出せない。それでもなぜか、この金嬉老という人物に得もいわれぬ興味を抱いてしまう。

己の借金問題から二人の人物を射殺したことは、どこの国の生まれであろうが、何の弁解の余地もない。在日差別への反抗心から事件を起こしたという彼の声明に共感したわけでもない。多くの知識人が訴えた「植民地問題における被害者の代弁者」という言説にもピンとこない。むしろそういったイメージは金嬉老の姿を歪めてしまうのではないかという思いすらある。

金嬉老と彼の家族が時代の奔流の中でどのように生き、どのように人格が形成されていったのか、等身大の姿を知りたいと思った。それが私にとって、長年透明な存在であった在日の人々の姿を知る手がかりとなるような気がするからだ。

幼き日の差別

金嬉老は在日二世として一九二八（昭和三）年一一月二〇日、現在の静岡県静岡市清水区で生まれた。朝鮮半島の釜山から渡ってきた父親は、東京で母親と出会い結婚した。清水へと生活の場を移した父親は、清水港の港湾労働者の親方となり、二〇人以上の人夫を使い、裕福な暮らしぶりだったという。ところが、金嬉老が五歳のときに、今も清水港に会社がある鈴与の仕事で、樺太（からふと）から運ばれてきた木材の積み下ろしをしている際、木材が胸を直撃し亡くなってしまう。

その悲劇的な事故を境に、金嬉老と母親の生活は一変した。遺産相続で揉（も）め、身ごもっていた母親は金嬉老と姉と妹を連れて、家を出ることになってしまった。母親は一家心中を考えるほど憔悴したが、なんとか踏みとどまり、清水区築地町（つきじちょう）にバラック小屋を建てて新しい生活をはじめた。ただ、子連れの女性であり、しかも日本人ではなかった母親に満足な仕事が見つかることはなく、できる仕事は屑拾いぐらいしかなかった。彼女は日ごとリヤカーを引き、傍らに金嬉老を伴って街に出た。

チマチョゴリを着て屑拾いをする母親と金嬉老を、日本人の子どもたちが「朝鮮人、朝鮮人」とからかい、ときには石を投げつけた。当時の母親の無残な姿は、幼い金嬉老の心の中に悲しい記憶として刻まれた。

さらに、尋常小学校に上がっても金嬉老への差別が静まることはなかった。金嬉老の著書『われ生きたり』（新潮社）にはこのような記述がある。

〝なにかといえば朝鮮人、朝鮮人とからかわれるのです。

「朝鮮人はかわいそう。なぜかというと地震のためにお家がペッシャンコ、ペッシャンコ。やあい朝鮮人！　野蛮人！」

節回しのついたこんな歌で大勢の同級生に囃し立てられ、誰も味方のいない私は泣きながら家に帰ることの繰り返しでした。

私の学級に朝鮮人は私一人。学校には私のきょうだいを除いて、4、5人の朝鮮人がいました。苛められたのは、私だけではありません。皆おなじ経験をしています〟

貧しい生活ゆえに、金嬉老と同じ学校に通っていた妹たちは弁当を持っていくことができなかった。母親は金嬉老にだけは弁当を持たせてくれていたのだが、麦飯に梅干しだけの弁当であった。

小学校三年生のある日、同級生から弁当をひっくり返され、踏みつけられるという仕打ちを受ける。金嬉老は我慢がならず、その同級生と取っ組み合いの喧嘩になった。喧嘩を目にした担任の教師は、金嬉老だけを蹴飛ばしたという。その日、金嬉老は学校の近くを流れる川にカバンを投げ捨てると、それ以来学校に行かなくなってしまった。

なんと暗く塩っ辛い少年時代であろうか。暗澹（あんたん）たる気持ちにさせられる。一方で、本当にそんなことがあったのか、にわかに信じがたいと感じる自分がいるのもたしかだった。自然と私の足は、静岡市清水区に向かっていた。差別の記憶が残っているか、この目と耳で確かめたかった。

清水は、小ぢんまりと落ち着いた港町である。街の中を金嬉老がカバンを捨てた巴（ともえ）川（がわ）が流れ、その岸に沿って街並みが形成されている。清水港は江戸時代には江戸へ米を送る積み出し港として賑わいを見せた。さらには大坂などから荷を運んでくる船も行き交い、明治時代に入ると、茶葉の輸出港として大いに栄えた。港の栄華の中心にあったのは巴川の右岸で、海道一の親分と言われた清水の次郎長の旧居や伊豆半島から運ばれた伊豆石を使った石蔵が多く残っている。

そうした歴史は、ガイドブックにも書かれている史実であるが、当然ながら私が目を向けるのは、スポットライトに照らされる歴史ではない。朝鮮人と蔑まれながら金嬉老母子が暮らしたバラックがあったのは、巴川の左岸にある築地町である。築地という町名からも、そこが浅瀬の埋め立てによってできた比較的新しい町だということがわかる。

江戸時代末期に幕府軍の軍艦が官軍の攻撃を受けて沈没し、亡くなった幕府軍の兵士を清水の次郎長が葬った場所でもある。墓が置かれるということからも、築地町が清水の人にとっては彼岸であったことがうかがえる。

築地町には、朝鮮半島からの労働者を使っていた鈴与の寮があったり、一九二一年に清水港と朝鮮半島を結ぶ定期航路が開かれたこともあって、港湾労働などの仕事を求めた朝鮮人が多く集まった。

思えば、清水港と朝鮮半島は不思議な因縁で結ばれている。七世紀に起こった唐・新羅連合軍と百済・大和朝廷による白村江の戦い。この戦に、清水港付近を治めていた庵原君臣が一万余の軍勢を率いて参戦している。白村江の戦いの三年前から船の建造を命じられていた庵原氏は、勇んで海峡を渡ったが結果は惨敗であった。このとき滅んだ百済は、金嬉老が晩年に暮らした釜山の地と重なる。

大和朝廷による百済復興作戦は叶わなかったが、百済滅亡により当時の先端技術を持った半島の人間たちが日本に亡命してきたことによって、日本各地の文化的発展が進んだ。しかし、隣国同士の関係というものは洋の東西を問わず難しいもので、のちの日本による韓国併合は両国の関係に禍根を生み、金嬉老の父親をはじめとする朝鮮人が来日するきっかけとなった。そして、日本に暮らす朝鮮人の多くは、謂れなき差別に苦しむことになる。

金嬉老には幼少期にクンツリという名の親友がいたという。クンツリの両親は日本語を話せなかったこともあり、日本に馴染むことができず、母親は清水港に身を投げたという。クンツリは父親とともに清水を去っていった。

金嬉老をいじめた男の告白

「正直に言って、朝鮮人への差別はひどかったよ」

かつて金嬉老が通った小学校近くで、金嬉老と同じぐらいの年齢に見えた男性に話しかけてみると、学年こそちがうものの同じ小学校に通っていたという。そして、金嬉老のことをしっかりと覚えていた。金嬉老をいじめたことも、包み隠さず話してくれたのだった。

「学校には、朝鮮人はそんなに多くなくてね。各学年に一人か二人ぐらいだったよね。朝鮮人、朝鮮人といじめたりしたよ。金嬉老は年下だったけど、からかうと怯むことなく向かってきたね。そうすると、こっちも生意気な野郎だって、余計いじめたりね。今から思えばちょっと可哀想だったな」

学校だけでなく、金嬉老の家にまで押しかけたこともあるという。

「この辺じゃ、唐辛子を家の前に干しているのは朝鮮人の長屋ぐらいだったから、物珍しくてね。金嬉老の長屋に干してあった唐辛子を盗んだんだ。そうすると、母親が意味のわからないむこうの言葉を口走りながら追いかけてくるんだよ。それが面白くて、よくイタズラしにいったな」

これが日本人同士の間の出来事なら、まだ笑い話で済ますことができるのかもしれない。しかし、子どもたちの行為には朝鮮人を侮蔑する気持ちが含まれている。私はどうしても笑い話として片づけることができなかった。心の中で後味の悪さを噛み締めながら男性に礼を言うと、長屋のあった築地町へと向かった。

巴川に架かった港橋を渡り、築地町へと歩いていく。左手には富士山も見え、風景に彩りを与えている。ただ、先ほどの話を反芻するたびに、にわかに景色は色を失ってゆく。足取りはついつい重くなる。

朝鮮人の暮らした長屋があったというあたりは、住宅や駐車場になっていた。言われなければ、かつてこの場所に屑拾いをして唐辛子を干しながら暮らした朝鮮人がいたことを知る術はない。道幅も狭く、細い路地が入り組んでいたというが、その面影はどこにもなかった。ただ、建っている家の区画が他の地区より狭く、かろうじて以前は細々とした家が建っていたことをうかがわせた。アスファルトの道を見つめながら、小学校のそばで聞いた話を思い起こす。生々しい人間の記憶と乾いた景色のギャップに、頭の中を整理できない。

私は来た道を引き返し、金嬉老が通っていた小学校へふたたび向かった。彼は小学校に上がるとき、楽しいところだという希望に胸を膨らませたと著書に記している。ところが、その思いは裏切られ、しかもわずか三年で学校に通わなくなったことは先に触れた。

清水を訪ねたのは四月の初旬ということもあり、校内の桜は満開だった。今から八〇年以上前の四月、この校門をくぐった金嬉老も桜の花に迎えられたことだろう。

校内でひとつの石板が目についた。「よい日本人となるために　みんなで学びきたえよう」という文字が黒い御影石(みかげいし)に刻まれていた。

この文字を金嬉老少年が目にしたかどうかは定かでない。ただ、朝鮮人という出自ゆえにこの学び舎(まなや)で差別を受けつづけた男のことを思うと、複雑な感情が湧いてくる。

よい日本人となれず、小学校を中退した金嬉老は、丁稚奉公(でっちぼうこう)に出る。母親がかつて父親のもとで使用人だった男と再婚したこともあり、彼の居場所は家にすらなかった。

幼くして不安定な生活環境に放り込まれ、そんな心の不安を埋めるかのように盗みなどの犯罪を重ねていく。少年院や刑務所と娑婆世界を行き来する生活を続けていき、この生まれ育った清水の街にあるクラブ「みんくす」で暴力団員二人を射殺する事件を起こす。銃の引き金を引くきっかけとなったのは、「アサ公がちょーたれた事こくなっ!」(朝鮮人が一人前の口をきくな)というヤクザのひと言であった。クラブで銃弾を放った後、寸又峡の温泉旅館に立てこもる。

思えば、この小学校を中退した三年生のときから、寸又峡の旅館にこもることを宿命づけられたような人生である。

巴川のほうから吹いてくるたおやかな風に、桜の花びらが舞っている。

私の足は、寸又峡へと向かうのだった。

寸又峡と朝鮮人の歴史

生家から寸又峡の温泉旅館まで、彼がたどった道をドライブしながら向かった。事件当時舗装もされていなかった道は、二月の厳冬期ゆえに、前日降った雪でカチコチに凍結していたという。谷側は断崖絶壁で、ハンドルを誤ればひとたまりもない。金嬉老にとって幸いだったのは、工事現場を行き交うトラックがつくった轍に沿って車を走らせることができたことだった。昂った精神状態では、そもそも道のことまで気は回っていなかったかもしれない。

四月の山々は目にもまぶしい新緑に包まれていた。寸又峡は三〇〇〇メートル級の山並みが続く南アルプスの南端に位置している。どこまでも峰が折り重なる山道を走っていると、山に吸い込まれそうな気分になってくる。

寸又峡の温泉が開かれたのは金嬉老が事件を起こす六年前、一九六二年のことだ。それ以前は車道もなく、営林署のトロッコ列車か徒歩しか移動手段がなかった。温泉が湧き、観光地として開発するため、ようやく道路がつくられたのだった。

温泉地としては新しい寸又峡であるが、この地で人が暮らしてきた歴史は古い。戦国時代、寸又峡は甲斐武田氏の勢力下にあった。この地を流れる大井川が遠江と駿河の国境になっていたことから、当時遠江に勢力を広げていた武田氏は、駿河の徳川氏に備えるため寸又峡の下流に小長谷城という出城を築いた。

全国的には人知れぬ秘湯であった寸又峡温泉は、金嬉老の立てこもり事件によって、一躍名前を知られるようになった。寸又峡温泉がある静岡県榛原郡川根本町は静岡市と浜松市に挟まれ、北部は長野県と接している。大井川に沿った町の九割は森林地帯だ。

この山深い里は、金嬉老と浅からぬ因縁がある。

豊富な森林資源を運ぶために大井川鐵道が一九三一年に金谷と千頭を結び、大井川の水流は水力発電に利用された。戦前の国家的なプロジェクトであった大井川鐵道の敷設と発電所建設の現場では、数千人規模の朝鮮人労働者たちが働いていたのである。発電所建設の過酷な現場では少なくない朝鮮人が亡くなっている。

金嬉老は手記の中でそのことについては触れていない。寸又峡へ行ったのは、ただ闇雲に山の中を走っただけだと記しているが、南アルプスの山裾を縫うように流れる大井川の流域は、金嬉老が朝鮮人の差別を訴えるには、奇しくも打ってつけの土地であった。
戦前に大井川の発電所で働いた朝鮮人の労働者、李日俊（リイルチュン）の証言が『朝鮮人強制連行調査の記録』（柏書房）に収録されている。日本に来たのは郷里に仕事がなく、生活が困窮していたことが理由だった。

〝仕事は大井川発電所の導水路のトンネル掘りだった。四〇〇〇人以上の人間が集められていた。私は黄さんという同郷の親方の下で仕事をした。皆朝鮮人であり、三交代での仕事だった。辛かったよ。穴掘りは危険がいっぱいで、毎日のように二〜三人、多いときには一〇人ぐらいの死体をトロッコか車で運んだが、どこへどうしてしまうのかわからん。だって線香ひとつたてるわけじゃないし、墓をつくるわけでもなく、里へ手紙を送ったとも聞かなかった。もっとも手紙を書ける人は少なかった。仕事が仕事だったのでけが人や死ぬ人がでるのはあたりまえ。頭の上から突然大きな石が落ちることもあったし、水がどおっと流れ出すこともあるし、ハッパの振動でいきなり岩が崩れることだって毎日のようにあった。真っ暗い穴のなかでカンテラの光だけ、何が起こっているのか全然わからん。死んだ人のこととか、ケガ人のことを言ったらきりがないね。思い出すのもいやだな。私はそこで三年くらいがんばったが、いろんな人がいた。故郷の家族が送金を待っているからと酒、たばこをやめてものも言わず働くもの、一人息子の結婚資金をためるために来たもの、朝鮮の北から南まで方々から来ていた〟

国の根幹をなす事業といってもいい大井川の開発で朝鮮の人々が血と汗を流したわけだが、戦後に入って開発がひと段落すると、観光資源として山間部の自然に目が向けられるようになり、温泉ができた。一見すると何の結びつきもないような山村の歴史が、民族差別を訴えることになる金嬉老の存在を通じて、結びついていく。

壁に書いた遺書とテレビ生放送

あの日金嬉老が寸又峡に着いたのは午後一一時半頃のことだ。

温泉街の一本道を走っていくと、一軒の旅館が目についた。見通しのきく駐車場の奥に旅館の建物があり、立てこもるには最適だと思った金嬉老は、このふじみや旅館を選んだのだった。寸又峡温泉郷では最古参の旅館で、道路が通じる以前の大正時代に工事関係者などを目当てに旅館を開業した。当主は三代目であった。

物盗りはおろか犯罪など起きたことがない山里では、旅館の玄関にも鍵が掛けられていなかった。金嬉老は土足で旅館に上がると、発電所関連の仕事で泊まっていた宿泊客を起こし、二間ある二階に案内させた。ふじみやは新館、旧館、分館に分かれていて、二階があるのは新館だけだった。金嬉老は見晴らしのいい広場に面した桐の間を立てこもりの部屋に決めた。

同階の藤の間に集めた人質一三人を前に、金嬉老は言った。

「私は、朝鮮人です。朝鮮人として日本の人から随分惨めな思いをさせられ、傷つけられてきました。（中略）警察からも許せない屈辱を受けました。警察相手にどうしても決着をつけなければならないんです。決して押し込み強盗なんかじゃありません。決着がついたら、自殺する。協力してください。迷惑をかけてすみません」

金嬉老の言葉に人質たちは黙って耳を傾けていた。口調は高圧的ではなく、頭を下げて協力を仰ぐ姿に感銘を受ける者もいた。人質の中には、ほとんど恐怖を感じることなく、立てこもりに協力する者もいた。畳を上げて窓際に重ね、一五〇本のダイナマイトは人質が運んだ。こうして四日間にわたる立てこもりがスタートしたのである。

金嬉老は自ら清水署に電話を入れて、みんくすで暴力団員を殺した者だと名乗り、現在寸又峡温泉のふじみや旅館に立てこもっていることを告げた。

警察への電話を終えると、部屋の壁に木炭で記した。

〝罪もない此の家に大変な迷惑を掛けた事を　心から申訳なく思います
この責任は自分の死によって詫びます　お母さん不幸を許して下さい〟

旅館は2012年に廃業してしまったが、営業時は事件の部屋に宿泊することができ、
金嬉老が残したメッセージを見ることができた

金嬉老は静岡新聞社にも電話を入れ、寸又峡のふじみや旅館に立てこもっていること、民族差別を知らしめるための行為であることを伝えた。これにより、警察だけでなくマスコミにも事態が伝わった。

翌朝、旅館に一本の電話が掛かってきた。当時、ワイドショーのはしりとして人気を集めていた「木島則夫モーニングショー」の司会者木島則夫からだった。番組は生放送の最中で、木島は金嬉老に言いたいことをすべて話してほしいと言った。金嬉老は渡りに船とばかりに一時間近く、自身が受けた差別や民族差別について、持論をぶちまけた。私が掛川市内で出会った理髪店経営者の男性は、まさに金嬉老が立てこもった翌朝、この生放送を見ていたのだった。

テレビの影響力は凄まじく、民族差別を訴えた発言は瞬く間に世間に広まった。その声に反応したのは、在日朝鮮人の文学者金達寿、弁護士の山根二郎といった文化人、在日朝鮮人、事件を通じて在日差別について知った高校生などさまざまだった。日本中に大きな波紋を呼んだのだった。

金嬉老は暴力団員二人を殺めた殺人者であるとともに、このときから民族差別を訴える一人の活動家ともなった。

連綿と続く差別の轍

事件を起こすまでの彼の半生を振り返ってみると、幼少期からはじまり小学校、さらには社会に出てからと、在日朝鮮人ゆえの差別に晒されつづけてきた。

日本における朝鮮人への差別が、明治から昭和にかけての日本と韓国の関係に起因していることは間違いない。一九一〇年の韓国併合によって朝鮮半島は日本の領土となり、固有の文化は衰退を見せ、社会全体が日本資本に組み込まれた。その後、日本の重工業を支える労働者として朝鮮半島の人々が大勢日本へ渡り、終戦時には二〇〇万人が日本で暮らしていた。その間、朝鮮の人々は日本名を名乗ることを強いられるなど、その統治は精神的な苦痛をもたらした。

日本に渡った朝鮮の人々は、金嬉老の家族を見ればわかるとおり、工事現場や港湾などで日本人より安く使える労働者として利用されたのである。その一方で、朝鮮半島の農村にいては現金収入を得ることは難しかった。どの時代の人間も持っている欲望というものも、彼らの背中を押したことは理由の一端としてあるだろう。彼らのすべてを植民地支配の被害者であるとばかり規定することに私は同意しない。

ただ、朝鮮半島を併合し、創氏改名などをはじめとして日本が取った植民地政策に関しては、不快感を覚えずにいられない。そうした政策が、日本人が朝鮮人を下に置く民族差別の根源となった。日本で暮らした朝鮮人たちの多くは、過酷な労働条件、劣悪な環境で暮らさざるを得ず、それがさらなる差別を助長した。

金嬉老には、金岡、近藤といった日本名もあった。韓国名を表立って名乗ると日本社会で生きていくうえでハンデとなったことから、通名を必要としたのだった。プロレスラーの力道山も日本を代表するヒーローでありながら、朝鮮半島の出身であることはタブーとして秘された。人気の高かった俳優松田優作も元は韓国籍で、のちに帰化し日本国籍を取得しているが、生前韓国籍だったことを明かすことはなかった。幼少期、韓国人であることからいじめられたことも理由であるという。松田優作の元妻である松田美智子は、著書『越境者　松田優作』（新潮文庫）のなかで、松田優作が日本に帰化する際に法務局に提出した手紙の一部を載せている。

〝僕は今年の七月から日本テレビの『太陽にほえろ！』という人気番組にレギュラーで出演しています。視聴者は子供から大人までと幅広く、家族で楽しめる番組です。僕を応援してくれる人たちも沢山できました。現在は松田優作という通称名を使っているので、番組の関係者にも知られていませんが、もし、僕が在日韓国人であることがわかったら、みなさんが、失望すると思います。特に子供たちは夢を裏切られた気持ちになるでしょう〟

何とも切ない手紙である。ここまで一人の人間を追い込んでしまう社会というのはどうなのか、という思いにさせられる。東南アジアを旅していると、現地に暮らす華僑の人々と出会うことがよくある。彼らは現地の名前以外にも、中国名を持っている。当然ながら現地の人間との間に軋轢はあるが、日本のように出自を隠すように暮らしているわけではない。日本社会における在日朝鮮人たちの存在は、世界的に見てもかなり特殊である。お互いの顔形が似ているため、二代目となれば、ほぼ同化できてしまうこともあるのだろうが、他者への非寛容という日本社会の持つ閉鎖性が関係しているのではないか。

私は、この殺人者の故郷を巡る旅で、歴史的に他者を排斥してきた人々の例を数多く見てきた。山口県の現代の八つ墓村、高度経済成長期の東北からの出稼ぎ労働者、さらに時代をさかのぼれば、九州の隠れキリシタンなど、犯罪の陰には常に日本社会の持つ陰湿さがついて回る。それは島国根性といってもいい。

グローバル化などと世間では声高に叫ばれているが、昨今のヘイトスピーチやネットの攻撃的な書き込みなどを見ると、今も在日朝鮮人への差別は根強く、むしろ強まっているようにすら感じられる。

金嬉老の肉声

荷を解いたふじみや旅館で私は、金嬉老が立てこもった二階の桐の間に泊まった。事件から四〇年以上経つが、部屋の間取りは変わっていない。昔懐かしい空気が漂う木造の旅館である。

事件の際人質となった女将望月英子さんが旅館を切り盛りしていた。取材で来た旨を告げると、気さくに話してくれた。

「怖いなんてもんじゃなかったよ。三日間一緒にいたあげく、女子どもは用がないから出てけって言われたけど、勝手に入ってきてそんなこと言われて、頭きちゃったわよ」

事件後温泉街は全国的に有名になり二七軒の旅館が建ったが、今では一二軒だという。旅館には事件に関する展示室があり、金嬉老の肉声が残されていたので聞いてみた。

「私は今ちょっと、頭がだいぶ混乱しててですね。いろんなマスコミの人から質問攻めにあうものですから、寝る時間もそう寝てないですし、ほとんど昼夜起き続けで、まぁこれで二日も三日も四日もと重なってくると、自分も相当疲れを感ずるわけです。だから自分の思ってることを上手に表現できないんですけども、私は最後に言いたいことはですね。私がなぜこういうふうにしなきゃならなかったかと。人種差別の、人種犯罪のそういう苦しめられた気持ちを世間に訴え、それで反省してもらい、それでまた改めてそういう感情をなくして、お互いに和気あいあいとした気持ちでやってもらうためには、こういう方法でしか、私は訴える方法を知らないんです」

金嬉老は立てこもっている間、幾度となくマスコミ関係者や旧知の警察関係者を部屋に招いて会見を開いていた。彼は立てこもりの四日目に逮捕されているため、逮捕直前の記者会見を録音したものだろう。

その声は歯切れがよく、聞く者の心にすっと入ってくる。彼の訴えが世の人に響いたのは、声色にも魅力があったのだろうなと感じた。

「頭の回転の速さっていうのはね。よくわかってもらえると思うんです」

女将が呆れたような口調で言った。それにしても、ほとんど寝ることもなく、よくこまで滔々（とうとう）と話すことができるなと感嘆せずにはいられなかった。

彼の言葉の中に、「最後に言いたい」というフレーズがあるが、金嬉老は自殺するつもりで青酸カリを用意していた。母親からは、潔く死ぬようにというメッセージが込められた白い下着が送られてきていた。

立てこもりの最中、金嬉老は自殺をまわりにもほのめかしていたが、女将は怯むことなく金嬉老に言い放ったという。

「客商売だから、ここで死なれたら困る。どこか旅館の外で死んでください」

女将の言葉には答えず、黙っていたという。金嬉老は人質に対して紳士的に振る舞い、女将の三人の子どもたちに小遣いをあげたりするなど、人のいいところもあったという。

事件から年月が経ち、女将は金嬉老についてどんな感情を持っているのだろうか。

「最初は憎しみはありましたよ。でも最近は特に気になりません。あの事件が起きる少し前は、彼だけじゃなくて、朝鮮の人への差別はあったからね。このあたりの工事現場でも危険な発破の作業は朝鮮の人がやっていたりしたから、彼の言っていたことはよくわかるんですよ」

「英雄」の末路

畳の匂いが心地よい桐の間からは、山桜が咲いているのが見えた。白く浮かび上がったその花は、心を和ませてくれた。金嬉老がこもったのは二月の末で雪が降ったという。

事件後、半世紀近くが経ち当然ながら部屋は模様替えされている。ただ、金嬉老が木炭でメッセージを書いた古い壁は、新しい壁の奥に残されていた。新しい壁ははめ込み式のため、取り外すと漆喰(しっくい)の古い壁が顔を出すのだった。

文字は完全に残されているわけではなく「死」「お母さん」といった文字をところどころ見ることができる。

金嬉老の遺言ともいえる炭書きが残る壁を目にしたとき、私はある思いにとらわれた――。

　金嬉老は無期懲役の判決を受け収監、一九九九年仮釈放後に韓国に渡り、最初は民族の英雄として、人々から帰国を歓迎された。一九七九年に獄中結婚した女性と生活を共にしたが、韓国に来た翌年、その女性は金嬉老の銀行口座から金を下ろして、行方をくらました。その後女性は逮捕されるが、金嬉老にとって韓国での生活は順風満帆とはいかなかった。同居していた女性が失踪した後、新たに愛人をつくるが、その愛人の夫を殺害しようと凶器を持って乱入し、斬りつけたうえに家に火をつけ、現行犯逮捕されるという殺人未遂事件を起こした。民族差別を訴えた英雄の末路は哀れであった。

　それを思うと、この部屋に立てこもり、日本人による在日朝鮮人への差別を訴えた一九六八年は、金嬉老にとって人生最良のときだったのではないだろうか。テレビに向かって理路整然とはきはき話す彼の姿は、無知蒙昧(むちもうまい)の輩が自暴自棄になって起こした刹那的な事件とはちがうものを感じさせた。

　しばし金嬉老の人生に思いを巡らせたあと、彼も浸(つ)かった温泉に入った。夕食には山菜の天ぷらと猪鍋(ししなべ)が出た。金嬉老はたしか逮捕される前日に、鹿肉の料理を振る舞われている。部屋を訪れていた文化人たちと食したという。

山の幸をふんだんに使った料理は滋味にあふれ、すぐに平らげてしまった。部屋に戻ると、すでに山のむこうに陽は落ちて、部屋の外は闇に包まれていた。

ふかふかの布団に寝転びながら、ぼんやりとテレビを眺める。腹もいっぱいで、普段であればこのまま眠気が襲ってくるはずなのだが、やはり事件の起きた部屋ということもあってか、私はこの夜ほとんど眠ることができなかった。

頭に浮かんでくるのは、やはり金嬉老のことである。暴力団員二人を日本で殺害し、韓国でも愛人の夫を殺そうとするなど、凶状持ちであることは間違いない。どの犯罪者にもいえることだが、なぜ金嬉老は人を殺めたのか。当時、どの在日朝鮮人も少なからず差別を受けていた。殺人に至った理由は彼の資質だけによるものなのだろうか。それともやはり日本社会のあり方自体が原因なのだろうか。おそらく、そのどちらもなのだ。金嬉老に胡散臭さを感じていた人も、彼が差別を糾弾する姿勢には反感を抱くどころか感銘を受けた。ふじみや旅館の女将が言う通り、当時誰もが朝鮮人への差別を目にしていた。金嬉老の言葉は、あの時代が生んだ、生きた言葉であった。

空が明るみ出した頃、やっと私は眠りについた。

叶わぬ帰国と母の墓参り

翌日、私は金嬉老の母親が眠る掛川の墓地に向かうことにした。寸又峡から掛川へと山を下ると、天竜浜名湖鉄道と並行して植えられた桜が満開だった。母親が眠る墓地は、掛川市の本郷という土地にある。町の東側には小高い丘が見える。終戦も間近に迫った一九四五年四月、中島飛行機浜松製作所の地下工場の建設が計画された場所だ。

ここでも、工場建設のため二〇〇〇人の朝鮮人が動員された。ちなみにその工場は、前年の東南海地震によって浜松の工場が被害を受けたことや、激しさを増す米軍の空襲を避けるため秘密裏に部品をつくる必要に迫られたために計画された。しかし工事の途中で終戦を迎え、工場は稼働することはなかった。工事に携わった朝鮮人たちは終戦の日、マンセーと歓喜の声を上げたという。戦後、多くの朝鮮人たちはそのまま本郷周辺に居着くようになり、金嬉老の母親も再婚相手とこの地で暮らした。今もここ本郷には、金嬉老の母親の墓があり、親族も暮らしている。

墓地は、地下工場がつくられる予定地だったところからほど近い小高い丘の上にあった。墓地の丘から周囲を見回してみると、本郷が東西に広い谷だということがわかる。今も地名が残っているが、もともとこのあたりは原谷（はらのや）と呼ばれた。歴史をさかのぼっていくと、平安時代に出羽国（でわのくに）から原谷へやってきた工藤師清（くどうもろきよ）という人物が何かしらの縁があって居着いた。それから原を名乗るようになる。原氏は徳川家康に攻められ没落するが、戦国時代まで続いた。原谷を追われた原氏は親族がいた萩の毛利氏を頼り流れていったという。

谷には田んぼが広がり、春霞に覆われた桜並木が滲んで見える。のどかな景色である。

晩年、母親の故郷釜山で暮らした金嬉老は、墓参りを希望していたという。それと同時に日本への望郷の念もあったと聞く。日本国籍は取得していなかったとはいえ、生まれ育った土地である日本は、忘れがたい土地だった。韓国語が満足に話せなかったという金嬉老にとって、年老いてからの韓国での生活は、並々ならぬストレスがあったことだろう。

彼の地では、日本で生まれ育った在日韓国人をパンチョッパリと呼ぶという。チョッパリとは、日本人が履いていた足袋が豚の蹄のように見えたことからつけられた日本人に対する蔑称である。パンは半分という意味で、半分卑しい日本人ということになる。

韓国における在日韓国人への差別は今も根深いものがあるという。知られた話では、元サッカー日本代表の李忠成選手が、かつてU-18の韓国代表に選ばれたとき現地でパンチョッパリと呼ばれ、自分が韓国という国で歓迎されない存在であることを知り、世界観が崩れたと告白している。李選手以外にも、脚本家のつかこうへいやプロレスラーの前田日明などが、韓国で受けた自身の差別的な待遇に関して告白している。

金嬉老がそうした差別を受けていたことは想像に難くない。しかも彼にはすでに人生をやり直せる若さもなく、韓国へ強制送還となったため戻ることができる故郷もなかった。

私は、金嬉老が墓参りをすることが叶わなかった母親の墓へ足を運び、手を合わせた。

親族の証言

本郷で昼飯でも食べようかと食堂を探していたら一軒の焼肉屋があった。まったくの偶然であったが、その店の経営者は金嬉老の親族だった。

「雰囲気ですぐに取材の人だってわかったよ。うちのことを知ってて来たの？」

在日の経営者が多い焼肉店ならば、何かしらの情報が入るかもしれないと思ったのはたしかだが、まさか親族だとまでは思わなかったと正直に告げた。店主のしゃきしゃき話す口ぶりは、あの金嬉老の声音と似ていた。

店主は金嬉老のことを叔父さんと呼んだ。店内のショーケースには元プロ野球選手の張本勲（はりもといさお）のバットなどが飾ってあり、人脈の広さをうかがわせた。

「張本さんは会ったことがあるし、大木金太郎も知ってるよ。韓国の名前を名乗ってなくても、顔を見れば、だいたいわかるもんだよ」

男性は、さまざまな芸能人やプロ野球選手の名前を挙げて、誰が在日であるのか次々と教えてくれた。その中には、在日であることが世間で知られていない人物も少なくなかった。通名を名乗って生きざるを得ない人々が、この日本にいかに多いかということを思い知らされた。

例えば、先住民族を除きそのほとんどが世界各地の移民で成り立っているアメリカでなら、わざわざ通名を名乗る必要はない。アジア系アメリカ人ということで、日本人も韓国人も中国人もひと括(くく)りにされる。一方、ここ日本では、長い歴史が独自の文化を育(はぐく)み、日本人であることが社会で生きていくうえで欠かせない条件となっている。固有の文化の中に、日本の美しさや伝統が宿っているのはたしかだ。敬意を持つことは大事なことであるが、同時にそれにとらわれ、こだわりがすぎれば、差別を生み出す根源ともなることを認識しなければならない。この国は積み重ねてきた年月が長いだけに、他の国以上に日本人であることが求められてしまうのかもしれない。

私は焼肉をつつきながら話を聞くことにした。

「叔父さんは、とにかく純粋な面のある人だったなぁ。だから鬼にもなることができた。若い頃は喧嘩ばっかりしてたよ。昔の喧嘩は今とはちがって豪快で、ドスやピストルを平気で使ったから、そんなに尊敬できる人じゃなかったけど。いろいろ複雑な人生を歩んできたから、他人(ひと)よりは多くのものを見ていると思うよ。差別の問題については叔父さんの言ったことは正しいんだよ。みんなが言いたくても言えないことをはっきり言ったわけだからさ。日本が戦後処理をしっかりとやってこなかったことが、この問題の原因にあると思うよ」

在日の芸能人を話題にしたときとはトーンがちがって、言葉を選びながら慎重に話した。男性の年齢は四〇代後半だった。彼自身はどんな民族差別を経験したのだろうか。

「まぁ、誰しも経験していることだよ。だけど叔父さんほどひどいことはなかったね」

具体的に語ることはやんわりと拒んだ。その態度に、差別問題が変わらず存在していることを感じる。彼にとって、金嬉老はどのような人物に見えていたのか。

「実際は極道じゃないけど、まあ極道に近いかな。刑務所から出てきたら用心棒みたいなこともやってたみたいだし。あの事件のことも、殺す気はなかったって言ってたな。ライフルを撃ったら、ひゅっと銃身が上がって太ももを狙ったのに心臓に当たったって。根っからのワルではないと思うよ。頭はいいんだけど、ちょっと気が短いところがあって、すぐ喧嘩しちゃうから、人間関係を築くのはうまくなかったんじゃないかな。一人の人間の物語としてみたら面白い人間だと思うよ。現にあなたみたいな人が今もこうやって来るわけだからさ」

親族でありながら金嬉老を客観視し、犯罪の加害者親族が持つ後ろめたさのようなものはまったく感じていないようだった。あの事件が単なる殺人事件では終わらなかったことを男性の言葉や態度は如実に表していた。

男性によれば、韓国に渡ったあと、金嬉老には二四時間態勢でSPが警護につき、マンションも現代財閥（ヒュンダイ）から支給された。さらには、当時北朝鮮の最高指導者だった金正日（キムジョンイル）の代理人からも接触があり、ぜひ北朝鮮へ遊びにきてほしいと、依頼もあったという。金嬉老は極めて政治的な存在でもあった。日本と韓国、北朝鮮の間における政治的な緊張が金嬉老を偶像化していった。

事件後、本人の思惑を超えた金嬉老像がつくられていったわけだが、彼自身は極めて冷静に著書にこう書き記している。

〝哲学的な言い方をすれば、過去と現在と未来について、もしも時間の流れを後戻しが出来るのであれば、あの時の自分に戻して、「金嬉老事件」という形ではない、もっともっと別な手段、方法で結果を出せるように、スタートからやり直してみたいと、ふと思う時があります〟

人生の晩年に記されたこの言葉には、計り知れない重みがある。

彼は日本を恨んでいたわけではなく、両民族がいがみ合うことなく暮らしたいという思いを著書で打ち明けている。やり直してみたいというのは、彼の言葉でいう「和気あいあい」とした日本の社会で日常を送りたかったということであろう。

時は流れども

親族の男性から話を聞いたあと、しばし原谷周辺を歩いた。国道を外れるとすぐに水田地帯が広がる。多くの朝鮮人労働者が工事に関わった天竜浜名湖鉄道の線路を渡って、墓地から見えた桜並木までやってきた。春風に吹かれて桜が散るなか、母と幼い子が桜並木の続く道を歩いていた。

あの混乱の時代を生きた母と金嬉老に、このように桜を楽しむ時間はなかっただろう。労働に追われる日々のなか、どのような思いで毎年花を咲かせる桜を眺めたのだろうか。

金嬉老が生きた時代から時は流れ、私が今生きているこの国では、屑拾いをする親子はおらず、仮にいたとしても石を投げるような者はいないだろう。他者に対する露骨な差別を日常の生活の場において目にすることはほとんどない。しかし一方で、韓国人に対するヘイトスピーチなど、聞くに耐えないシュプレヒコールを公然とあげる者が現れはじめた。韓国人やアジア系外国人に対する日本人の差別意識は今も心の中にへばりついたままである。

諸手（もろて）を挙げてグローバル化する世の中に賛成するつもりはないが、日本の社会を眺めていると、世界の動きに逆行して、頑（かたく）なに殻を閉じているようにも見える。

寸又峡のふじみや旅館に立てこもった際に、金嬉老が発した言葉が耳をよぎった。

〝お互いに和気あいあいとした気持ちでやってもらうためには、こういう方法でしか、私は訴える方法を知らないんです〟

穏やかに人々が暮らせる社会は、まだまだ実現できていないようである。

金嬉老には、せめてあの世ではゆっくりと桜を眺めてもらいたいものだと思った。

おわりに

四国八八ケ所巡礼に代表される聖地巡礼は、聖者の足跡をたどって願いや贖罪を求める行為であるとともに、己自身と向き合う行為でもある。釈迦が、インド各地を漂泊しながら、ブッタガヤにたどり着き、そこで悟りを開いたように、悟りとまではいかなくとも、人は気づきを得ようとすれば、一箇所にとどまらず水のように流れることを宿命づけられている存在なのではないか。

それは、どんなにテクノロジーが進歩しようが、座してパソコンやスマホをいじっているだけで得られるものではなく、肉体を風雨に晒し、汗水を垂らし、細胞レベルで己の肉体と精神を入れ替えることによってのみ得られるものだと、私たちのＤＮＡに刻み込まれているのかもしれない。

今となっては遥か昔のような気がする思い出だが、学生時代に自宅のある横浜から京都まで東海道を歩いたことがある。バックパックに米やコンロ、テントを詰め、財布には一万円だけ入っていた。東北地方が凶作に見舞われた年で、タイ米と日本の米が混ざったブレンド米を神社の境内や学校の校庭で炊いて食べた。食感も匂いも悪く、毎食ふりかけをかけないと食べられなかったことが記憶に残っている。

私は昔日の人々の旅を追体験しようとそんなことをこころみたわけだが、排気ガスにまみれ、宿場の賑やかさも、日差しを避けることができる松並木もない現代の徒歩の旅は、江戸時代に比べて劣悪極まりないことが身に沁みた。それからというもの、何事も書物の中からだけではなく、体験することによって身に刻んでいくということを自分なりの信条としてきた。

いってみれば、学生時代のささやかな旅の延長線上に、この殺人者の故郷を巡る旅もある。

一〇年以上にわたって罪深き者たちの故郷を歩きつづけることによって、私の目は見開かされていった。歩いてきた道筋を振り返ってみると、私が目にしたのは、事件の背後にのしかかる風土や血の重みであった。彼らの心の内に迫ろうと、ときにその境遇に身を重ねてみもした。故郷というのは、後年罪を犯す前に過ごした土地であり、いわば殺人者となる前の魂が宿っている土地だ。無垢な彼らと出会う場所でもあった。

殺人者たちの犯した罪は、どれも許されるものではない。しかし、永久に断罪されつづけるべきものでもない。犯罪は、個人の意思だけではなくて、間違いなく時代が生み出している側面があるからだ。例えば、最後の章で取り上げた金嬉老。在日韓国・朝鮮人への露骨な差別がなければ、あそこまでの罪を犯すことはなかったのではないか。東北出身の小原や永山も、まだまだ貧困が目に見える形で残っていた時代だからこそ、あした犯罪に至ったのではないか。差別や貧困は、当時の社会情勢によって生み出されていたものだ。すなわち犯罪というのは社会の一部であり、その暗部を映しだす鏡のようなものなのだ。

巡礼者たちが聖地を巡ることによって聖者と一体化していくように、自分自身を見つめつづけた結果、犯罪者と自分の境界線がますます曖昧になっていくのを感じた。それゆえに、歩けば歩くほど、彼らの特異性は消えていった。素直に告白すれば、彼らは異質な者ではないという気持ちの芽生えが、今後も断罪されつづけるであろう彼らの行き場のない魂を少しでも鎮魂できれば、という思いを生んだ。

犯罪者を擁護するために旅を続けたのかと、怒りの言葉が飛んでくるかもしれない。その言葉も甘んじて受けよう。なぜなら、殺人者たちが罪を犯した背景を知っていけばいくほど、心をおおいに揺さぶられたからだ。私自身の人生を振り返ったとき、身内や他人への嘘や不義といった道徳に反することも、もしかしたら裁かれていないだけで、殺人と等しい罪ではないのかという思いもある。この旅は、個人的な懺悔行（ざんげこう）という側面もいつしかまとうようになっていった。

日常において、ときに自身が重ねてきた悪行の数々を思い返すと、急に心の中に靄がかかったような気分になり、どうもすっきりしない日々が何日も続く。ところが罪深き者たちの取材をしているときには、その靄が知らぬ間にすっきりと晴れていた。

彼らの罪と向かい合い、自分のほうがまだましだという優越感からそう感じたわけではない。むしろ逆である。普段は取り繕い見えなくなっている己の醜悪な部分が燻り出されていくのだ。

今ひとたび草鞋を脱ぎ、足を休めて思ったことは、やはり殺人は、個人の資質というより社会や時代によるものであり、そうである以上、私もあなたも罪を犯さなかったのは、単なる偶然にすぎないということだ。いつだって獄につながれる可能性がある。次はあなたかもしれないし、私かもしれない。

殺人者の故郷は、日本列島各地に点在している。その点と点を結んでいくうちに、いつしか道となった。常闇の道を一人の巡礼者として歩き、見えない街道の記録を紡いだのが本書である。

出版不況と呼ばれる昨今、私の企画に賛同していただき、原稿の執筆時には的確な助言をいただいた亜紀書房の高尾豪氏に、この場を借りて御礼申し上げたい。さらには、旅の途上で出会った数多の方々の親切に感謝しつつ筆をおきたい。

世に盗人(ぬすびと)の種は尽きまじ。

有名な盗賊石川五右衛門(いしかわごえもん)の辞世の歌の一節といわれているが、殺人もまたしかり。

私の旅はもうしばらく続く。

二〇一七年八月一〇日　東京・竹の塚にて

文庫版あとがき

その家は今も変わらず同じ場所にあった。私は二〇一三年七月二一日に発生した連続殺人事件の犯人が暮らしていた家の前にいた。

事件から二カ月後にこの場所を訪れているから、約七年ぶりの再訪だった。かつてあった黄色い非常線が取り除かれた以外、周囲の風景は何も変わっていないように思えた。事件から時が止まっているかのようだ。

事件というのは、第1章で取り上げている、山口県周南市金峰の郷集落で起きた事件のことである。家とは犯人の保見光成死刑囚が逮捕されるまで暮らしていた家のことだ。

山村で起きた事件は、大きな波紋を呼び、私のような取材者が多くこの土地に押しかけた。保見死刑囚は二〇一九年七月、最高裁で上告が棄却され、死刑が確定した。もう二度とこの場所へ生きて戻ってくることはない。

今回、『日本殺人巡礼』の文庫化にあたり、集英社文庫編集部の田島悠さんから、どこかもう一度訪ねたい土地はないですかと提案していただいた。その中で私が再訪したいと思ったのが、周南市金峰の郷集落だった。

本作品では、北は北海道から南は長崎県の五島列島まで、日本列島を南北に縦断し、事件とともに現代から戦前まで、日本の歴史と風土をたどってきた。土地と時代を巡る旅のなかで、郷集落というのは、農村文化、日本の近代化、そして中世から現代まで連綿と続く日本の歴史が詰まっている場所だと思った。

この本が文庫化されるにあたり、犯罪者の背景にある歴史や風土を再確認するうえで、最も適した土地だと思ったのだ。


私が取材に出たのは、二〇二〇年七月上旬のことだった。私は普段東京に暮らしている。ご存じのように東京は、新型コロナウイルスの一大流行地であり、日本で一番多くの感染者を出していた。二〇二〇年は、日本各地を取材する予定が入っていたが、新型コロナウイルスの流行により、ほとんどがストップし、進行中の取材も流れた。

私自身も二〇二〇年一月下旬に札幌を取材し、帰京してから一カ月強にわたって、体調を崩した。高熱は出なかったのだが、連日体がだるく、鼻が詰まった。そして、ついには味覚を感じなくなった。それに気がついたのは、山椒たっぷりの麻婆豆腐を食べても何の味もしなかった時だった。新型コロナウイルスの症状そのものだが、今年の二月ということもあり、保健所にも相談することなく、家にこもり続け何とか乗り切った。

思えば、一月に札幌を取材した際、ホテルは中国人の観光客だらけ、街を歩いてもそこかしこに彼らの姿があった。もし私が新型コロナウイルスに感染していたとしたら、間違いなく札幌でだっただろう。

何とか回復した私は、家にこもる日々を過ごしていた。もともと家で仕事をしていて、月に数日ほどしか外に出かけることがないこともあり、外出自粛を強いられる生活様式に強いストレスを感じることはなかったが、世の中を覆っている閉塞感というものは、じわじわと心を陰鬱にさせた。非常事態宣言が終わり、一時的に感染者の数が減った時に向かったのが、周南市の郷集落だった。


久しぶりに足を運んだ羽田空港で集英社文庫編集部の田島さんと合流した。空港は閑散としていて、羽田発岩国行きの飛行機の機内も空席が目立った。

数日前から雨が降り続いていたこともあり、場合によっては岩国空港に着陸出来ない可能性があると機内アナウンスがあった。九州北部は豪雨により甚大な被害を受けていて、その雨をもたらしていた線状降水帯の先っぽの部分が山口県にも掛かっていたのだった。

新型コロナ、豪雨と、何だか取材に来るなと郷集落の土地の神に言われているような気分になった。

途中、普段よりは揺れたものの、飛行機は無事岩国空港に着陸した。そこから私たちはレンタカーで郷集落へと向かった。

岩国市内を抜けて三〇分ほど走り、国道二号線と別れると、道は山道となった。雨は間断なく降り続けていて、時おり激しくなり、フロントガラスを遠慮なく叩いた。

車一台通るのがやっとの山道は、午前中にもかかわらず、すでに陽が落ちているかのような暗さだった。ヘッドライトが、鬱蒼と茂る杉によってつくられた闇を照らした。そんな山道でも、時おり対向車がやって来る。郷集落から近い場所にある採石場で採掘された石を運ぶ大型のダンプカーだ。この狭い山道のところどころに、ダンプカーとすれ違うためのスペースが確保されていた。

雨といきなり現れるダンプカーに冷や冷やしながら、一時間半ほどかけて郷集落に着いた。かつて徳山市行きのバスの停留所となっていた大きなカーブにレンタカーを止めると、保見死刑囚の暮らしていた家が目に入ってきた。

保見死刑囚の家は七年前に訪ねた時には、青いビニールシートが掛けられ、駐車場の中は見えないようになっていた。今回そのビニールシートは掛かったままだったが、非常線が除かれていたこともあり、駐車場の中を覗くことができた。

ビニールシートの向こうには、箒（ほうき）、日本国旗、鍋釜、工具などが足の踏み場もなく散乱していた。彼の乱れた心を表しているような空間の一角に、不可思議なものが吊り下げられていた。それはドクロだった。思えば、以前置かれていたトルソーも不気味さを漂わせていたが、それに劣らず、気分のいいものではない。

このドクロというのは、現在刑務所にいる保見死刑囚にとって、どんな意味合いを持っていたのだろうか。ドクロはよく見ると白い頰被りをしていて、死神のようにも見える。事件発生以前からこの場所に吊るされていたのだろうか。このドクロが死神を意味するのならば、郷集落に災いをもたらした保見死刑囚自身の姿なのかもしれない。この死神は保見死刑囚が抱えていた心の闇、そのもののようにも思えた。ちなみにカバーに使用した写真は、このドクロである。この写真をカバーに選んだのは、保見死刑囚だけでなく、人間誰しもが宿している心の闇を象徴しているように思えたからだ。


郷集落には相変わらず人の気配がない。雨音と水かさが増した渓流の流れる音だけが、山間に響いていた。

前回この村を訪ねた時、保見死刑囚に妻を殺害された河村さんが、私に口を開いてくれた。彼は川に沿って広がる集落の一角にある畑で唐辛子を収穫していた。

その河村さんはすでに鬼籍に入られたと聞いた。河村さんに話を聞いた畑の場所を訪ねてみたが、畑はすでに荒れ果てていて、作物は植わっていなかった。

あてもなく村の中を歩いていたら、どこからともなくバイクのエンジン音が聞こえてきた。振り返って音の方向に目をやると、郵便配達員が運転するスーパーカブだった。

郵便物を届けに来たところを見ると、まだ郷には人の暮らしがあるようだった。

「すいません。取材で来た者ですが、今はこの地区に何人暮らしているんですか？」

ポストに郵便物を入れようとしていた配達員の男性に声をかけた。男性は、少し戸惑った顔をして、「まだ住んでいる人はいます。五人ぐらいですかね。詳しい人数は勘弁してください」と言った。

郷集落の隣には朴という地区がある。車で五分もかからないほどの距離である。七年前の取材で、三人の老人に話を聞いた。果たしてご老人たちは、今も健在なのかと家を訪ねてみた。家は当時と変わらぬ風情で残っていた。軒先から「こんにちは」と、呼びかけてみたが、聞こえてくるのは、地面を叩く雨音だけだった。あの日、縁側に腰掛けていた老人たちの姿はどこにもなかった。

もともと人の気配が少なかった村からは、ますます人が消えているのだった。

次に私たちは奥畑という地区に向かった。そこには、七年前に保見死刑囚の一族が平家の落人であることや郷集落の歴史について教えてくれた古老が暮らしていた。

雨はさらに強くなり、沢を流れる水が道路に溢(あふ)れ出し、倒れた枝が行き先を覆ってい保見死刑囚の家の敷地内にあった奇怪な面。
何を思ってこの場所に掛けたのであろうか

た。引き返すことも頭をよぎったが、古老の安否だけは確認しておきたかった。

古老の家の前で車を止め、敷地へと入ると、軽トラが止まっていた。引き戸はこの天気ということもあり、ぴたっと閉まっていた。

「こんにちは」

と声を掛けると、「はい」という声がして、ゆっくりとした足取りで古老が現れた。金峰に来て数時間が過ぎていたが、初めて村人にあった。

古老とは七年ぶりの再会だった。

「以前訪ねてきて、話を聞いた者です」

と告げたが、古老は私のことを覚えていないようだった。それは、当然といえば当然のことで、落胆はなく、ただ相変わらずお元気そうなのが嬉しかった。

「朴に暮らしていたご老人は、亡くなったのですか？」

「そうだ。何年前だったかな。死んでしまったよ。郷の河村さんも亡くなった」

前に話を聞いた時、戦前のことだが、ここ奥畑には三〇〇人が暮らしていたと聞いた。ちなみに郷には六〇〇人が暮らしていた。改めて、往時の村の様子について話を聞いてみた。

「戦後直後は、町から山に働きに来る人もおったんだよ。活気のある時代だった。このあたりは、米は満足に取れなかったけれど、炭焼きや林業で十分に生活ができたんだ。

それが、昭和三九年に木材が自由化され、海外から安い木材がワーッと入ってくるようになると、林業で生活ができなくなって、みんな町に出るようになってしまったんだ。それからは、もう寂れていく一方だよ。山をいくら持っていても何の価値もない。二束三文。木を切っても売れないから、誰も山の手入れをしない。山も荒れていく一方だよ」

老人の話によれば、人々は村で生活が出来なくなり、町へと出た。金峰でいえば、九九パーセントの人口が都市に流出したことになる。それにより、村からは活気が失われ、日本社会の根幹にある祭りなどの農村文化も消えた。

太平洋戦争後から現在に至る林業の流れについて、少し触れておくと、戦後復興により木材は住宅建築に必要とされた。戦争による国土の荒廃で木材資源が不足していたこともあり、木材の価格が高騰し、古老の言う通り昭和三九年に木材輸入は全面自由化されたのだった。それにより木材の国内自給率は昭和三〇年には約九五パーセントだったのだが、平成十四年には約一九パーセントにまで低下した。そして、現在自給率は底を打ち、平成二八年には約三五パーセントまで回復している。日本政府は五〇パーセントの自給率を目指しているという。

日本の林業は、木材の輸入自由化によって、大きな打撃を受けた。自給率は回復しつつあるようだが、日本各地の山間部にある集落が過疎化している現実を見ると、前途は厳しいように思えてならない。

今後、日本の農業もTPPによって、少なからず影響を受けることになる。現在の食料自給率は三八パーセント。農地面積、農業就業者数は今後減少し続けていく。山間部における小規模な農家は、ますます厳しい状況が待っている。未来に広がっている日本の農村の景色というのは、ここ金峰と同じ景色なのではないか。

衰退していく山村に戻り、結果的に保見死刑囚は事件を起こしたわけだが、彼の存在というのは、人口減少に歯止めがかからない集落にとって極めて貴重な存在でもあった。それだけに故郷へのUターンを試みる人がうまく溶け込める環境づくりが必要に思えてならない。保見死刑囚は中学卒業後、村を出て岩国や神奈川県の川崎などで生活したという。人生の大半を都会で過ごし、人生の最後は生まれ故郷で過ごしたいというのが、Uターンの理由だった。村人からしてみれば、村の出身者とはいえ、よそ者という感覚があったのは否めない事実である。村人と保見死刑囚の間には少なからぬ溝があった。その溝というのは、保見死刑囚だけの問題ではなく、UターンやIターンで田舎暮らしをする者なら誰もが感じることではないか。その軋轢を解消するためにはどうすればよいのか真剣に考える必要がある。

保見死刑囚の家に置かれていた死神は、彼の心の闇ばかりではなく日本の農村、そして社会の閉塞した状況を象徴しているように思えた。

古老にお礼を言って、家を後にした。彼は私に『須金村史』という郷土資料を読むように薦めてきた。この村がどのように成り立って、平家の落人である保見の一族の歴史についてもさらに詳しくわかるだろうと言った。

古老に言われた『須金村史』は岩国市内の図書館に所蔵されていた。その二十七ページには「平家一族と鶴岡一族の入村」という小見出しがついていた。読み進めてみると、保見の祖先である平家の落人たちが、最初に金峰周辺に入ったのは一一八五年二月の屋島の戦いのあとだという。

錦帯橋で知られ、周南市の山間部を源として瀬戸内海へと注ぐ錦川。平家の落人たちは、瀬戸内海を船で逃れ、錦川に沿って金峰周辺へと逃れた。山深い金峰であるが、有史以来人々が住み続け、ほとんどの場所は開発されていて、落人たちは耕地の無いさらなる山奥を目指さざるを得なかった。『須金村史』にはこのように記してあった。

〝かれらは、山イモを掘り野鳥獣類をとらえて辛うじてその日の糧をつくりつゝ、開墾をはじめた。もうそのころ水田開墾の余地は、ほとんどなかつたので大部分は畑地を耕した。おかげで、この村は、かつて耕作不能地とされた山間地がかれらの努力によつて、ことごとく開墾されていった。〟

あらためて、郷集落の景色を思い出してみる。今では見渡す限り木々に覆われている山々にも、家があり竈から煙が立ち上る時代があった。木々の生命力というのは凄まじいもので、人が暮らさなくなると、ぽっかりと空いた傷口を塞ぐように、人が暮らした痕跡をすぐに呑み込んでしまうのだ。この本を手に取らなければ、侘しい景色が何百年も続いてきたと思ってしまっただろう。今ある金峰の景色は、千年以上続いている村の歴史の中で、ほんの数十年のことに過ぎないのだ。

どうしても、今ある風景を見て、侘しい村だとか、人里離れたとかいう言葉が出てきてしまうが、過去に目を向けてみると、現在からは想像できない景色が金峰には広がっていた。その一端は、京都から追われ、西へ西へと流れてきた平家の落人たちによって形づくられた。その子孫のひとりが保見なのだ。

平家の落人たちの話は伝説という枕詞がついてまわる。ところが、ここ金峰では、人々の言い伝えだけではなく、土地の名前にも残っていると、『須金村史』には綴られていた。

錦川周辺に残る須万は播磨の須磨であり、長谷、北山、清水などはいずれも京都の地名である。そして、平家の落人が住み着いて以降、かつての玖北、都濃北部は、山代地方と呼ばれるようになった。漢字は違えど、京都の古名である山城から取られている。古い土地の名が塗り替えられるほど、平家の落人たちの数は多かった。

平家の落人たちの悲しい伝説も残されている。長谷の姥ヶ峠（うばがとうげ）には平家八人塚という土墳がある。その土墳は壇ノ浦で入水した中納言雅頼（まさより）の子秋月丸が、この地に逃れて来た際、源氏の追っ手と戦い戦死した秋月丸の家来のものだという。八人塚のくだりを読んだ際、私はどきりとした。あの横溝正史の名作『八つ墓村』が頭をよぎったからである。郷集落にも亀石というこんもりとした塚が残っていると触れたが、人が消えた風景の中には、さまざまな伝承が残されているのだった。このままでは、そうした伝承も人々の生活を覆っていく木々の中に消えていくことになる。

事件と社会の密接な関係。この取材に同行してくれた田島さんと私は、金峰へと向かう山道を車で走っている時や瀬戸内海の海辺を走っている時などに、何度かそんなことを話題にした。

日本社会についてひとつ言えることは、何事も経済優先、経済成長を望む生き方というのは、限界に来ているということだ。現在、新型コロナウイルスの世界的な流行という未曽有の危機に晒されているが、これまでの社会の在り方への警鐘でもあり、一歩引いて考えてみれば、自分たちの生活を見直すいい機会でもある。

歴史を振り返ってみれば、江戸時代の鎖国を終わらせ、明治時代に入ると日本は本格的に世界と繋がるようになり、近代化、欧米に追いつけ追い越せを合言葉に、新たな国づくりを進めた。江戸時代の農業中心の社会から、工業中心の社会へと舵を切った。

江戸時代には、金峰の歴史を振り返っても、たびたび飢饉に襲われ、農村は疲弊していた。その窮状をどう救うかということは、大きな課題でもあった。農作業に精を出し、時に村八分などの悪弊を生み出したが、結による村人たちの連帯の強さが生まれた。言わば、今の日本人を形作っている精神は、日本人の八割が農民だった江戸時代に生まれたと言ってもいいだろう。農村で培われた精神が、工場労働における規律や工業製品の精度にも結びついた。

農村の衰退というものは、日本人の精神の荒廃にも結びついているのではないか。誤解を恐れずに言えば、日本という国は江戸時代までの有形無形の資産を食いつぶしながら、今日まで続いてきた。

戦後になり、経済偏重の生活に拍車が掛かった。高度経済成長などにより、農村から人手が流出、過疎化が進み日本の山間部は廃村だらけとなった。

すべての日本人が田んぼや畑を耕せと言いたいのではなく、もう少し経済偏重の生き方から距離を取るべきではないかということだ。

日本の近代化、資本主義の流入というものが、人の心をかき乱し、さまざまな事件の背景にあることは紛れもない事実である。

第一章の中で取り上げた、津山三〇人殺しは、山村の人間関係という要因が招いたと私は書いたが、少し補足させてもらえば、犯人都井睦雄が結核を患ったことが、村人から村八分にされた大きな原因であった。結核菌は日本では弥生時代から存在したというが、大流行するようになったのは、江戸時代以降、産業革命が西洋からもたらされ、紡績工場などで蔓延したことによる。山本茂実のノンフィクション文学『あゝ野麦峠』で知られる紡績工場で働いていたのは、農村から働きに出た若い女性たちである。彼女たちが農村に結核菌を持ち帰ったことが蔓延のひとつのきっかけだった。結核を患った都井は、兵役検査でも不適格者の烙印を押され、非国民扱いされた。社会が生み出した重圧が、彼の犯行を後押しした。

高度経済成長期に発生した吉展ちゃん誘拐殺人事件や永山則夫による連続殺人。これらは金の卵ともてはやされ都会に働きに出てきた、東北出身者によるものだ。貧しさから学ぶ機会を奪われ、都市に出て働くことを余儀なくされた。彼らが刑務所で残していった小説や俳句を読んでいると、犯罪の刑罰により自身と向かい会ったことをきっかけに作品が生まれたという見方もできるが、もう少し社会が彼らに目をかけていれば、犯罪は防ぐことができたのではないかという気がしてならない。やはり犯罪者と私たちの境界線というのは極めて曖昧なのだという思いを強くした。

第9章で触れた金嬉老。韓国を併合したことにより、日本国民の間に韓国を下に見る風潮が生まれ、差別を生むきっかけとなった。あからさまな民族差別が、犯罪原因の一端になかったか。もし民族差別というものが無ければ、そこまで過激な行動を取ることもなかったのではないかと私は思う。

日本各地で起きる殺人事件、改めて事件は社会の鑑であるという思いを強くしている。罪人を特異な存在であると、吊るし上げるのではなく、彼らは私たち社会が生み出した存在であり、凶行に走った理由を丹念に掘り下げていき、その原因を理解し、少しでも犯罪を減らす努力を続けなければならない。この本の中で私が示した考察が、正しいとは思っていない。私の考えが叩き台となり、足りない点は遠慮なく指摘してもらえればこの上ない喜びである。

単行本のあとがきでも書いているが、私は懲りずに事件現場や罪人の故郷を歩き続けている。これからも世の中の陽の当たらない場所を歩き続けながら、作品を発表したいと思っている。

文庫化にあたっては、集英社文庫編集部の田島悠さんにお世話になりました。ありがとうございました。

二〇二〇年八月七日　東京にて

参考文献

伊藤博校注『万葉集』下巻（角川日本古典文庫）
沖浦和光『竹の民俗誌――日本文化の深層を探る』（岩波新書）
沖浦和光『幻の漂泊民・サンカ』（文春文庫）
角山榮・川北稔編『路地裏の大英帝国――イギリス都市生活史』（平凡社）
前山隆編著『ハワイの辛抱人――明治福島移民の個人史』（御茶の水書房）
松原岩五郎『最暗黒の東京』（岩波文庫）
堀川惠子『永山則夫――封印された鑑定記録』（岩波書店）
平野武光編『外海町誌』（外海町役場）
内村祐之・吉益脩夫・監修、福島章・中田修・小木貞孝・編『日本の精神鑑定』（みすず書房）
松本清張『ミステリーの系譜』（中公文庫）
佐々木嘉信著、産経新聞社編『刑事一代――平塚八兵衛の昭和事件史』（新潮文庫）
日光市史編さん委員会編『日光市史史料』第六集（日光市）
金嬉老『われ生きたり』（新潮社）

安田武・福島鑄郎編『証言昭和二十年八月十五日——敗戦下の日本人』（新人物往来社）
池田正映『群馬県重要犯罪史』（高城書店）
林英夫編『近代民衆の記録〈4〉流民』（新人物往来社）
吉川洋『高度成長——日本を変えた六〇〇〇日』（中公文庫）
本田靖春『私戦』（河出文庫）
本田靖春『誘拐』（文春文庫）
青山栄『板柳町史』（津軽書房）
加賀乙彦『死刑囚の記録』（中公新書）
紀田順一郎『東京の下層社会——明治から終戦まで』（新潮社）
落合延孝『八州廻りと博徒』（山川出版社）
佐木隆三『復讐するは我にあり』（弦書房）
仁賀克雄『図説　切り裂きジャック』（河出書房新社）
福島県石川町町史編纂委員会編『石川町史』第二巻（福島県石川町）
「別冊新評　悪徳行動学入門」（新評社）
朝鮮人強制連行真相調査団編『朝鮮人強制連行調査の記録　中部・東海編』（柏書房）
松田美智子『越境者　松田優作』（新潮文庫）

解説

佐野眞一

ノンフィクションの最大の醍醐味は事件と評伝に尽きる。そう信じてこのジャンルの文芸を書き、読み続けてきた。事件と評伝には、作りごとの小説では絶対に真似できない時代性がくっきりと刻印されているからである。

本書『日本殺人巡礼』でも取り扱われている村越吉展ちゃん誘拐事件には、東京オリンピック直前の東京がもつ泡立つような残忍性が色濃く反映しているし、それから五年後の高度経済成長真っただ中に起きた永山則夫連続射殺事件には、経済の恩恵など一度も受けたことがない永山一家の悲しみが行間を覆いつくしている。

私はこの優れた連作事件ノンフィクションを読んですぐに、吉展ちゃん事件の犯人、小原保の素顔に温かいまなざしを注いで読む者の心を震わせずにはおかない本田靖春の『誘拐』（ちくま文庫）と、連続射殺魔といわれた永山則夫の死刑執行から一六年後の二〇一三年にやっと刊行され、この事件の全貌が初めて明らかにされた、フリーのテレビディレクターの堀川恵子の『永山則夫　封印された鑑定記録』（岩波書店）という労作を思い出した。

『誘拐』については私が書いた解説の最後を紹介しておこう。

「この作品を読む者は、小原の犯行の無慈悲さに戦慄する前に、小原のような誰からも忘れられた人間に何ひとつ手を差し伸べてこなかったこの国の政治の無策さに、あらためて激しい怒りを覚えることだろう。

『誘拐』は、わが国の事件ノンフィクションの金字塔という評価にとどまらない。これは、高度経済成長という未曽有の時代状況に遭遇し、自らクラッシュして果てた東北人の悲しい血の物語である」

　本田靖春は小原保を何の罪もない四歳の子どもを扼殺してわずか五〇万円の身代金を取った稀代の「凶悪犯」としては決して描いていない。

むしろ福島の開拓部落に生まれ、子どもの頃の病気によって足を引きずるようになった小原が、東北本線の終着駅の上野に近い御徒町の貧しい時計修理工に吹き寄せられるまでの境遇に身を寄せて多くの頁を割いている。

公衆電話（もはや死語に近い）を使って、ズーズー弁で身代金を要求する場面は何度読んでも胸をしめつけられる。

ちなみに本田は小原と同年の一九三三（昭和八）年生まれである。同世代の共感がこの本を比類なき事件ノンフィクションにしている。

後者の『永山則夫』の著者あとがきに印象深い記述がある。

「永山事件の被害者遺族のうち、存命の二遺族にお会いしました。永山事件を『家族』というテーマで見直したいという企画の趣旨には、どなたも真剣に耳を傾けてくれました(中略)。

東京の郊外に、すでに故人となっている被害者とその遺族の墓参りに行った時は、生前、遺族と親しかったという近所の女性からこんな話を聞かされました。『とても穏やかなお母さんでしたけど、たった一度だけ、永山に無期懲役が出た時、「あの子が死刑にならなければ、私が殺したい」とつぶやいたことだけは強烈に覚えています。子を奪われた母の嘆きがいかに深いかということを感じました』」

これと同じような台詞(せりふ)は、永山の母親も口にしている。被害者の母親と加害者の母親が、永山の死を望む。そこにこの事件の絶望的なやりきれなさが語られている。

ちなみに永山則夫の母親は北海道の利尻島で生まれ、二歳のとき父親を海難事故で失った。永山の母は、その後生母に連れられて樺太(からふと)(現サハリン)に渡り、樺太各地を転々とした。永山の母の樺太時代の悲しすぎて息もできない話は堀川恵子の前掲書に詳しい。その後、彼女は北海道の網走市呼人番外地でリンゴ職人と所帯をもった。

だがリンゴ職人の父親は則夫が一三歳のとき死に、八人の子どもは魚の行商でどうにか生計をたてていた母親の手によって育てられた。則夫は幼いとき、父や母の愛情をほとんど知らずに育った。

母親の悲しい境遇は、則夫にも受け継がれた。則夫は青森から面会にやってきた母親と対面したとき「おふくろは、俺を三回捨てた」という一言しか発しなかったという。連続射殺魔事件と呼ばれて日本中を震撼させた出来事は、実は二代にわたる家族の負の遺産の連鎖劇だった。

本書を読んでもう一冊思い出した本がある。事件ノンフィクションの傑作として評価が高い朝倉喬司（あさくらきょうじ）の『犯罪風土記』（秀英書房）である。『犯罪風土記』の解説を書いた船戸与一（ふなどよいち）は述べている。

「犯罪とは反日常的な行為では断じてない。逆だ。朝倉喬司にあっては日常とはエロスと芸能と犯罪の三つの複合体でしかない。

エロス。芸能。犯罪。

しかも、この三つの境界線はないに等しい。

三者は混然一体となって日常を形成しているのである。すべてのものを識別し腑分（ふわ）けすることから近代がはじまったのだとすれば、朝倉犯罪論はいままさに近代思想そのものを嘲っているのだ（中略）。

朝倉喬司にとって犯罪は対象物ではないからそれ自体が独立して語られることはない。彼が犯罪について語るとき、それは同時にエロスと芸能の問題をも語っているのである。
エロス――人恋しさの欲求。
芸能――欲求のかりそめの表現。
犯罪――欲求の爆発的表現。
三者は境界線のない一連の営為として語られるのだ」

朝倉喬司の犯罪論を語って間然するところがない分析である。

この分析を読むと、本書『日本殺人巡礼』の著者、八木澤高明の前作が『青線　売春の記憶を刻む旅』（集英社文庫）だったことがすんなりと理解できる。

犯罪は土地や国家、それにエロスとも隣り合わせにつながっている。

吉展ちゃん事件が起きた東京の台東区下谷は、今は一大ソープランド街になった吉原や、日雇い労働者がたむろする山谷にも近い。

江戸時代には付近に小塚原の刑場や、貧しい遊女を投げ込んで弔ってもらう通称〝投げ込み寺〟の浄閑寺もあった。事件の隣には、国家やエロスが必ずひそんでいる。

私も朝倉喬司や八木澤高明のひそみにならって、犯罪が起きた現場を徹底的に歩くことを鉄則にしてきた。

永山則夫の足跡を追ったときには、彼が集団就職で上京して初めて勤めたのが渋谷の

「西村」という高級フルーツパーラーだったことを知って衝撃を受けた。

なぜならわずか一か月足らずの間に、東京、京都、函館、名古屋で自分とは縁もゆかりもない四人もの男を射殺した一九歳の青年の凶悪さや冷血さと、高級フルーツパーラーの店内に流れる豊かさゆえのざわめきや明るさとの落差には、永山のその後の運命と彼の決してかなわぬ夢が露骨なほど集約されていると思ったからである。

永山は新宿歌舞伎町の「ビレッジ・バンガード」という深夜営業のジャズ喫茶で、ボーイとして働いたこともあった。この店にも私は二〇代の頃、よく通った。一九四九(昭和二四)年生まれの永山は、私より二つ年下でほぼ同世代といってよい。

暮らしに困らない裕福な学生たちがたむろする新宿のジャズ喫茶の雰囲気は、すでに四人を射殺している永山にとってまるで別天地で、強い疎外感と違和感に打ちのめされたに違いない。永山はどんな世界にも安住できない男だった。

この事件が起きた一九六八(昭和四三)年は、全共闘運動がピークに達した年である。一方、高度経済成長は確実に始まっており、都市と農村の格差が言われ始めた頃だった。

永山が獄中でまとめ大ベストセラーになった『無知の涙』(合同出版)には、「金の卵たる中卒者諸君に捧ぐ」という副題がつけられている。同書にはこんな一節がある。

「全学連嫌いだ/全学連ぼっちゃん育ちだ/全学連消えろ!(中略)全学連暴力バカ団だ/全学連キンタマなしだ/全学連人民の敵!/全学連粉砕!」

この一節に中学を卒業して青森から東京に集団就職せざるを得なかった永山のコンプレックスが痛いほど吐露されている。

永山が子どもの頃過ごした青森県北津軽郡の板柳町にも足を運んだ。板柳町は津軽富士と呼ばれる岩木山の麓の集落である。

そこで一番驚かされたのは、美容室の多さだった。寒村にふさわしくない板柳の美容室の多さは、東京に出稼ぎに行く者が多かったというこの町の欠損家族の多さを暗示しているような気がした。

永山には三人の兄と姉、それに一人の妹がいた。姉の中にはあまりの生活苦に精神に異常をきたした者もいた。

その兄姉妹たちも、女手一つで苦しい生活を支えてきた年老いた母親も、刑死した永山の遺骨の引き取りをみな拒否した。永山の遺骨は結局生まれ故郷のオホーツク海に散骨された。

多くの凶悪事件を取り上げた本書の中で、私が最も感心して読んだのは一九九八（平成一〇）年夏に起きた「和歌山毒カレー事件」の主犯とされた林眞須美についての考察である。

六七人が食中毒を起こし、そのうち四人が死亡したこの事件で林は殺人・殺人未遂・

詐欺罪などに問われ、死刑を求刑された。林はその後も獄中から無罪を主張し続けているが、二〇〇九年に最高裁で死刑が確定した。

林が逮捕されたとき、若い婦人警官が「林さん、おはようございまーす」というまったく緊張感のない関西弁で挨拶していたことと、この事件がマスコミで大騒ぎされたとき、林眞須美がとてもうれしそうな顔で家の外に詰めかけた報道陣にホースで勢いよく水をまき散らしていたことを覚えている。

うだるような暑さの和歌山の夏、どこにでもある住宅街で突然起きたこの陰惨な事件は、いうなれば「喜劇」調で始まった。

まだ小学校に上がる前、私は祖父に連れられて上野の美術館で江戸時代に活躍した水墨画家・曽我蕭白（そがしょうはく）の「寒山拾得図」を観たことがある。林眞須美の場違いすぎる笑顔を観て突然思いだしたのは、そのとき感じたのと同じ不気味さだった。

何が面白いのか満面に薄ら笑いを浮かべる「寒山拾得図」の人物たちの顔は、喜色満面で、報道陣に散水する林眞須美の表情そのものだった。

そのとき林眞須美という女は、曽我蕭白が好んで描いたこの世の化外（けがい）に棲息（せいそく）する者に違いないと確信した。

彼女の薄気味悪さの正体が、それ以上にはっきりわかったのは林眞須美の夫の林健治氏（保険金詐欺罪で逮捕されたが、現在は出所して和歌山市内のマンションで暮らす）

のロングインタビューを本書で読んだときだった。これを読むだけでもこの本の価値がある。

林氏が眞須美と付き合って最も驚かされたのは、とんでもない金遣いの荒さだった。当時眞須美は十九歳で、林氏はシロアリ駆除会社の社長として羽振りがいい頃だった。以下、林氏のインタビューの重要部分を本書から適宜引用する。

「ものすごい持ってるわけよ、実家が。びっくりしたね。そんときは僕もよう儲けとったから財布の中にギチギチに金持っとったけど、まぁ、お金欲しいだけくれる言うんですよ、親がね」

当時、眞須美は大阪の寮に下宿していたが、林氏が呼び出すとタクシーで和歌山まで来て帰りもタクシーを使っていたという。その料金は一回六万円にものぼった。

「だから二〇万くらいの金なんか二日や三日でなくなったですよ。（中略）そんなん金どうすんの、ちゅうたら、いやお父さんに電話すればすぐに銀行に入ってくる言うて」

実際に眞須美が林氏の目の前で父親に無心の電話をしたこともあったという。そのときのやりとり。

「お父はん、ちょっとお金のうなったんで振り込んでよ」

「なんぼならぁ」

「五〇ほど振り込んでえ」

すると、実際翌日に五〇万円の金が眞須美の口座に振り込まれていたという。

当時林氏には妻がいたが、親に会わせたいという眞須美の願いを聞いて会った。以下はこのロングインタビュー中の白眉である。

「やばいですよ。ほんで漁師でしょ、相手は。で、兄貴は暴走族のリーダーですよ。誠会ちゅう暴走族の。親父は漁師の網元ですよ」

眞須美の父親が網元をしていたのは、和歌山県有田市の辰ヶ浜という漁村だった。

「辰ヶ浜ゆうたら、そこでいったん喧嘩（けんか）起こしたら死体が上がってこんくらいの怖いとこなんですよ。沖にある馬の道ゆうとこに沈めたらほんまに上がってこんのですよ。藤山寛美やら俳優が一晩で四億、五億の借金つくったのもあそこですよ。大きな博打やっとんです。そういうところの網元ですよ。その網元の娘に手ぇ出してるんですよ。それも自分の嫁はんがいてんのをひた隠しに隠して。ほんで行ったら眞須美の婿どついたる言うてむこうは構えてるんですよ。鉢巻き巻いて。猫の子引っぱってくるみたいにうちの娘犯しくさって言うて、みんな棍棒持って立っとったですよ」

こんなこともあったという。あるとき眞須美の父親が「これ持っとけ」と言ってスーパーの袋を投げてよこしたことがあった。中を見ると二〇〇〇万円の現金が入っていた。

眞須美の実家では毎日のように博打が行われた。そこでは一〇〇万、二〇〇万の金が常に動いた。

このどう見ても異様な一族のルーツは、和歌山沖から瀬戸内海まで荒らしまわった熊野水軍だったという。

まわりの地区の人びとは熊野水軍の末裔といわれる眞須美を称して、平然と「あそこは海賊だよ。言葉もちがうしな」と言いふらした。

ここに語られているのは、国家にまつろわぬ者たちの脈々たる歴史である。和歌山毒カレー事件が今でも生々しく感じられるのは、この事件が近代市民社会そのものを激しく揺さぶっているからだろう。

オウム真理教教祖の麻原彰晃こと松本智津夫（二〇一八年七月、東京拘置所で死刑執行）の生まれ故郷の熊本県八代市を訪ねる件り（くだり）にも心ひかれた。

麻原は八代の中心街から車で二〇分ほど行った球磨川河口の干拓地で生まれた。二〇二〇年七月に大豪雨に襲われたその土地は、葦草（よしくさ）ばかり生えるやせたところで住民たちの主食は麦だった。

その貧しい干拓地に入植した麻原の父はそこでとれる葦草を利用して畳屋を始めた。

八代から福岡方面に北上すると、お茶で有名な八女（やめ）という町に出る。ここには戦前、日本軍の飛行場があった。その土地の入植を希望してきた者のなかに、ホリエモンの祖父がいた。

つまりライブドア元代表取締役のホリエモンこと堀江貴文(いわゆるライブドア事件の証券取引法違反で逮捕・起訴され、懲役二年六か月の実刑判決を受けて出所)は、麻原同様土地に根をはらない入植者の出身だった。

八代と八女の入植地を巡り歩いた著者は言う。

「日本経済の開拓村ともいえる六本木ヒルズに暮らすホリエモン。東京でも彼は異端者であった。

そして、オウム真理教という新興宗教を立ち上げ異端を極めた麻原彰晃。

両者の生きた土地は軌を一にする」

大多数の日本人から憎悪されて刑場の露と消えた男と、いまはロケット開発に情熱を燃やして現代の若者たちに希望を与える男が、幼少期同じような境遇で育った。この事実はこの本を読むまでまったく知らなかった。

これは著者が新型コロナの大流行で完全に失われてしまった「足で書く」というノンフィクションの王道を歩いてきたからこそ得られた貴重な事実といえる。著者は学生時代、目の前の風景を己のDNAに刻み込むため横浜の自宅から京都まで歩いたことがあるという。

二〇二〇年初頭から始まった新型コロナウイルスの世界的大流行は、こうしたノンフィクションの手法を一挙に時代遅れにする可能性がある。

それどころか自分勝手に出歩いて関係者を訪ね回ることは〝自粛警察〟連中からすれば、コロナウイルスの蔓延に手を貸す犯罪行為に見えるかもしれない。

コロナ禍はノンフィクション大受難時代の始まりだった。後世、そういわれる可能性は決して低くない。

だが、こうも言える。「ソーシャルディスタンス」は疫病を予防する保健医療の要諦ではあっても、ノンフィクション作家が決してとるべき態度ではない。

ここで性急な結論を出すのは控えたい。それは人類が永年かけて培った叡智の歴史から考えて決して賢明な選択ではないと思うからである。

いずれにせよこの本はコンクリートで分厚く覆われた近代の敷石を粘り強く引き剝がし、その下の裸形の土地に瘴気のようにもうもうと立ち込める死霊、生霊たちの浮かばれない魂をみごとに生け捕りにしている。

（さの・しんいち　ノンフィクション作家）

集英社文庫

日本殺人巡礼（にほんさつじんじゅんれい）

2020年9月25日　第1刷　　定価はカバーに表示してあります。

著　者　八木澤高明（やぎさわたかあき）
発行者　徳永　真
発行所　株式会社 集英社
東京都千代田区一ツ橋2-5-10　〒101-8050
電話　【編集部】03-3230-6095
【読者係】03-3230-6080
【販売部】03-3230-6393（書店専用）
印　刷　大日本印刷株式会社
製　本　大日本印刷株式会社

フォーマットデザイン　アリヤマデザインストア　　マークデザイン　居山浩二

ISBN978-4-08-744158-1 C0195